묵자,
노동이 존중받는 사회를 꿈꾸다

묵자, 노동이 존중받는 사회를 꿈꾸다

2021년 12월 20일 초판 1쇄 발행
2022년 10월 17일 초판 2쇄 발행

지은이 | 김승석
교정교열 | 정난진
펴낸이 | 이찬규
펴낸곳 | 북코리아
등록번호 | 제03-01240호
주소 | 13209 경기도 성남시 중원구 사기막골로 45번길 14
우림2차 A동 1007호
전화 | 02-704-7840
팩스 | 02-704-7848
이메일 | ibookorea@naver.com
홈페이지 | www.북코리아.kr
ISBN | 978-89-6324-825-7 (03150)

값 17,000원

묵자 墨子

노동이 존중받는 사회를 꿈꾸다

김승석 지음

북코리아

○

넋두리

—

『경제학자의 묵자 읽기』를 출간한 지 2년이 되었다. 책이 출간되자 많은 사람에게서 너무 어렵다는 불평과 함께 묵자 사상을 쉽고 간략하게 저술해 달라는 요구를 받았다. 그래서 대중적 교양서를 집필해야 한다는 의무감이 생겼으나, 사실 동서양을 막론하고 고전 읽기란 결코 쉬운 일이 아니다. 동양 고전의 경우 '한문'이라는 큰 장애물이 가로놓여 있다. 한자를 전혀 배우지 못한 세대에게는 그 장애물이 더욱 높아 보이리라. 또한 『묵자』만 읽고 묵자를 이해했다고 말하기는 실로 어렵다. 그가 활동했던 춘추전국시대라는 시대적 배경을 알아야 할 뿐 아니라 다른 제자백가와의 비교를 통해서만 묵자에 대한 진정한 이해에 접근할 수 있다.

그래서 제자백가를 접해보지 못한 독자들도 이해할 수 있도록 '쉽게 그리고 간략하게' 교양서를 쓰기로 마음먹었다. 그런데 어쩌랴? 쉽게 쓰면 길어지고, 간략하게 쓰면 어려워지거늘…. 이 모순된 두 개의 목표를 무모하게 설정했으니 집필 자체가 순탄하지 않았음을 고백한다. 독자들이 쉽게 읽고 이해할 수 있도록 대중강연의 경험을 살려 강의하듯이 서술하려고 노력했다. 그리고 인명, 지명 같은 고유명사와 묵자나 다른 제자백가가 사용한 개념용어를 제외하고는 가능하면 한자를 쓰지 않았다. 주제에 따라 묵자와 다른 제자백가의 사고체계를 비교했으며, 이들의 목소리를 있는 그대로 전하려고 인용하는 과정에서 중요하다고 생각되는 부분에 대해서는 한문에 관심 있는 독자를 위해 원문을 병기했다.

—

집필 과정에서 필자의 신상에 커다란 변화가 있었다. 34년간 몸담았던 울산대학교에서 정년퇴임을 두 달 앞두고 근로복지공단 상임감사로 일하게 되었다. 갑작스러운 일신상의 변화는 퇴임 후 '묵자학당'을 설립하여 묵자에 대한 강의와 연구에 매달리겠다는 작은 소망을 뒤로 미루게 했지만, 마무리 중이던 이 책의 집필마저 연기할 수는 없었다. 새로운 환경에 적응해야 하기도 했지만, 잦은 출장으로 낮에는 일하고 밤에는 책을 읽는 주경야독(晝耕夜讀)이 어려웠다. 그래서 1년 동안 주중에는 일하고 주말에는 연구실에 나가 집필하는 중경말독(中耕末讀) 생활을 하지 않을 수 없었다. 이 책은 『경제학자의 묵자 읽기』의 해제에 기초하여 부족한 부분은 보충하고 빠진 부분은 다시 채우면서 재구성되었다. 2년이라는 비록 짧은 기간이지만, 그 기간 동안 작은 진통을 겪으면서 세상의 빛을 보게 되었다.

—

모든 고전이 그러하듯 『묵자』 역시 복잡하고 다양한 이해관계가 첨예하게 대립하는 현대의 사회적 갈등을 직접적으로 해결하는 구체적인 해답을 제시하지 못한다. 그럼에도 우리가 고전을 읽는 이유는 지엽말단이 아니라 큰 줄기에 해당하는 근본적인 문제를 성찰하게 하기 때문이다. 그 주제가 때로는 진부하고 때로는 관념적으로 보이지만, 혼돈의 시대에는 고전이 제기하는 거대담론의 중요성이 더 커진다고 생각한다. 『묵자』는 우리에게 인간은 어떤 존재인지, 노동이 무엇을 의미하는지, 국가가 왜 필요하며 어떤 일을 해야 하는지, 우리는 왜 그리고 무엇을 가르치고 배워야 하는지, 그리고 우리는 어떻게 살아야 하는지 등 근본적인 질문에 대해 대답하고 있다. 그의 대답은 2,400년이 지난 지금 인간과 사회제도, 나아가 우리 사회의 문제를 되돌아보고 성찰하게 한다.

필자는 40년 이상 경제학을 공부한 연구자로서 사회적 약자를 배려하고 지원하는 것이야말로 사회적 정의와 공정으로 나아가는 출발점이라고 생각한다. 이러한 배려와 지원만으로 정의롭고 공정한 사회를 완성할 수는 없겠지만, 전자가 없다면 후자는 기약할 수조차 없다고 판단하고 있다. 정의롭고 공정한 사회는 완성태가 아니라 추구해야 할 과정이기에 사회적 약자에 대한 지원은 지속적으로 추진되어야 한다. 본문에서도 언급했지만 그들이 착해서도 아니며 도덕적으로 우월해서도 아니다. 그들은 현실에서 제도적으로 소외되고 배제되어 피해를 보았기 때문이다. 이러한 생각은 필자가 평생 지녀온 변하지 않는 당위적 명제다.

분업이 극도로 발전한 오늘날 우리는 자신의 삶이 다른 사람의 노동에 크게 의존하고 있다는 사실을 종종 잊고 살아간다. 그래서 다른 사람의 노동에 감사하는 마음을 갖기 어렵다. 헤아릴 수 없이 수많은 재화와 서비스를 생산하는 모든 노동이 어우러져 현재의 생활이 가능하며, 그중 몇 가지만 제공되지 않더라도 우리는 큰 불편을 감당해야 할 뿐 아니라 심지어는 인간적인 삶을 포기해야 할 가능성도 배제할 수 없다. 노동과정이 갈라지고 쪼개져 어떤 이는 귀하게 대우받지만, 대부분의 사람은 희망을 품지도 못하고 자괴감을 느끼며 살아가는 것이 현실이다. 그러나 우리는 마땅히 모든 노동에 감사해야 하고, 그리고 그러한 노동을 제공하는 모든 사람이 존중받아야 한다고 생각한다. 이와 같은 감사하고 존중하는 마음이 묵자가 말하는 '겸애'의 출발점이 아닌가 싶다.

그러나 이러한 공감과 배려는 개인적인 성찰과 호의가 아니라 사회적 · 법적으로 제도화되어야 한다. 경쟁을 미덕으로 삼는 시장은 논리적으로뿐만 아니라 현실적으로도 이러한 제도화를 거부하겠지만, 모든 노동이, 따라서 모든 사람이 존중받는 사회가 되기 위해서는 시장에 내재된 폭력성(!)을 치유하지 않으면 안 된다. 폭력성을 방지하기 위해 지금까지 여러 가지 처방전이 나왔고, 그리하여 때로는 폭력성이 완화되기도 했으나 20세기 후반부터는 다시 최악의 상태로 치닫고 있음을 보아왔다. 예나 지금이나 작동방식의 차이는 서로 다르지만, 힘의 논리가 전 세계를 지배한다. 그런 의미에서 묵자가 살았던 춘추전국시대와 우리가 살고 있는 21세기는 대단히 유사하다. 미움과 증오가 확대재생산되고, 그것을 정당화하려는 기득권의 행태도 유사하다. 보고 싶은 것만 보고, 듣고 싶은 것만 듣고, 믿고 싶은 것만 믿는 확증편향적인 지식인의 태도도 유사하다.

이러한 유사함이 묵자를 다시 불러오게 한다. 비록 그가 근대사회와 시장을 경험하지 못했지만, 그가 보여준 인간에 대한 무차별적인 사랑, 논리성과 과학적 태도, 그리고 실천을 위한 헌신적인 노력은 인간이 존중받는 사회로 가는 보증서가 되지는 못하겠지만 지침서가 되기에 충분하다. 아울러 2천 년이라는 긴 시간의 차이에도 우리에게 많은 반성과 성찰의 실마리를 제공한다.

'노동이 존중받는 사회'라는 말은 우리 귀에 익숙하다. 문재인 정부의 선거공약이었으며 매력적인 구호였다. 그러나 그러한 사회는 한 정권이나 한 세대에 이루어질 수 있는 그 무엇이 아니며, 인류가 끊임없이 추구해왔고 앞으로도 추구해야 할 지향점이다. 노동이 존중받는 사회는 인간이 존중받는 사회다. 모든 인간이 존중받는 사회가 우리에게 언제 다가올지도 모르며, 그것이 가능한지도 의문이다. 그럼에도 정의와 공정을 이야기하고자 한다면 '노동 존중'에서 시작하지 않으면 안 된다.

공식통계에 의하면 우리나라에서 지금도 한 해에 10만 명이나 되는 사람들이 산업현장에서 일하다 다치거나 병에 걸리며, 그중 2천 명에 가까운 사람들이 목숨을 잃는다. 언론에는 하루가 멀다고 약자에 대한 강자의 갑질과 성희롱 사건이 보도되고 있다. 여전히 우리는 노동을, 그리고 인간을 대상화하고 수단화하고 있다는 증거다. 이 글을 쓰는 도중에도 유력한 대선 주자들이 도도한 역사의 흐름에 역행하는 막말을 쏟아내고 있다. 어떤 이는 '일주일에 120시간 노동'할 수 있도록 해야 한다면서 세상을 어지럽히며, 어떤 이는 '청년의 일자리를 빼앗는'이라는 단서를 붙이기는 했지만 '최저임금 인상은 범죄'라고 국민을 속이고 있다. 발언의 의도를 충분히 감안하더라도 그들은 노동현장의 현실에 대해 너무도 무관심할 뿐 아니라 그 결과 인과관계에 대한 사회과학적 무지를 스스로 폭로하고 있다. 그러면서 자신이 무슨 말을 하는지 그 의미도 모른 채 정의와 공정을 외친다. 이처럼 철학의 빈곤이 도드라지는 상황에서 우리는 다가올 미래를 위해 또다시 묵자를 소환할 필요가 있다고 생각된다.

—

이 책이 나오는 데 여러 지인의 도움을 받았다. 필자를 묵자에게 인도하여 『경제학자의 묵자 읽기』를 출간하게 한 울산대학교 철학과 손영식 교수께 감사드린다. 그는 필자에게 스승이자 동지이자 동료다. 내용을 쉽고 평이하게 서술해야 한다는 강박관념을 치유해주신 노무현재단 울산지역위원회 손형순 공동대표님께 감사드린다. 그리고 근로복지공단의 역할에 묵자 사상을 접목하려는 필자의 의도에 동의하면서 노동복지의 허브를 구축하는 데 벽돌을 한 장 한 장 꾸준히 쌓아 올리고 계시는 감사실의 우길제 실장님과 김찬영 부장님께도 감사드린다. 세 분께서는 원고를 꼼꼼히 읽어가면서 교정까지 보아주셨고, 의미 있는 조언을 해주셨다. 『경제학자의 묵자 읽기』로 첫 인연을 맺은 이찬규 사장님께서는 이번에도 흔쾌히 출판을 허락해주셨고, 또 한 번의 편집과 교정을 맡아주신 김수진 선생님에게도 머리 숙여 감사드린다. 또한 10년 이상 가장을 묵자에게 빼앗긴 가족에게도 마음의 빚을 지고 있다. 많은 사람의 희생과 도움에도 오류가 있다면 필자의 책임이며, 쉽게 읽을 수 없다면 필자가 무능한 탓이다. 마지막으로 많은 사람이 묵자의 정신을 이해하고 실천함으로써 노동이 존중받는 사회에 한 걸음 더 다가서기를 기원한다.

2021년 8월
울산 무거동에서

목차

목차

묵자 신상 털기

- 이름도 몰라요 성도 몰라?
- 공자와 맹자 사이
- 천민 출신의 사상가
- 『묵자』라는 책

이름도 몰라요 성도 몰라?

—

제자백가 중에서 공자(孔子), 맹자(孟子), 순자(荀子) 같은 유가나 한비자(韓非子)의 법가, 장자(莊子)와 노자(老子)의 도가는 잘 알려져있지만, 묵자(墨子)나 묵가(墨家)에 대해서는 잘 알려져있지 않습니다. 그 이유는 차차 설명하겠지만, 묵자와 그 후예들이 전국시대(戰國時代)에 중국을 풍미했다가 진시황 이후 자취를 감추었기 때문입니다. 전국시대 말기에 대상인으로 큰 부를 축적하여 진(秦)나라 재상이 되었던 여불위(呂不韋)는 자신의 문객들과 정성 들여 편찬한 『여씨춘추(呂氏春秋)』라는 책에서 다음과 같이 말하지요.

> 공자와 묵자의 제자와 무리가 천하에 가득 찼다.[1]
>
> 孔墨之弟子徒屬滿天下.

> 공자와 묵자의 후학으로서 천하에 뛰어난 사람이 많아서 다 헤아릴 수 없다.[2]

孔墨之後顯學榮於天下者衆矣 不可勝數.

이런 말로 미루어보아 한때 묵자는 공자와 어깨를 나란히 할 정도로 그 영향력이 대단히 컸다고 할 수 있습니다.

공자의 후계자임을 자처하는 맹자와 제자백가의 막내인 한비자도 다음과 같이 불평을 늘어놓지요.

양주와 묵적의 말이 천하에 가득 차 있으니, 천하의 말은 양주에게 귀착되지 않으면 묵자에게 귀착된다.[3]
楊朱墨翟之言盈天下, 天下之言 不歸楊 則歸墨.

세상의 두드러진 학문은 유가와 묵가다.[4]
世之顯學 儒墨也.

처음 문장은 유가가 사상적 패권을 잡는 데 가장 큰 걸림돌이 묵가와 도가라고 생각한 맹자가 양주(楊朱)와 묵자를 사문난적(斯文亂賊)으로 규정하고 그들을 타도해야 할 대상으로 설정하여 맹비난하기 위해 한 말입니다. 양주는 우리에게 잘 알려져있지 않은 도가 철학자입니다. 그의 책은 전해지지 않지만, 맹자에 의하면 "자신의 털 하나를 뽑아 천하를 이롭게 한다 해도 하지 않았다"[5]라고 합니다. 당시로서는, 아니 현대에도 어마어마한 이야기 아닌가요? 이기적이 되려면 이 정도(!)는 되어야지요. 두 번째 인용한 문구는 한비자가 법가 사상으로 세상을 통일하기 위해 유가와 묵가를 공격대상으로 설정하면서 한 말입니다. 그러고는 그들을 타도해야 한다고 역설했지요. 당시의 이데올로기 투쟁은 지금만큼이나 격렬했던 모양입니다. 그럼에도 여기에서 우리는 묵자의 영향력이 얼마나 지대했는지를 확인할 수 있지요.

공자 이후 묵자에서부터 한비자에 이르기까지 제자백가는 모두 자신의 학파를 위해 서로 비판하고 논쟁하는 이데올로기 투쟁을 전개했습니다. 그러나 이들의 논쟁은 단순한 논쟁이 아니라 중국 역사상 가장 혼란스러웠던 춘추전국시대의 혼란과 무질서를 극복하고자 한 목적이 있었습니다. 그 목적을 달성하기 위해 인간과 사회 또는 국가에 대한 다양한 의견이 제시되었지요. 우리는 지금 그러한 상태를 '백가쟁명(百家爭鳴)'이라고 하지요. 그럼에도 사상적 슈퍼스타들끼리, 그리고 다른 학파들로부터 영향을 서로 주고받으면서 발전하는 모습도 보입니다.

묵가(墨家)는 전국시대에 피지배계층인 일반 백성의 이익을 대변하는 사상을 주장하여 민중으로부터 많은 지지를 받았고, 그래서 유가와 더불어 사상의 양축을 이루고 있었지요. 그러나 진시황(秦始皇)의 중국 통일 이후 묵자의 사상은 돌연 자취를 감추게 됩니다. 진시황이 분서갱묵(焚書坑墨)했다는 주장도 있으나 그다지 설득력이 있어 보이지는 않습니다. 묵가가 혈연에 의한 세습을 부정하니 당시 지배계급은 못마땅하게 생각했겠지요. 절대권력을 가진 진시황이 이데올로기적 탄압을 했을 것이고, 묵가의 구성원들은 살아남기 위해 자신이 묵가라는 정체성을 감추고 살았으리라 추측합니다. 통일되기 전부터 묵가들이 진나라로 가서 자신의 신분을 숨기고 하급관리 역할을 하며 살기도 했으니까요. 진나라로 간 묵가라고 하여 이들을 '진묵(秦墨)'이라고 부르지요.

그 후 2천 년 동안 『묵자』는 도교의 도서관에 유폐되었다가 청(淸)나라 말기에 이르러 필원(畢沅)과 손이양(孫詒讓)에 의해 다시 조명받기 시작했습니다. 이때부터 여러 학자에 의해 묵자 개인에 대한 고증이 시작되었으나, 너무나 오랜 기간 잊힌 인물이라 명확하게 밝혀진 것은 별로 없지요. 다른 제자백가들도 성과 이름도 모르는 경우가 있고, 언제 태어나고 언제 죽었는지 정확하게 모르는 경우가 허다하지요. 그래서 공자를 제외하고 제가백가의 출생연도와 사망연도에는 대부분 물음표(?)가 붙어있습니다.

묵가가 사상적 탄압을 받으면서 진시황 이후에 사라졌지만, 앞에서 보았듯이 선진(先秦)시대에는 영향력이 가장 큰 학파의 하나였음은 당시의 문헌들이 모두 인정하는 명백한 사실입니다. 이 점을 인정하면서 이제 묵가를 창시한 묵자의 신상을 한번 털어보겠습니다. 우선 묵자(墨子) 하면 묵(墨) 선생님을 의미합니다. 공자(孔子)는 공(孔) 선생님이고, 맹자(孟子)는 맹(孟) 선생님이지요. 공자의 이름은 구(丘)이고 맹자의 이름은 가(軻)이지만 '공구(孔丘)', '맹가(孟軻)'라 부르지 않고 '공자', '맹자'라고 높여 부릅니다. 장자도 이름이 주(周)인데 '장주(莊周)'라 부르지 않고 '장자(莊子)'라 부르지요. 즉, 성(姓)에 존칭 '자(子)'를 붙이지요. 그러나 성+이름+자를 붙이는 경우도 있습니다. 한비자는 성이 한(韓)이고 이름이 비(非)이지만, '한비자(韓非子)'로 통칭합니다. '한자(韓子)'라 해야 하지만, 후세 사람들이 당(唐)나라 시인 한유(韓愈)를 '한자(韓子)'로 불렀기 때문에 구분하기 위해 그렇게 부르기 시작했답니다. 명가(名家)의 대표적 주자인 공손룡(公孫龍)도 성과 이름에 자를 붙여 '공손룡자'라고 부르지요.

일반적으로 묵자는 성은 묵(墨) 씨이고, 이름은 적(翟)으로 알려져 있지만, 이에 대해서는 논란이 많습니다. 성이 묵이라고 주장하는 사람들은 묵자가 고죽군(孤竹君)의 후손인데, 그는 본래 묵태(墨台) 씨였으나 후에 묵으로 사용했다는 설에 의존하고 있습니다. 고죽군은 여러분이 익히 들은 바 있는 백이(伯夷)와 숙제(叔齊)의 아버지입니다. 백이와 숙제는 무(武)왕이 주(周)나라를 세우자 인의를 위배했다고 하여 주나라의 곡식을 거부하고, 수양산(首陽山)에 들어가 몸을 숨기고 고사리를 캐먹고 지내다가 굶어 죽었다는 인물들이지요. 그러나 3천 년 전 신화적 인물의 족보를 따진다는 면에서 설득력은 별로 없어 보입니다. 오히려 백이와 숙제가 동이족(東夷族)이라는 설에 따라 묵자도 동이족과 연관되어 있다는 점을 강조하고 싶지 않았나 생각되네요. 또는 묵자가 좋은 가문의 후손임을 암시하기 위한 의도가 엿보이기도 합니다. 그런데 정작 묵자의 경우 그의 부모에 대한 기록이 전혀 없을 뿐 아니라 그가 결혼했는지, 자식이 있는지에 대한 기록도 아직까지 발견되지 않았습니다. 그래서 사람들이 그가 평생 독신으로 살았다고 추정할 뿐이지요.

그런데 제자백가의 학파 중에서 창시자의 성을 빌려 이름 붙인 학파는 없습니다. 공자와 맹자의 유가, 노자와 장자의 도가, 한비자의 법가는 모두 학문의 성격을 나타내는 상징성을 갖지요. 그 밖에 명가(名家), 농가(農家), 종횡가(縱橫家), 음양가(陰陽家)도 마찬가지입니다. 묵(墨)이 성씨라면 그가 창시한 학파를 '묵가'로 부르지 않았다고 생각되는 이유이기도 합니다. 또한 중국 고대에는 묵이라는 성씨가 존재하지 않았습니다. 그러면 묵이 성이 아니면 무엇을 의미할까요? 여기에도 여러 다양한 의견이 존재합니다.

어떤 사람들은 묵(墨)이 학문을 의미한다고 하고, 다른 사람들은 묵형(墨刑)을 당하여 성으로 불렀다고 합니다. 또 어떤 사람들은 항상 검은색 옷을 입고 다녀서, 혹은 얼굴이 검어서 성이 되었다고도 합니다. 요즘도 생산직에 종사하는 사람들을 '블루칼라'라고 부르고 사무직에 종사하는 사람을 '화이트칼라'라고 하여 옷 색깔을 보고 사회적 지위를 가늠하지요. 검은 피부 역시 생산적 노동을 많이 하면 햇빛에 검게 그을리기 때문에 고대에는 힘든 생산적 노동을 감당하는 천민을 상징하기도 했습니다. 또 묵은 먹줄이나 잣대를 의미하기에 노역하는 수공업자 집단을 상징한다는 견해도 있지만, 어떤 주장이 진실에 가까운지는 여전히 알 수 없습니다. 묵이 묵형, 검은 옷, 검은 얼굴, 먹줄 중 어느 것을 상징하든지 가난과 노역, 그리고 천한 신분을 상징하는 것이지요. 묵가집단의 구성원들이 스스로 묵을 자처했다면 천민이라는 조롱에도 노동에 대한 강한 자부심을 표현하고 있다고 볼 수도 있겠네요. 그런 의미에서 묵학(墨學)은 하층민인 민중을 대변하고 있다고 생각됩니다.

이름 적(翟)에 대해서도 소수이기는 하지만 이견이 존재합니다. 어떤 이는 묵자의 성은 적이며 이름은 오(烏)라고 하고, 어떤 이는 성이 영(英)이고 이름은 포(布)라고 하지요. 또한 적은 오랑캐를 의미하는 적(狄)과 통한다고 하여 묵자를 외국인이라고 주장하기도 합니다. 이 정도 되면 이름도 몰라요 성도 몰라, 댄서의 순정이지요. 그러나 『묵자』 원문 여기저기에서 묵자가 다른 사람과 대화하면서 스스로 자신을 '적(翟)'이라 부르니 이름은 그대로 받아들여도 무방하다고 생각됩니다. 그런데 적은 '꿩의 깃' 또는 '꼬리가 긴 꿩'이라는 뜻입니다. 이와 관련하여 당시 고대의 야인(野人)들은 꿩의 깃털로 관을 장식했는데, 이를 비루하고 미천한 옷차림으로 여겨졌다고 주장하는 사람도 있고, 용맹함을 상징한다고 주장하는 사람도 있습니다. 앞의 견해는 유가의 복식은 우아하고 묵가의 그것은 비루함을 대비하려는 의도로 보이네요. 뒤의 견해는 묵가(墨家)들이 꿩의 깃을 달고 다녔기에 당시 수비전쟁에 참여했던 전사(戰士)의 모습을 표현한 이름이 아닐까 추측해봅니다.

공자와 맹자 사이

—

사마천(司馬遷, B.C. 145~B.C. 86?)은 『사기』에서 묵자의 활동 시기에 대해 "어떤 사람은 공자와 같은 때라고도 하고, 어떤 사람은 그보다 뒤"[6]에 살았다고 모호하게 서술했습니다. 이에 대한 고증은 청(淸)나라 말에 본격적으로 시도되었지요. 묵자 연구자들은 『묵자』 원문에 나오는 인물과 사건을 중심으로 고증했으나 여전히 의견이 일치하지는 않습니다. 여러 연구자의 의견을 단순하게 종합하면, 묵자는 기원전 490년에서 459년 사이에 태어났고, 기원전 406년에서 376년 사이에 죽은 것으로 나타납니다. 태어나고 사망한 연도의 추정에는 각각 약 30년의 차이가 있으나, 일반적으로 묵자는 공자가 죽은 이후에 태어났으며, 맹자가 태어나기 이전에 죽었다고 받아들여집니다. 여러 학자에 의한 고증에도 묵자의 정확한 출생 및 사망 연도를 확정할 수 없지만, 그가 살았던 시대는 춘추시대(약 B.C. 770~B.C. 403) 말기에서 전국시대(약 B.C. 403~B.C. 221) 초기에 해당한다고 볼 수 있습니다. 다음 표는 앞으로 언급되는 주요한 사상적 슈퍼스타들의 연대기이니 참고하시기 바랍니다.

주요 사상가들의 생몰연대

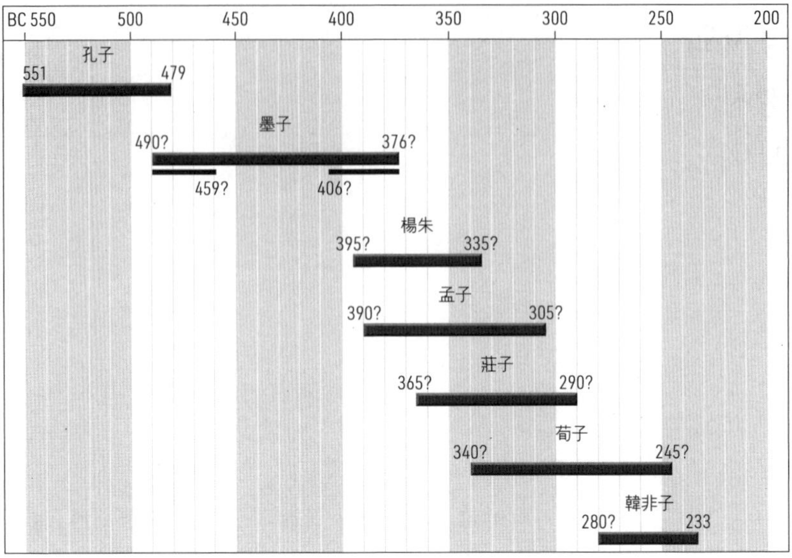

춘추시대와 전국시대는 많이 들어보셨지요? 묵자가 살았던 시대를 이해하려면 주(周)나라 봉건제도와 종법(宗法)제도를 먼저 알아야 합니다. 주나라는 기원전 11세기에 은(殷, 또는 商이라고도 부름)나라를 멸망시키고 건국됩니다. 이민족까지 정벌한 신생 왕국은 영토가 넓어져 직접 다스릴 수 없다고 판단하여 왕실의 친인척과 개국공신들에게 공작, 후작, 백작, 자작, 남작 같은 직위를 주고, 그에 따라 크고 작은 봉토(封土)를 하사하여 그 지역을 직접 다스리도록 위임했지요. 왕실의 친척은 희(姬) 씨 성을 가진 동성(同姓) 제후이며, 개국공신들은 이성(異姓) 제후가 됩니다. 여러분이 잘 아는 개국공신으로는 강태공(姜太公)이 있습니다. 그는 주나라 건국에 큰 공을 세워 제(齊)나라를 다스리는 제후가 되지요. 그런데 주나라 왕실은 이성 제후들과도 혼인을 통해 인척관계를 맺어 결속을 강화해나갑니다. 천자국인 주나라와 모든 제후국은 천자와 그의 친인척이 다스리는 강력한 혈연 공동체를 구축한 셈이지요.

그런데 봉토를 받은 제후국들은 오랑캐의 침략을 막고 반란을 방지해 주나라를 보호할 의무가 있었습니다. 군사적으로 군역의 의무와 경제적으로 공납의 의무를 갖는 대신 자치권을 얻어 정치적 독립성을 보장받았지요. 따라서 제후는 자신의 영토 안에서는 왕 같은 지위를 누릴 수 있었고, 스스로 왕이라고 칭하는 전통이 예전부터 있었지요. 세금을 걷고 군대를 가질 수도 있었으며, 자신의 지위를 자식에게 아무런 장애물 없이 상속할 수도 있었으니까요. 그리하여 제후들은 자신의 친인척을 경(卿)과 대부(大夫)로 임명하여 식읍(食邑)을 나누어주고 다스리게 했습니다. 대부는 다시 사(士)를 임명하여 자신의 식읍을 관리하게 했지요. 경과 대부는 제후국의 고급관리이며, 사는 하급관리라고 생각하면 됩니다. 물론 사 계급도 상사(上士), 중사(中士), 하사(下士)로 구분됩니다. 이처럼 주나라 봉건제도는 천자-제후-경 · 대부-사로 이어지는 피라미드 형태의 신분적 위계질서를 갖추며 지배층을 형성하고 있었습니다.

그런데 천자, 제후 그리고 대부는 누구에게 자신의 지위와 재산을 물려주었을까요? 전근대 신분제 사회에서 상속제도는 대략 세 가지로 분류됩니다. 큰아들에게 물려주는 장자상속이 가장 일반적이었고, 유목민에게는 막내아들에게 물려주는 말자(末子)상속의 전통이 있었습니다. 그리고 드물게 여자에게도 재산이 상속되는 분두분할(分頭分割)상속도 존재했지요. 주 왕조에서 본처에게서 출생한 맏아들이 천자의 자리를 계승하는 상속제도가 확립되었는데, 이를 '대종(大宗)'이라 합니다. 그리고 본처에게서 출생한 둘째 이하의 아들과 첩에게서 출생한 아들을 '소종(小宗)'이라 불렀습니다. 천자의 자리를 계승하지 못한 아들들은 변방의 제후로 봉해졌기 때문에 동성 제후가 됩니다. 동성 제후들은 본처가

낳은 맏아들에게 자신의 지위를 세습했기 때문에 제후국 안에서는 대종이 되는 셈이지요. 또한 제후의 둘째 이하의 자식들은 제후국에서 소종이 되어 대부(大夫)가 되었는데, 대부는 제후에게는 소종이지만 자신의 식읍 안에서는 대종이 됩니다. 나아가 대부는 자신의 식읍을 맏아들에게 상속하지요. 이처럼 신분적 위계질서를 혈연에 의해 세습하는 씨족적 규범을 '종법제도'라고 합니다.

이와 같이 주나라는 천자를 정점으로 하는 피라미드 신분 구조를 형성하고, 혈연에 기초한 종법관계로 봉건제를 유지하고 발전시킵니다. 이러한 구조 때문에 제후국은 언제나 주나라의 요구에 복종해야 했으며, 전쟁 때는 군대를 보내고 공물을 바쳐야 했지요. 결과적으로 종법제도는 천자국과 제후국의 연계를 강화하여 왕조의 기반을 든든하게 만들었습니다. 그러나 시간이 흐름에 따라 천자와 제후의 혈연관계가 멀어질 수밖에 없겠지요. 수백 년이 지나면서 그들 사이에는 같은 성씨라는 사실을 제외하고 씨족적 동질성을 느끼지 못한다는 점을 쉽게 이해할 수 있을 겁니다. 이렇게 되면서 제후국들은 천자와 왕실에 대한 충성도가 떨어질 수밖에 없지요. 게다가 이제 제후국들이 영토를 넓혀 강성해지면 점차 독립적 경향을 띠면서 왕실에 대한 의무를 소홀히 하거나 무시하는 방향으로 나아가겠지요.

역사가들은 주나라 평왕(平王)이 수도를 서부의 호경(鎬京, 지금의 西安)에서 동부의 낙읍(洛邑, 지금의 洛陽)으로 옮긴 기원전 770년을 기점으로 춘추시대가 시작되고, 제후국의 하나인 진(晉)나라가 세 가문에 의해 한(韓)·위(魏)·조(趙) 세 나라로 분열되는 삼가분진(三家分晉)을 기점으로 진시황이 중국을 통일할 때까지를 전국시대라고 합니다. 이 시기를 통틀어 '춘추전국시대'라고 부르는데, 중국 역사상 가장 혼란스러운 시대를 상징합니다. 그러나 춘추시대와 전국시대는 많은 차이가 있지요.

평왕의 천도는 천자(天子)가 있는 주나라 왕실이 쇠퇴하는 과정에서 이루어졌지만, 천도 이후에도 천자가 직접 다스리는 땅은 계속 축소되고 천자가 임명한 제후들의 세력이 커지면서 제후들은 조공을 대폭 줄이기 시작했습니다. 그러니 왕실의 추락은 더욱 가속화되고, 전통적인 종법제도와 봉건제도는 유지되기 어려울 정도로 후퇴하기 시작합니다. 특히 다섯 제후국의 수장들이 더욱 강해지면서 세력과 영토를 확장하기 위해 그들끼리 치열하게 전쟁을 벌입니다. 이들을 '춘추오패(春秋五覇)'라고 부르지요. 그럼에도 제후국들은 주나라 왕실의 천자를 형식적으로나마 받들고 인정하면서 오랑캐의 침입을 물리친다는 존왕양이(尊王攘夷)의 명분을 지켰습니다.

그러나 전국시대에 들어서면서 형식적인 명분을 내던지고 진(秦)·초(楚)·한(韓)·조(趙)·위(魏)·연(燕)·제(齊) 일곱 나라가 살아남기 위해 천하를 통일한다는 명분을 내걸고 처절한 전쟁을 계속합니다. 이 나라들을 '전국칠웅(戰國七雄)'이라 하지요. 이러한 침략전쟁은 진나라가 중국을 통일하면서 막을 내립니다.

춘추시대 말기에는 철기의 사용과 보급이 늘어나면서 사회경제적으로 엄청난 변화가 일어납니다. 철기가 일반화되기 전에는 청동기가 사용되었는데, 청동은 구리와 주석의 합금이지요. 구리에 주석을 더 많이 주입하면 백동(白銅)이 되고, 구리와 아연을 섞으면 황동(黃銅)이 만들어집니다. 당시 사람들은 대부분 청동, 백동, 황동으로 거울이나 단추 등 장신구와 손칼 같은 작은 도구를 만들었습니다. 그리고 검을 주조하는 경우도 있었지만, 무기로 사용하기보다는 지휘자의 권위를 상징하는 도구로서의 의미가 더 강했습니다. 다시 말해 청동기는 주로 부족의 상층부가 수요하는 제품이었습니다.

그러나 철기가 도입되면서 사정은 달라지지요. 제철은 당시 사회를 혁명적으로 바꾸는 첨단산업이었습니다. 일단 철은 구리보다 구하기 쉬운 원료였고, 철로 만든 농기구와 무기는 가벼우면서도 단단하여 청동기보다 성능이 우수했습니다. 게다가 철기는 가격이 저렴하여 지배층만 사용하는 청동기와 달리 일반 농민이나 서민 병사들도 사용할 수 있었습니다. 따라서 철제 농기구의 보급은 농업생산력을 대폭 증가시켰습니다. 또한 전국시대에 이르러 우경(牛耕)과 수리시설을 도입하여 황무지를 개간하는 등 경지면적이 크게 확대됩니다. 기록에 의하면 이 시기에 번갈아 토지를 경작하는 삼포법(三圃法)을 시행하여 지력의 고갈을 방지했고, 김매기도 하고, 비료도 사용했으며, 종자도 골라 파종했습니다. 이와 같은 농업생산력의 발전은 집단적 노동에 의지하던 농사일을 한 가족이 담당할 수 있게 됨으로써 개인의 토지점유가 가능하게 되지요. 이른바 소농(小農)이 형성되기 시작합니다. 일단 소농이 형성되면 기존의 씨족사회가 서서히 붕괴되기 시작하여 사회구조의 변화를 가져오게 마련입니다.

농업의 발전과 더불어 수공업도 발전하지요. 초기에는 수공업을 담당하는 공인(工人)들이 관청에 예속되어 엄격한 통제하에 관청이 필요로 하는 수공업 제품을 만들었습니다. 이미 당시에 누각을 짓고 성을 쌓는 토공(土工)과 석공(石工), 수레와 배를 만드는 목공(木工), 갑옷을 만드는 가죽 장인[革工], 그릇을 굽는 도자기 장인[陶工] 등으로 세분화되어 있었지요. 그러나 농업의 발전과 더불어 민간 수요가 증가함에 따라 그들은 점차 관청으로부터 서서히 해방되어 하나의 독립된 사회계층으로 발전하게 됩니다. 그럼에도 그들의 사회적 지위와 대우는 여전히 낮았습니다. 동시에 농업의 발전과 별도로 제철업과 제염업, 그리고 상업이 발전하여 전국시대에는 대량의 화폐가 주조되고 보급되었으며, 이 과정에서 막대한 부를 축적한 대상인이 출현하지요. 현고(弦高)라는 상인은 자신이 축적한 부를 이용하여 진(秦)나라의 음모를 물리치고 정(鄭)나라를 구했으며, 여불위는 거상으로 진나라의 재상이 되어 중국통일의 기반을 구축하는 데 크게 기여하기도 했습니다. 수공업과 광업, 그리고 상업의 발전은 새로운 계급으로 성장한 신흥지주계급의 출현을 의미합니다.

자, 이제 제후국 내부의 정치적 사정을 들여다봅시다. 춘추시대에는 대부의 권위가 지속적으로 강화되었고, 이런 대부들이 제후의 지위를 빼앗기 위해 제후를 사살하는 일이 끊임없이 시도되었습니다. 이런 과정에서 춘추시대 후반기에는 제후들 사이의 겸병전쟁보다 제후국 내부에서 대부들 사이의 세력싸움이 두드러지게 나타나지요. 진(晉)나라가 세 가문에 의해 분할되었고, 제(齊)나라에서는 강(姜) 씨를 몰아내고 전(田) 씨가 정권을 잡았으며, 노(魯)나라에서도 삼환(三桓) 씨의 권력 다툼은 잘 알려져 있습니다. 제후들과 대부들의 권력투쟁이 계속되는 가운데 전국시대에는 생존을 위한 부국강병이 최우선과제로 등장했고, 이를 수행하기 위해 각국은 변법개혁을 단행합니다. 변법(變法)의 핵심은 주나라의 세습적인 분봉(分封)제도를 점차 중앙집권적 군현제(郡縣制)로 대체하는 데 있었지요. 각국의 왕들은 세습 제후와 대부들에게 통치를 위임하기보다는 지방관을 직접 파견하기 원했고, 또 그렇게 실천했습니다.

이러한 경향은 서인(庶人)들에게 관료로 진출할 기회를 제공했고, 유능한 인재는 자신이 봉사할 지도자를 찾아 여기저기 떠돌며 유세했습니다. 그래서 "선비는 주인을 정하지 않는다(士無定主)"라는 말이 나올 정도였지요. 당시의 유력자들은 수백에서 수천에 이르는 식객(食客)

을 거느리고, 그들로 하여금 학문과 토론에 전념하면서 자신의 식견을 발휘하도록 지원했습니다. 제(齊)나라의 왕권을 탈취한 전성자(田成子)는 "소 한 마리를 잡으면 한 그릇만 취하고, 나머지는 사(士)에게 나누어 주었다"[7]고도 합니다. 혈연에 의한 봉토 분할이 약화되면서 유력자의 지원으로 새롭게 등장한 지식인 그룹이 '사(士)' 계급을 형성하여 그 세력을 넓혀가지요. 또한 세습 제후의 세력이 약화되고 지주, 상인, 수공업자 등 신흥세력이 성장하면서 '형벌은 대부 이상에서 행해지지 아니하고, 예(禮)는 서민 이하에서 행해지지 않는다'는 낡은 관행도 쇠퇴하기 시작합니다.

철기의 보급은 농기구와 더불어 무기의 성능을 크게 향상시켜 전쟁의 양상을 크게 변화시키기 시작합니다. 춘추시대에는 대부와 무사(士) 등 지배층이 참여하는 전차전(戰車戰)이 일반적이었습니다. 전차전의 승패가 전쟁의 승패를 결정했기 때문에 전쟁은 오랜 기간 지속되지 않았습니다. 그래서 춘추시대에는 군사력의 규모, 즉 보유한 전차 수에 따라 만승지국(萬乘之國) 또는 천승지국(千乘之國)으로 강대국과 약소국을 분류했습니다. 그러나 전국시대에 들어와서는 전쟁의 모습이 하층민을 대규모로 동원하는 보병전 형태로 바뀌게 되지요. 동시에 여전히 전쟁이 일어나면 농민을 병사로 차출해야 하는 병농일치(兵農一致)의 수준이었음에도 농업생산력의 발전에 따른 잉여생산물의 비축으로 일정한 정도로 상비군을 유지할 수 있었고, 장기간 전쟁을 수행할 여력이 발생합니다. 이러한 조건에서 전국시대의 전쟁은 규모가 커지고 장기화될 수밖에 없었습니다.

춘추시대 초기에는 140여 개의 제후국이 있었는데, 전국시대 초기로 가면 20여 개의 나라만 남게 됩니다. 360여 년간 치른 전쟁의 결과 나라 수는 줄어들고 각국의 영토는 넓어지는 결과를 가져오게 되지요. 결국 춘추시대의 읍성(邑城)국가에서 전국시대에는 영토국가로 바뀜에 따라 정복전쟁으로 인한 실리가 증가되었다는 점도 천하통일이라는 명분을 내세워 전쟁을 수행하는 정당성을 확보하는 데 도움이 되었으리라 생각됩니다. 이리하여 전쟁은 규모가 커지고 일상화되었으며, 이러한 정복전쟁은 백성을 죽음과 공포로 몰아넣고 그들의 삶을 송두리째 파괴했겠지요. 묵자는 바로 이러한 현실을 목도했으며, 『묵자』는 이러한 시대적 환경의 산물입니다.

천민 출신의 사상가

묵자의 출신지에 대해서도 논쟁이 있습니다. 어떤 이는 송(宋)나라 출신이라고 하고, 어떤 이는 초(楚)나라 사람이라고 하고, 어떤 이는 노(魯)나라 출신이라고 합니다. 심지어 묵자를 제(齊)나라 사람이라거나 인도 또는 아랍 사람이라고 주장하는 학자도 있네요.

사마천은 『사기』에서 "묵자는 송나라 대부"[8]라고 했는데, 이를 그대로 받아들인 옛 서적에서는 묵자를 송나라 사람으로 보고 있습니다. 『묵자』 원문에 묵자가 자신의 제자 조공자(曹公子)를 송나라에 보내 벼슬하게 했다는 이야기가 나오지만, 묵자가 송나라에서 벼슬했다는 증거는 찾을 수 없습니다. 사실 사마천은 방대한 자료를 섭렵했던 역사학자임에도 묵자에 대해서는 잘 몰랐던 것 같습니다. 맹자와 순자의 전기를 서술하는 「맹자순경열전(孟子荀卿列傳)」 마지막 부분에 24자 한 문장으로 묵자를 정리했지만, 진실로 사마천의 문장인지 의심될 정도로 피상적이지요. 아마 사마천이 살았던 시기(B.C. 145?~B.C. 86?)에 이미 묵자와 그의 제자들의 자취가 완전히 사라진 게 아닌가 추정됩니다.

『묵자』「노문(魯問)」편에서 묵자와 초나라 노양(魯陽) 문군(文君)과의 대화 내용이 나오는데, 이를 근거로 묵자가 초나라 사람이라는 주장이 제기되기도 하지만 묵자는 남쪽이 아니라 북방 출신임을 스스로 고백합니다. 그래서 청대(清代)의 대표적인 묵자 연구가들, 예를 들면 손이양, 양계초(梁啓超, 1873~1929), 호적(胡適, 1891~1962)은 묵자가 노나라 출신이라는 데 의견을 모으고 있지요. 『묵자』 원문을 읽어보면 그의 활동 배경은 주로 노나라임을 알 수 있습니다.

묵자 선생께서 노나라에서 제나라로 가는 길에 옛 친구를 만났다.[9]

남쪽으로 위나라를 여행했다.[10]

남쪽으로 초나라를 여행하여 초나라 혜왕에게 책을 바치려 했다.[11]

이러한 문장은 모두 묵자의 활동 근거지가 노나라임을 말하고 있는 셈이지요. 그 외에도 노나라 사람이 묵자에게 자식을 가르치게 한 우화와 노나라 남쪽 마을에 사는 오려(吳慮)를 만나는 이야기, 월(越) 왕이 노나라에서 묵자를 영접하도록 하는 일화 역시 모두 묵자의 활동무대가 주로 노나라였음을 보여주고 있지요. 『여씨춘추』나 『회남자(淮南子)』에서도 이를 뒷받침하는 근거를 제공하고 있습니다. 이런 자료를 종합해보면 그가 노나라에서 주로 활동했다는 사실을 인정하는 데 무리가 없다고 판단됩니다. 여기에는 묵자가 노(魯) · 초(楚) · 송(宋) · 제(齊) ·

위(衛) · 월(越)나라를 넘나들며 그가 머무는 집의 굴뚝이 검어질 겨를이 없이 칡베 옷을 입고 나막신을 신고서 밤낮으로 쉬지 않고 일했다고 기록되어 있지요.

출신지나 국적이 중요한 의미를 갖는 것은 묵자의 학문적 · 사상적 배경과 관련되어 있기 때문입니다. 노나라는 역사적으로 주(周)나라의 문물을 가장 잘 보존하고 있었으며, 지형적으로는 산지가 적은 평야지대였기 때문에 학풍이 온화하여 인민의 입장을 고려하는 온정적인 정치사상을 잉태할 수 있었습니다. 이와는 달리 서쪽의 진(秦)과 북쪽의 한(韓) · 위(魏) · 조(趙)는 지리적으로 사막과 산맥으로 막혀 있을 뿐 아니라 서융(西戎)과 북적(北狄)의 위협이 상존했기에 효율적인 통제와 억압적인 통치 사상인 법가를 꽃피울 수 있었습니다.

이러한 노나라의 역사적 · 자연적 배경에서 주나라의 문화를 복원해야 한다는 공자의 유학을 배우면서 그 한계를 절감하고 그것을 극복하려고 시도했던 묵자가 출현할 수 있었습니다. 묵자 역시 공자와 마찬가지로 효와 충, 공손함과 자애로움, 연장자에 대한 존중을 긍정적으로 평가하는데, 이 또한 노나라의 학풍과 유가에 영향을 받았다고 할 수 있지요. 『묵자』에서 유가의 교과서로 사용되었던 『시경』과 『서경』이 자주 인용되는 이유도 여기에 있습니다.

묵자의 출신지와 마찬가지로 그의 계급적 출신성분에 대해서도 직접적인 기술은 거의 없습니다. 사마천이 송나라 대부라고 추측한 이후 오랫동안 그렇게 믿어져왔으나, 그 근거는 대단히 희박합니다. 묵자의 출신성분에 대한 고증 역시 청말(淸末) 이후 시작되었지만, 고증 자체가 역사적 사실에 근거하기보다는 소박하고 합리적인(!) 추측에 불과하다는 느낌을 줍니다. 앞에서 성(姓)과 관련하여 묵(墨)의 의미를 말씀드린 바와 같이 천한 출신의 수공업자라고 보는 편이 가장 합리적이라고 생각됩니다. 2,400년 전에 천한 신분의 수공업자가 글을 깨치고 사상을 정립하여 백성을 계도했다는 사실이 너무 놀랍지 않은가요?

「귀의(貴義)」 편을 읽어보면 초나라 대부가 묵자를 천한 사람으로 부르고, 묵자 스스로 다음과 같이 고백하네요.

> 나는 위로 임금을 섬겨야 할 일도 없고, 아래로 농사짓는 어려움도 없다.[12]
>
> 翟上無君上之事, 下無耕農之難.

이 고백은 묵자가 평생 관직을 맡지 않았던 증거로 종종 인용됩니다. 『여씨춘추』에서도 묵자가 스스로 '천한 백성(賓萌)'이라거나 '북방의 천한 사람(北方之鄙人)'으로 자처하는 것으로 보아 묵자는 '송나라 대부'가 아니라 신분이 낮은 계급 출신이었음을 알 수 있습니다. 『묵자』 원문에서 천인 출신으로 재상에 오른 이윤(伊尹)과 부열(傅說)을 자주 언급하는 것도 이와 무관하지 않습니다. 이윤은 유신(有莘) 씨의 노비로 친히 요리사가 되었으나 은(殷)나라 탕(湯)왕에게 불려가 재상이 되었고, 하(夏)의 걸(桀)왕을 토벌하여 은나라가 천하를 평정하는 데 공헌한 전설적인 인물로 후에 주공(周公), 관중(管仲)과 함께 명재상으로 추앙됩니다. 부열은 갈옷을 입고 새끼줄로 동여매고 부암(傅岩)에서 성을 쌓는 노예였으나 은나라 무정(武丁)이 그를 등용하여 정승으로 삼았는데, 은나라를 가장 번성시킨 재상입니다. 『묵자』에는 이윤이 23회, 부열이 5회 언급되는데, 이는 묵자가 하층계급 출신이어서 그들에 대해 더욱 애정과 동질성을 느낀 게 아닌가 생각됩니다.

묵자도 당시 대단한 명성을 가지고 있었기 때문에 몇몇 군주로부터 러브콜을 받기도 합니다. 초(楚)나라에서는 그를 대부(大夫)에 해당하는 관직에 봉하려고 했으며, 월(越)나라 왕은 그를 초청하여 봉지 500리(里)를 주고 스승으로 삼고자 했으나 묵자가 모두 거절하지요. 그 대신 자신의 제자들을 추천하여 벼슬길에 오르게 하고, 자신의 가르침을 실천하게 합니다. 『묵자』에 나오는 예만 보더라도 그가 살아있는 동안 적어도 5명의 제자를 여러 나라에 파견합니다. 경주자(耕柱子)와 승작(勝綽)을 초나라에 보내고, 공상과(公尙過)를 월나라로 보내지요. 그리고 고석자(高石子)를 위나라로 파견하고, 조공자(曹公子)를 송나라로 보내 벼슬살이를 시키지요.[13] 이들은 모두 문무를 겸비한 사람들로서 벼슬하여 얻은 봉록 일부를 기부하여 묵가 집단이 공동으로 사용하도록 했다고 전해집니다.

그러면 묵자는 어떤 일에 종사했을까요? 많은 학자들은 묵자가 수공업자이면서 축성(築城)기술자라는 데 동의하고 있습니다. 『묵자』에는 다음과 같은 일화가 나옵니다.

> 공수자(公輸子)가 대와 나무를 깎아 까치를 만들어 날렸는데 사흘 동안 내려오지 않았다. 공수자는 스스로 대단한 기술이라고 생각했다. 묵자 선생께서 공수자에게 다음과 같이 말했다. "그대가 까치를 만드는 일은 목수가 수레의 빗장을 만드는 일보다 못합니다. 잠깐 동안 세 마디의 나무를 깎아서 오십 석의 무게를 견딥니다. 그러므로 업적[功]은 사람에게 이로우면 훌륭하다고 말하고, 사람에게 이롭지 않으면 졸렬하다고 말합니다."[14]

여기에서 묵자는 당대 최고의 장인인 공수자에게 날아다닐 수 있는 까치를 만드는 일보다 실용적인 수레 빗장을 만드는 목수가 훌륭하다고 말하는데, 많은 사람에게 도움이 되어야 좋은 기술이라는 그의 기술관을 엿볼 수 있지요. 『여씨춘추』에서도 묵자가 나무로 솔개를 만드는 일화가 나오는데, 이 일화를 듣고 혜시(惠施)는 "묵자는 뛰어난 기술자인데, 수레의 끌채는 잘 만들었지만 솔개는 졸렬하게 만들었다"라고 평가하지요. 이러한 일화를 통해 보자면 묵자는 당시 가장 천대받았던 수공업자인 목수였을 가능성이 가장 크지요. 『묵자』 원문에서 규(規-컴퍼스), 구(矩-곱자), 승(繩-먹줄) 등 설계와 측량에 필요한 공구를 자주 언급하며 매우 중시하고 있다는 점도 이와 무관하지 않습니다. 훗날 순자도 이러한 도구들을 종종 언급하는데, 재미있는 현상입니다. 게다가 현존하는 『묵자』 마지막 11개 편은 성(城)을 쌓고 방어하는 기술을 놀라울 만큼 구체적으로 설명하고 있지요.

묵자 신상 털기가 참으로 원시적이지요? 그러나 할 수 없습니다. 워낙 오래된 인물이고 자료도 남아 있는 게 없으니까요. 아무리 털어보아도 온갖 추측과 주장만 난무하고 있어서 정확한 정보를 구하기 어렵네요. 그래서 이렇게라도 추정해보는 겁니다. 그런 면에서 요즘 신상 털기와 유사하지요? 그러나 묵자를 따르던 묵가 집단의 구성을 보더라도 그가 수공업자였을 가능성을 방증하고 있습니다. 묵가 집단은 토공, 목공, 석공, 혁공, 도공 등 수공업 장인을 주력으로 구성되어 있었습니다. 그들의 지도자를 '거자(巨子/鉅子)'라 불렀는데, 이 명칭 역시 수공업자의 우두머리가 갈고리를 들고 있는 모습에서 유래되었다고 하네요. 수공업자 외에도 무의(巫醫), 농민, 상인 등으로 편제되어 있었습니다. 당시 무당이면서 의사 역할까지 했던 무의도 천민이었지요. 묵가 집단의 구성원들은 성벽을 쌓거나 보수하고, 무기와 방어설비를 제작하는 역할을 담당했습니다. 후에는 뒤떨어진 학습과 교육, 저작과 선전의 필요성을 느끼고 집단 내의 분업을 조직화하기도 하지요. 구성원들 사이에 동지적 단결력이 대단히 높았다는 사실은 여러 자료에서 확인됩니다.

묵가 집단이 여러 부류의 하층민을 중심으로 구성되었다는 사실은 그들이 사회 최하층의 생활감정과 이익을 대변하여 그것을 사상으로 승화시켰다는 점을 반영하지요. 『묵자』의 내용은 대단히 체계적이며 논리적이지만 서술방식에서 장황한 설명이 반복되는데, 이는 묵가 집단을 비롯한 하층민을 설득하고 교화하는 묵자의 언행을 제자들이 그대로 묘사했기 때문입니다. 유교의 세례를 받은 제자백가와 주석가들이 그 서술방식의 소박함을 '어리석음'이라고 비하하는 경향도 여기에 연유한다고 생각되네요.

신분제가 지배하던 사회에서 천민 출신이 하층민의 이익을 대변하는 논리를 체계화하고 실천했다는 사실은 중국사에서뿐만 아니라 세계사적으로도 찾아보기 어려운 현상입니다. 근대 이전까지 하층민이 동서양을 막론하고 글자를 깨치지 못했다는 사실을 감안하면 더더욱 그러하지요. 그의 주장은 소수의 귀족을 위해 만들어진 정치 · 경제 · 문화 시스템에서는 대단히 이질적이었으며, 지배층에게는 위협적으로 느껴질 수밖에 없었겠지요. 바로 이 점이 당시 묵자의 사상이 공자와 더불어 세상을 가득 채울 수 있었으며, 동시에 같은 이유로 진시황의 중국통일 이후에 급속하게 몰락한 원인이 되었다고 생각합니다.

『묵자』라는 책

—

지금까지 묵자의 신상을 털었지만, 별로 나온 게 없군요. 성은 잘 모르겠지만, 그의 이름이 적(翟)이라는 사실과 춘추시대 거의 끝 무렵에 태어나서 전국시대 초기에 살았다는 사실을 확인할 수 있었습니다. 그리고 그가 노(魯)나라 출신이지만 여러 나라를 돌아다니며 활동했다는 것도 알 수 있었고요. 또 사마천의 기록과 달리 묵자는 대부가 아니라 하층계급 출신이라는 사실도 알게 되었습니다. 사실 신상 털기는 그 자체가 목적이 아니라는 점을 잘 아시지요? 신상 털기를 통해 그의 사상을 좀 더 정확하게 이해하는 데 그 목적이 있습니다. 묵자의 사상은 『묵자』라는 책에 잘 나타나 있지요. 이제 묵자의 제자들이 스승의 언행과 행적을 기술한 책에 대해 이야기해보겠습니다. 이 책에 담긴 묵자 사상의 내용에 대해서는 다음 장부터 말씀드리겠지만, 그전에 이 책이 어떻게 구성되어 있는가를 살펴봐야겠습니다.

앞에서 말씀드린 대로 묵가는 진시황 이후에 갑자기 사라졌습니다. 그러나 『묵자』와 묵자에 대한 기록은 좀 남아 있었던 것 같아요. 서한(西

漢) 초 유안(劉安, B.C. 178~B.C. 122)의 『회남자』에서 묵가에 대한 설명이 나오니까요. 그러나 한 세대 뒤 사마천에 이르면 묵자가 어떤 사람인지조차 알 수 없는 지경이 되었지요. 그 후 청(淸)나라에 이르기까지 묵자는 '거의' 읽히지 않았습니다. 여기에서 '거의'라고 표현했는데, 아주 예외적으로 몇몇 학자의 주석서(注釋書)가 나오기는 하지만 그들의 주석은 부분적이거나 전해지지 않아서 주석이 있다는 정도만 전해지고 있지요.

그러면 『묵자』가 어떻게 세상에 알려졌을까요? 아이러니하게도 도교(道敎) 덕분입니다. 정확한 연대는 알 수 없지만, 인도의 불교가 실크로드의 상인과 서역의 승려를 통해 중국으로 유입되었지요. 중국에 들어온 불교는 포교를 위해 서역의 불경을 번역하지 않을 수 없었습니다. 초기에는 중국의 전통사상인 유교나 도가 사상을 빌려 불교의 교리를 이해시키고, 또 그런 방식으로 불경을 번역했지요. 이를 '격의불교(格義佛敎)'라고 하는데, 중국식 불교라고 생각하면 됩니다.

그러나 시간이 지남에 따라 격의불교의 한계를 느낀 승려들이 경전을 수집하여 목록을 만들고, 외국 승려들을 모아 새로운 번역 사업에 몰두하게 됩니다. 이러한 불교의 움직임에 중국의 전통적인 민간신앙으로 발전해온 도교가 자극을 받아 도교에 관한 서적을 광범위하게 수집하기 시작하지요. 이때 동진(東晉)의 갈홍(葛洪, 290~370)이 『신선전(神仙傳)』에서 묵자를 '땅의 신선'이라 부르며 신선의 반열에 올려놓았습니다. 사실 묵자는 도가나 도교와는 전혀 관계가 없었는데 말이지요. 이를 계기로 대나무에 문자를 새긴 죽간(竹簡)인 『묵자』가 도장(道藏)에 들어가게 되었습니다. 도교 서원에서 수집한 책이나 그들이 편찬한 책을 '도장' 또는 '도장경(道藏經)'이라 합니다. 그리하여 송(宋)나라에서 명(明)나라에 이르기까지 도장에서만 묵자가 살아남을 수 있었습니다. 그래서 아이러니라고 말한 겁니다.

도장으로 보관되던 『묵자』는 천 년에 가까운 오랜 세월이 지나면서 죽간을 이어주는 가죽끈이 닳아서 끊어지고 대나무 조각이 섞여 순서가 뒤죽박죽되었나 봅니다. 이를 '착간(錯簡)'이라 하지요. 일부는 유실되어 없어지고, 또 일부는 순서가 뒤바뀌어 읽어도 무슨 말인지 이해하기 어려웠다는 점은 쉽게 이해할 수 있겠지요. 이런 상황에서 필원(1730~1797)이 교정하고 주석을 달아 『묵자주(墨子注)』를 출간했는데, 이를 계기로 『묵자』가 어느 정도(?) 읽을 수 있게 되었고, 이후 많은 훈고학자가 묵자에 대해 본격적으로 연구하기 시작했지요. 그리고 한 세기가 지나서 손이양(1848~1908)이 그동안의 연구 성과를 집대성하여 『묵자한고(墨子閒詁)』를 출간했는데, 이를 계기로 일반인들도 읽을 수 있게 되었지요. 묵자가 세상의 빛을 보는 데 필원과 손이양 두 사람의 공로는 거의 절대적이라고 할 수 있습니다. 그 후 서구 열강의 침략에 의해 반(半)식민지로 추락한 중국의 상황과 맞물려 묵자에 대한 연구가 활발하게 이루어지지요. 이에 대해서는 나중에 다시 이야기하겠습니다.

『논어』는 공자가 쓴 책이 아니라는 건 잘 아시지요? 약간의 논란이 있지만, 『묵자』 역시 묵자가 쓴 책이 아닙니다. 모두 묵자의 제자들이 스승의 언행을 기록한 글입니다. 『묵자』는 목록을 제외하고 총 71편으로 구성되어 있다고 알려져 있으며, 현재는 53편만 전해지고 있습니다. 현존하는 53편의 글은 내용과 성격에 따라 〈입문(入門)〉, 〈십론(十論)〉, 〈묵경(墨經)〉, 〈대화(對話)〉, 〈병법(兵法)〉으로 나눌 수 있습니다. 이는 다른 학자들의 분류방식을 참조하여 제가 분류한 것인데, 각각의 부분에 대해 약간의 설명을 해야겠습니다. 아래 부분은 『묵자』를 직접 읽어보고자 하는 독자에게는 매우 도움이 되겠지만, 그렇지 않을 사람은 지루하니 건너뛰어도 좋습니다.

〈입문〉에는 「친사」(親士-선비를 사랑함), 「수신」(脩身-몸을 닦음), 「소염」(所染-물들임), 「법의」(法儀-본받아야 할 틀), 「칠환」(七患-일곱 가지 우환), 「사과」(辭過-지나침을 사양함), 「삼변」(三辯-세 가지 이야기) 7편의 글이 수록되어 있습니다. 이들을 읽어보면 유가의 색채가 배어 있는가 하면 도가의 냄새도 맡을 수 있습니다. 그래서 양계초나 호적 같은 사람은 "읽어볼 필요가 없다"라거나 "묵가의 글이 아니다"라고 혹평하기도 합니다. 그렇지만 묵자가 유가에서 출발하여 유가를 비판하면서 극복했다는 점을 고려하면 그들의 주장을 따르기 어렵다는 것이 제 생각입니다.

「친사」와 「법의」는 내용적으로 묵자의 핵심 주장을 말하는 〈십론〉의 「상현(尙賢)」, 「천지(天志)」, 「겸애(兼愛)」와 친화적이며, 그 도입부에 해당한다고 볼 수 있습니다. 「칠환」, 「사과」, 「삼변」은 모두 사치와 낭비를 배격하는 주장을 하고 있어서 〈십론〉의 「절용(節用)」, 「절장(節葬)」, 「비악(非樂)」의 보충 설명으로 보아도 무방합니다. 그리고 「소염」 편도 형식적으로나 내용적으로 경험주의자인 묵자의 인성론을 잘 반영하고 있다고 생각합니다. 다만 「삼변」은 내용이 너무 짧아서 완성도가 많이 떨어지는데, 이는 원본의 많은 부분이 누락되어 생긴 현상이라고 판단되네요.

〈십론〉은 앞에서 말씀드린 바와 같이 묵자의 핵심적인 10가지 주장을 담고 있습니다. 「상현」(尙賢-현명한 사람을 숭상함), 「상동」(尙同-같아짐을 숭상함/윗사람과 같아짐), 「겸애」(兼愛-두루 사랑함), 「비공」(非攻-공격전쟁을 비판함), 「절용」(節用-절약하여 사용함), 「절장」(節葬-장례 간소화), 「천지」(天志-하늘의 뜻), 「명귀」(明鬼-귀신을 밝힘), 「비악」(非樂-음악을 비판함), 「비명」(非命-운명론을 비판함)이 바로 그것입니다. 이들은 모두

상 · 중 · 하 세 편씩으로 구성되어 30편입니다. 여기에 10가지 주장과 밀접한 관계가 있는 「비유」(非儒-유가를 비판함) 상 · 하 두 편을 더하여 모두 32편으로 되어 있지요. 그런데 불행하게도 그중 8편이 없어져서 지금은 24편만이 전해지고 있습니다.

10가지 주장은 모두 상 · 중 · 하로 되어 있는데, 그 내용은 대동소이합니다. 여러분도 잘 아시다시피 중국은 사투리가 매우 심한 나라인데, 표현 방법에서 지역의 언어사용에 차이가 있습니다. 묵자 사후 시간이 흐름에 따라 묵가가 지역적으로 분산되어 분파를 형성했지요. 장자는 이들을 상리근(相里勤)의 제자, 오후(五侯)의 무리, 남방(南方)의 묵가로 분류했고, 한비자는 상리(相里) 씨, 상부(相夫) 씨, 등릉(鄧陵) 씨를 '삼묵(三墨)'이라 불렀습니다. 이들 세 파가 사용하고 전승하던 교재를 모아 후세에 상 · 중 · 하로 편집하여 한 권으로 만들었다고 추정됩니다.

그런데 현존하는 원본은 2개 편을 제외하고는 글머리가 모두 '자묵자왈(子墨子曰)'로 시작합니다. 『논어』만 하더라도 '공자왈' 또는 '자왈'이러는데요. 자묵자(子墨子)는 '스승 묵 선생님'으로 직역할 수 있는 극존칭이라고 볼 수 있는데, 이로 미루어보아 묵가 사이에 묵자의 위치는 절대적이었다고 평가할 수 있겠네요. 아무튼 〈십론〉은 묵자의 핵심적인 사상을 담고 있다는 것을 알아두시고 다음으로 넘어가겠습니다.

〈묵경〉은 말도 많고 탈도 많은 부분이지만, 「경(經)」 상 · 하, 「경설(經說)」 상 · 하 네 편과 「대취(大取)」와 「소취(小取)」 두 편을 합쳐 모두 6편으로 구성되어 있습니다. 〈묵경(墨經)〉이라는 말은 묵가의 경전이라는 의미입니다. 그래서 「경」에는 모두 180여 개의 용어를 사전(辭典)식으로 개념을 정의하고, 「경설」에서는 그 용어에 대한 보충 설명을 하고 있지요. 그런데 여기에서는 정치학, 윤리학, 논리학과 언어학 등 지금으로 말하면 사회과학적 용어들을 정의하고 있을 뿐 아니라 춘추전국시대의 다른 문헌에서 찾아볼 수 없는 광학과 역학(力學)을 포함한 물리학, 수학, 기하학, 생물학, 토목공학과 관련된 용어들도 다루고 있습니다. 자연과학적 개념의 정의가 묵가의 경전이라고 보기는 어렵지만, 영국의 과학사가인 니덤(J. Needham, 1900~1995)은 그의 불멸의 저서 『중국의 과학과 문명(*Science and Civilization in China*)』에서 〈묵경〉의 중요성을 크게 강조하고 있습니다. 저는 니덤이 묵가를 조금(!) 과대평가했다고 생각하지만, 그럼에도 묵가의 자연과학적 지식수준은 고대 중국에서 가장 선진적이었다는 사실을 부정할 수 없습니다. 그러나 과학적인 명제를 선문답하듯 추상적으로 정의하는 부분도 있어 그들의 한계를 노출하기도 합니다. 또한 많은 부분은 착간(錯簡)에 기인한 오탈(誤脫)이 있어 이해하기 어렵다는 아쉬움도 있습니다. 최근 중국에서는 자연과학자들이 〈묵경〉 연구에 대규모로 참여하고 있습니다.

「대취」와 「소취」는 「경」, 「경설」과 달리 논문의 형식을 취하고 있지만, 내용적으로는 〈십론〉의 연장선상에 있다고 볼 수 있습니다. 「대취」는 겸애의 원리를 논리적으로 추론하고 있으며, 「소취」 역시 겸애의 필요성을 논증하고 있습니다. 그 과정에서 논증의 형식과 적용 범위를 구체적으로 설명하고 있어서 중국 고대 논리학의 최고 수준을 반영하고 있다고 평가됩니다. 그래서 몇몇 학자는 묵가의 논리학을 아리스토텔레스의 삼단논법과 인도의 인명학(因明學)과 더불어 세계 논리학의 3대 원류로 꼽는 데 주저하지 않습니다.[15]

그런데 또 다른 학자들이 〈묵경〉을 저술한 후기 묵가를 혜시(惠施)와 공손룡(公孫龍)의 명가(名家)와 동일시하고 있습니다. 손이양만 하더라도 궤변의 논리를 전개한 명가와 가깝다고 이야기하지요. 그러나 이런 주장은 〈묵경〉도 이해하지 못하고 명가도 제대로 이해하지 못했기 때문이라고 생각합니다. 〈십론〉과 〈대화〉에서는 유가를 비판하고 있다면, 〈묵경〉에서는 주로 명가의 논리를 논리적으로 비판하고 있지요. 장자의 말을 빌리면 묵가는 모두 묵경을 외웠고, 묵가의 세 파가 서로 '별묵(別墨)'이라 비판하며 논쟁했다고 하네요. 이 말이 사실이라면 묵가는 다른 학파와도 논쟁하면서 같은 학파 내부에서도 논쟁하는, 논리를 매우 중시한 집단이라고 볼 수도 있을 것 같아요.

〈대화〉는 「경주(耕柱)」, 「귀의(貴義)」, 「공맹(公孟)」, 「노문(魯問)」, 「공수(公輸)」 다섯 편으로 구성되어 있으며, 묵자의 언행으로 이루어진 87개의 일화가 기록되어 있습니다. 형식적으로는 『논어』와 같이 대화체로 구성되어 있으며, 내용적으로는 제자와의 대화를 통해 묵자의 사상을 전파하기도 하고, 다른 학파의 선비나 권력을 가진 대부(大夫)와의 대화를 통해 유가를 비판하기도 합니다. 역사적 사실과 부합하지 않는 부분은 제자들이 설화(說話)로 의제했다고 추측되는데, 그럼에도 묵자의 인간상과 묵가 집단의 성격을 파악하고 이해하는 데 크게 도움이 됩니다. 〈십론〉과 중복되는 부분도 있지만, 설명을 보충하는 부분도 있어서 묵자 사상을 대중에게 쉽게 이해시키고 널리 전파하는 데 크게 이바지했다고 생각되네요. 앞에서도 말씀드린 바와 같이 유가에 대한 비판은 〈십론〉보다 훨씬 더 설득력이 있으니까요. 묵자의 경험주의적 실용주의 사고가 잘 녹아 있기도 합니다.

마지막으로 〈병법〉은 20편으로 구성되어 있는데, 그중 9편은 제목과 내용이 모두 없어져서 아직까지 발견되지 않고 있는 실정이며, 11편만 전해지고 있습니다. 전해지고 있는 11편은 한대(漢代)의 위작(僞作)이라는 설이 유력함에도 묵자의 철학을 잘 반영하고 있습니다. 주로 적군이 성(城)을 공격할 때 대비하는 성 방어술이 대부분이며, 전쟁에 앞서 제사 지내는 방법, 깃발을 이용하여 신호를 주고받는 방법도 설명하고 있습니다. 여기에서 중국의 전통적인 병가(兵家)와 달리 묵자는 전쟁 무기의 중요성을 크게 강조하고 있습니다. 민심을 통일하여 동요하지 않도록 하려면 어찌해야 하는지도 병가보다는 구체적으로 제시하고 있지요.

그러면 반전주의자였던 묵자가 왜 이런 글을 남겼을까요? 묵자는 철저하게 공격전쟁을 비난했지만, 큰 나라가 작은 나라를 공격하면 자신의 제자들을 이끌고 약소국에 들어가 그들과 함께 방어하는 일에 종사했다고 합니다. 그런데 〈병법〉의 각 편을 읽다 보면 아주 사소한 부분까지 섬세하게 설명하고 있는데, 이는 『손자병법』도 따라가지 못할 수준이라는 생각이 듭니다. 자연과학에 대한 지식을 기반으로 한 기술자, 지금식으로 말하면 세련된 엔지니어의 꼼꼼함을 엿볼 수 있습니다. 그럼에도 착간과 오탈로 인해 원본이 많이 훼손되어 있어서 읽어내기가 쉽지 않습니다.

지금까지 『묵자』라는 책의 내용을 설명했는데요, 이 책의 문체와 문장에 대해서도 약간의 부연 설명이 필요합니다. 중국 고대의 서적에서 문체는 대략 『논어』나 『맹자』의 대화체, 『노자』의 운문체, 『장자』의 산문(우화)체, 『순자』의 논문체로 나눌 수 있습니다. 『묵자』는 운문체를 제외하고는 모든 문체를 종합하고 있다고 평가해도 지나치지 않습니다. 〈대화〉의 모든 글은 대화체이고, 〈입문〉의 대부분 글은 산문체이며, 「대취」와 「소취」는 논문체라고 평가할 수 있습니다. 〈십론〉의 글들은 대부분 대화체+산문체인데, 이는 주로 묵자가 제자들을 가르치거나 대중에게 연설한 내용을 기록하고 있기 때문에 강연체라고 표현해야 하지 않나 생각합니다. 거기에다가 「경」과 「경설」은 단어를 제시하고 그 단어를 정의하는 사전 형식으로 되어 있는데, 이런 서술방식이 후대에 계승되지 않았기 때문에 중국 철학의 관념화가 그렇게 오랫동안 계속되지 않았나 생각되네요.

그리고 『묵자』는 제자백가의 저술 중에서 각 편의 주제어를 제목으로 붙이는 최초의 문헌입니다. 『논어』 각 편의 이름은 첫 문장의 두 글자 또는 세 글자를 따서 제목을 붙였습니다. 예를 들면 1편이 「학이(學而)」인데요, 첫 문장 머리글인 '子曰 學而時習之'에서 '子曰'을 빼고 첫 글자인 '학이(學而)'를 제목으로 했습니다. 참 원시적이라고 생각되지 않나요? 『맹자』도 이런 형식을 그대로 이어받습니다. 1편의 제목이 「양혜왕(梁惠王)」인데, 첫 문장의 머리글 '孟子見梁惠王'에서 '孟子見'을 빼고 제목을 붙이고 있지요. 아마 공자의 뜻을 받들고 싶다는 의도였겠지요. 그런데 『묵자』에서는 모든 편에서 핵심 주제어를 골라 제목으로 달고 있습니다. 이런 전통은 『장자』, 『순자』, 『한비자』로 이어져 지금까지 내려오고 있지요. 묵자는 이런 식으로도 후대 사람들에게 영향을 미칩니다. 자, 이제 본격적으로 묵자의 사상 속으로 들어가 보겠습니다.

II

노동하는 인간

- 성선설 vs. 성악설
- 인간과 동물의 차이
- 노동이 존중받는 사회
- 사회적 분업
- 또 다른 인간의 모습

•

성선설 vs. 성악설

—

인간은 어떤 존재인가?
인간의 본성은 무엇인가?

이런 질문은 철학의 근본 문제이기도 하거니와 사회과학 이론 전개의 토대가 되기도 하지요. 특히 동양적 사유에서 인성론(人性論) 또는 본성론(本性論)은 오랜 역사를 가지고 있을 뿐 아니라 거기에 기초하여 정치철학이 형성되었습니다. 묵자의 인간관을 살펴보기 전에 맹자의 성선설과 순자의 성악설로 대표되는 인성론에 대해 살펴봐야겠습니다.

맹자는 "사람은 모두 차마 남에게 하지 못하는 마음을 가지고 있다(人皆有不忍之心者)"라고 하면서 다음과 같이 말합니다.

> 측은한 마음이 없다면 사람이 아니며, 부끄러워하고 미워하는 마음이 없다면 사람이 아니며, 사양하는 마음이 없다면 사람이 아니며, 옳고 그름을 따지는 마음이 없다면 사람이 아니다. 측은

한 마음은 인(仁)의 실마리이며, 부끄러워하고 미워하는 마음은 의(義)의 실마리이며, 사양하는 마음은 예(禮)의 실마리이며, 옳고 그름을 따지는 마음은 지(智)의 실마리다.[16]

無惻隱之心 非人也, 無羞惡之心 非人也, 無辭讓之心, 非人也, 無是非之心 非人也. 惻隱之心 仁之端也, 羞惡之心 義之端也, 辭讓之心 禮之端也, 是非之心 智之端也.

맹자의 성선설을 맹렬하게 공격하는 순자의 이야기를 들어볼까요?

사람의 본성은 악하니, 선하다고 하는 것은 거짓이다. 사람의 본성은 태어나면서부터 이익을 좋아하고, 이것을 따르니 다투고 뺏으며 사양함이 없어진다. 사람은 태어나면서부터 질투하고 미워하는데, 이것을 따르니 남을 해치고 상하게 하여 충성과 믿음이 없어진다. 사람은 태어나면서부터 눈과 귀의 욕망이 있어 아름다운 소리와 빛깔을 좋아하는데, 이를 따르니 지나친 혼란이 생기고 예의와 아름다운 원칙이 없어진다.[17]

人之性惡 其善者僞也. 今人之性, 生而有好利焉, 順是, 故爭奪生而辭讓亡焉. 生而有疾惡焉, 順是, 故殘賊生而忠信亡彦. 生而有耳目之欲, 有好聲色焉, 順是, 故淫亂生而禮義文理亡焉.

맹자의 성선설과 순자의 성악설의 논리구조는 매우 간단합니다. 맹자는 선한 본성의 실마리, 즉 측은한 마음(惻隱之心), 부끄러워하고 미워하는 마음(羞惡之心), 사양하는 마음(辭讓之心), 그리고 옳고 그름을 따지는 마음(是非之心)은 인간이면 누구나 가지고 있기 때문에 선하다고 주장합니다. 반면 순자는 인간이 태어나면서부터 이익을 좋아하고, 질투하며, 욕망을 가지고 있기 때문에 악하다고 주장하지요. 여러분은 어떤 주장이 타당하다고 생각하나요?

그런데 이렇게 인간의 본성을 정반대로 주장하면서도 두 사람 모두 정치적 결론은 같습니다. 맹자는 선한 본성의 실마리를 발전시켜 인의예지(仁義禮智)를 갖춘 인격적으로 성숙한 사람이 나라를 다스리면 사회적 혼란과 무질서를 제거할 수 있다고 주장한 반면, 순자는 인간의 악한 본성, 즉 이익을 따르는 욕망과 감정을 학문과 교육을 통해 극복하면 사회의 갈등과 혼란을 극복할 수 있다고 주장합니다. 결론은 유가에서 그토록 강조하는 교육과 교화입니다. 순자는 여기에 예(禮)와 법 집행의 중요성을 추가하지요. 맹자와 순자의 정치적 결론이 같다고 해서 두 사람의 사상구조가 같다는 의미는 결코 아닙니다. 같은 유가로 분류되는 두 사람이지만 교육과 교화를 통한 자기수양 과정의 출발점과 동기, 그리고 목표지점의 설정은 방법론적으로 많은 차이를 보이고 있지요. 이 문제에 대해서는 주제에서 많이 벗어나기 때문에 그냥 넘어가기로 하겠습니다.

그 후 인성론자들은 제자백가의 여러 사상가를 성선설과 성악설로 분류합니다. 그들은 공자와 맹자 정도를 성선설로 분류하고, 나머지는 모두 성악설로 묘사합니다. 전국시대의 상황을 혼란스럽게 묘사했고, 혼란과 무질서의 원인을 인간의 욕망과 이기심에서 찾으려는 경향이 조금이라도 있으면 모두 성악설의 범주로 분류해버립니다. 묵자 역시 순자와 마찬가지로 인간의 욕망을 인정했다는 이유로 성악론자로 취급받지만, 그는 성선이나 성악에 대해서는 한마디도 언급하지 않았습니다. 오히려 인간의 품성은 실이 염색되듯이 주위 환경, 특히 동류집단의 구성원들에게 크게 영향을 받는다고 말하지요.

> 푸른 것으로 물들이면 파래지고, 노란 것으로 물들이면 노래진다. 들어간 것이 변하면 색깔 또한 변한다. 다섯 가지가 들어가면 다섯 색깔이 된다. 그래서 물들이기는 신중하지 않으면 안 된다.[18]
> 染於蒼則蒼, 染於黃則黃, 所入者變, 其色亦變. 五入必而已則為五色矣. 故染不可不愼也.

사람의 품성은 후천적으로 주위 환경의 영향을 받아서 바뀔 수 있다는 의미이지요. 인성론의 틀에서는 성선도 성악도 아닌 백지(白紙)에 해당한다고 볼 수 있습니다. 그러면서 천자부터 선비에 이르기까지 모든 사람은 주위 사람에 의해 물들여진다고 설명하지요. 실이 물들여지듯이 성왕(聖王)은 좋은 신하에 의해 물들여지며, 훌륭한 선비는 좋은 벗에 의해 물들여진다고요. 사직을 잃은 임금은 인의(仁義)를 모르는 신하에게 물들여졌고, 도리를 잃은 선비는 뽐내고 다투기를 좋아하는 벗에게 물들여진다고도 합니다. 즉, 묵자는 타고난 본성보다는 후천적으로 물들여진 사회화의 결과를 훨씬 더 중요하게 생각하지요. 이처럼 인간은 주위 환경에 의해 물드는 존재이기에 '사회 환경을 어떻게 개선하고 만들어가야 하는가?' 하는 문제를 더욱 중요하게 생각했습니다.

제자백가 사상가들은 예외 없이 당시의 혼란을 극복하는 데 문제의식이 있었기에 각자 또는 각 학파가 그 대안을 도출하려고 노력했습니다. 전국시대가 중국 역사상 가장 혼란스러운 시대라는 사실은 누구나 인정하지만, 그 혼란의 원인이 지배층의 탐욕과 무능이라고 판단한다면 인성론은 극히 일부 지배층의 탐욕을 인간의 욕망으로 대체했다는 논리적 비약의 오류를 범하고 있는 셈입니다. 일반 백성이나 하층민의 욕심이 당시의 혼란과 무질서를 만들어낸 것은 절대 아니니까요. 여기에서 제가 말하고자 하는 요지는 인간을 파악할 때 성선설과 성악설이라는 프레임은 너무 허접하고 허무하다는 사실입니다. 이야기를 좀 더 진전시키기 위해 성선설과 성악설에 대해 몇 가지 문제를 제기해보겠습니다.

우선, 사람이 태어나면서부터 갖추어진 본성은 변하지 않는가? 성악설이나 성선설 모두 정도의 차이는 있지만, 인간의 본성은 교육과 교화를 통해 변화할 수 있다고 주장합니다. 그런데 극단적 성악설에 해당하는 한비자를 포함한 법가는 인간, 특히 귀족관료들의 탐욕과 이기심을 다른 어떤 학파보다 강조하지만, 그들의 변화 가능성에 대해서는 상당히 부정적으로 생각합니다. 변화 가능성의 유무에도 같은 인성 또는 본성이라고 범주화하기는 좀 그러네요.

둘째, 욕망을 가지고 이익을 추구하면 악한 것인가? 여기에서 욕망은 '탐욕'으로 표현되기도 하고 '이익' 또는 '이기심'으로 표현되기도 하지요. '악'은 유일신과 대비되는 악마의 속성으로서의 '악'이 아닙니다. 동양적 사유의 전통에서 '사회적 혼란과 무질서' 정도로 이해하시면 됩니다. 그럼에도 사회적 혼란의 원인이 보편적 인간 일반의 이기심에 있다고 한다면 사회이론으로서 너무 엉성하지 않은가요? 이러한 사고는 전근대적 이데올로기, 즉 이기심을 배척해야 한다는 도덕률에 기인하고 있습니다. 근대사회에 들어오면 사정은 완전히 바뀌어버립니다. 맨더빌(B. Mandeville, 1670~1733)은 "돈, 권력, 명예에 대한 욕망이 사람들을 일하게 하는 유일한 동기"라고 주장했으며,[19] 이를 계승하여 애덤 스미스(A. Smith, 1723~1790)는 "이기심이야말로 사회발전의 원동력"이라고 했지요. 근대사회로 접어들면서 욕망과 이기심은 악이 아니라 선으로 둔갑하게 됩니다. 시대에 따라 악덕이 미덕이 되고, 미덕이 악덕이 된다면, 즉 선과 악의 기준이 이렇게 변한다면 인간의 보편적 속성을 설명하는 인성론의 의미는 크게 줄어들지요. 하물며 같은 시대에도 금을 긋듯이 선과 악을 구별하기 어려운 것이 현실인데, 선악의 기준이 사람들마다 조금씩 다르다면 더더욱 그러하겠지요. 선악에 대한 개인적 기준과 사회적 기준도 일반적으로 너무나 다릅니다. 솔직히 고백하자면, 저는 개인적으로 선과 악을 구분하는 객관적인(!) 기준이 있는지도 잘 모르겠네요.

묵자는 물론 성악설의 대표자인 순자마저 인간의 욕망을 부정하거나 배제해야 한다고 생각하지 않았습니다. 오히려 그 욕망을 적절하게 충족시켜야 한다고 주장했지요. 구체적으로 말하면 순자의 경우 국가가 예(禮)를 통해 차등적 질서를 만들고, 그러한 질서하에 자신의 계층에 합당한 욕망(?)을 추구해야 안정된 사회가 이루어진다고 주장했습니다. 각 계층의 합당한 욕망이 어느 정도여야 하는지, 안정된 사회가 누구를 위한, 그리고 누구의 안정인지 하는 문제는 여전히 남지만 말이지요. 묵자는 선과 악이라는 도덕적 범주를 설정하고 있지는 않았지만, 인간은 누구나 욕망을 가지고 있으며, 그 욕망을 추구할 권리를 가진 개별화된 존재로 파악합니다. 즉, 이익을 추구하는 인간을 '선하다' 또는 '악하다'라고 표현하지 않고 그대로 받아들입니다. 그러한 욕망을 충족시키는 역할을 국가가 담당해야 한다고 주장하지요. 그럼에도 순자와는 달리 최하층민의 기본적인 욕망도 배제하지 않고 충족시켜주어야 한다는 데 방점을 찍지요.

다만 노자는 "사사로움과 욕심을 적게 하라(小私寡欲)"라고 노래합니다. 순자와 묵자는 인간은 태어날 때부터 욕망을 가지고 있다고 파악한 반면, 노자와 장자는 태어날 때 인간은 가공되지 않은 통나무와 같이 순수하지만 자라면서 사회 · 문화 · 교육 등을 통해 욕망을 가지게 된다고 인식하고 있습니다. 그래서 지식과 인의(仁義)를 버리고 소박하게 살아가라고 충고합니다.[20] 유가가 그토록 강조한 교육과 학문은 욕망의 다른 표현이라는 사실을 너무도 일찍 간파했다고 볼 수 있지요. 타고난 본성(生之謂性)이라는 기준으로 보면 노자의 사고는 성선설이나 백지론에 해당하지만, 인성론자들은 그를 성악론자로 분류합니다.

셋째, 성악과 성선이 주장하는 이분법적인 분류가 인간을 잘 설명할 수 있는가? 우리가 살아가면서 주관적이지만 경험적으로 알 수 있는 바로는 선한 사람이 있는가 하면 악한 사람도 있고, 같은 사람이라도 선한 마음과 악한 마음을 동시에 가지고 있지 않은가? 이러한 질문에 대답하기 위해서는 전한(前漢)과 후한(後漢)을 대표하는 동중서(董仲舒)와 왕충(王充)의 이야기를 들어봐야 합니다. 그들은 맹자와 순자의 이론을 살피고 비판하면서 인간의 본성은 선과 악 두 가지 측면을 다 가지고 있다고 주장하지요. 특히 왕충은 『논어』에도 나오지 않는, 그래서 잘 알려져 있지 않은 공자의 제자 세석(世碩)을 예로 들면서 선진(先秦)시대 일련의 유가들은 "사람의 본성(性)에는 선과 악이 섞여 있어 선한 본성을 기르면 선해지고, 악한 본성을 길러주면 악해진다"[21]라고 주장했습니다. 이를 '성선악혼합설(性善惡混合說)' 또는 '성유선유악설(性有善有惡說)'이라 부르지요.

이와는 대조적으로 인간의 본성은 선함도 악함도 없다는 주장이 묵자 이후에도 제기됩니다. 맹자와 같은 시대에 살면서 그와 논쟁을 벌였던 고자(告子)라는 사람이 있습니다. 그는 유가는 아니었지만, "본성은 식색(食色)이고, 거기에는 선악의 구분이 없다"[22]라고 주장합니다. 식과 색은 생물적 욕구이기도 하지만, 개체와 종족을 보존하는 원동력이기도 하지요. 이러한 본성은 선과 악이라는 기준으로 판단할 수 없다는 의미입니다. 동쪽으로 터주면 동쪽으로 흘러가고 서쪽으로 터주면 서쪽으로 흘러가는 소용돌이 물처럼 인간은 백지와 같다는 주장이지요. 묵자가 실이 물드는 과정에 비유했다면, 고자는 흐르는 물에 비유합니다. 비슷한 논리를 전개하지만, 비유하는 대상이 다르네요. 물론 백지는 필연적으로 성악으로 귀결한다는 잘못된 전제하에 묵자와 고자를 성악설로 분류하는 사람들도 있지만, 일반적으로 그러한 논리를 '성무선악설(性無善惡說)' 또는 '백지설(白紙說)'이라고 부르지요.

인간의 본성을 선과 악이라는 두 요소로 파악할 때 모든 경우의 수가 이미 다 나왔습니다. 모든 인간의 본성은 선하다는 성선설, 모든 인간의 본성은 악하다는 성악설, 모든 인간이 선악의 두 측면을 다 가지고 있다는 혼재설, 모든 인간의 본성에는 선도 악도 없다는 백지설이 그것입니다. 이미 전국시대에 제기된 네 가지 주장 중에 여러분은 어느 주장이 가장 타당하다고 생각하시나요? 이런 논쟁은 결국 인간이 선한가 악한가 하는 문제에만 매몰되어 인간의 특성과 본질을 간과하게 되지요.

여기에서 한 가지 더 재미있는(?) 설명을 추가해야겠습니다. 앞에서 잠깐 이야기했듯이 한(漢)대에 유가를 통치의 기본이념으로 만드는 데 크게 기여한 동중서와 왕충에 의해 인성론에 대한 논쟁이 계속됩니다. 그런데 그들은 인성론과 음양이론을 결합하면서 중국 특유의 관념화를 심화시키는 결과를 초래합니다. 즉 "부여받은 기(氣)의 많고 적음에 따라 선함과 악함의 구별이 생기고, 현명함과 어리석음의 차이가 생긴다"[23]라고 주장하지요. 한(漢)대에 나타난 인성론의 또 다른 특징은 인간을 세 부류로 나누어 각각의 인성을 말하고 있습니다. 전국시대에는 인간 일반의 본성을 이야기하는데 말입니다.

동중서는 '성인의 본성(聖人之性)', '중인의 본성(中民之性)', '필부의 본성(斗筲之性)'으로 나누고, 성인의 본성은 선하고 필부의 본성은 악하니 바꿀 수 없고, 중인의 본성은 선해질 수도 있고 악해질 수도 있다고 합니다.[24] 왕충은 이를 계승하여 사람의 재능에 따라 계급별로 나누어 '중인(中人) 이상', '중인', '중인 이하'로 분류합니다. 그러고는 맹자의 성선설은 중인 이상의 사람에 해당하고, 순자의 성악설은 중인 이하의 사람에 해당하며, 그리고 중인에게는 선악이 혼재해 있다고 설명하지요. 짜깁기의 전형입니다. 이런 면에서 동중서와 왕충은 제자백가보다는 한 수 아래라고 평가할 수 있습니다.

그런데 짜깁기가 문제가 아니라 이렇게 되면 당시에는 설득력이 있었는지는 모르겠지만, 지금의 시각에서 보면 막장으로 가자는 것이지요. 선천적 요인에 의해 인간을 상 · 중 · 하 세 등급으로 나누면 외모, 나아가 인종과 신분의 차별을 합리화할 뿐 아니라 편견과 증오를 정당하게 만들어버리니까요. 상(上)은 지배층이고 하(下)는 피지배층인데, 이것이 바뀔 수 없다면 이는 모범적인(!) 지배계급의 이데올로기이지요. 그리고 중간계급은 노력하기에 달려있다고 주장하는데, 이는 상식과 통념을 철학으로 포장한 것에 불과하지요.

이와 같이 인간을 등급으로 나누는 사고의 기원은 공자와 맹자 그리고 순자로 거슬러 올라갈 수 있습니다. 공자는 다음과 같이 말하지요.

> 군자이면서 어질지 않은 사람은 있어도, 소인이면서 어진 사람은 없다.[25]
>
> 君子而不仁者有矣夫, 未有小人而仁者也.

> 군자의 덕은 바람이고, 소인의 덕은 풀이다. 풀 위로 바람이 불면 풀은 반드시 눕게 된다.[26]
>
> 君子之德風, 小人之德草. 草上之風必偃.

군자와 소인을 대비하여 말하고 있지만, 공자의 인(仁)과 덕(德)은 귀족과 서인 사이에 정치 · 경제 · 사회적 차별을 정당화하는 결과를 초래하지요. 그리하여 공자의 사상은 몰락해가는 노예주 세습귀족의 이익을 옹호하고 대변했다는 평가[27]가 있지만, 쉽게 동의하기는 어렵습니다. 이러한 평가는 너무나도 도식적이고 기계적인 중국사의 시대구분에 의존하고 있기 때문이다. 그럼에도 공자의 사고방식은 그 이후에도 오랜 기간 세습적 봉건질서를 유지하는 데 이용되었다는 점을 간과해서는 안 된다고 생각되네요.

또한 맹자는 양혜왕(梁惠王)과의 대화에서 다음과 같이 말합니다.

> 일정한 생업이 없으면서도 한결같은 마음이 있는 것은 오직 선비만이 할 수 있습니다. 백성은 일정한 생업이 없으면 한결같은 마음도 없습니다. 만일 한결같은 마음이 없으면 방탕하고 편벽되고 사악하고 사치하는 등 하지 못하는 일이 없습니다.[28]
>
> 無恒產而有恒心者 惟士爲能. 若民 則無恒產 因無恒心. 苟無恒心 放辟邪侈 無不爲已.

이 말은 백성에게 형벌을 가하지 말아야 어진 정치를 할 수 있다는 점을 강조하는 과정에서 나왔지만, 오로지 선비만이 학문을 쌓아 항상 한결같은 착한 마음을 가질 수 있으며 백성은 상황에 따라 달라질 수 있다는 의미이지요. 당시 학문이 사대부 집안에서 태어나지 않으면 거의 불가능했다는 사실을 감안한다면, 맹자의 성선설은 인간 일반이 아니라 선비의 인성이라고 평가할 수 있습니다. 그런 의미에서 맹자는 훗날 동중서와 왕충의 본보기가 되지요. 그래서 맹자의 인성론은 선한 본성을 갖추고 있는 지식인 관료의 계급적 이익을 대변하고 있다고 분명하게 말할 수 있는 거지요.

순자의 성악설이 좀 더 논리적이지만, 크게(!) 다르지 않습니다. 그는 다음과 같이 모순적으로 말합니다.

> 길거리의 사람도 우임금 같은 성인이 될 수 있다.[29]
>
> 塗之人 可以爲禹.

> 소인은 군자가 될 수 있지만 그리하지 않으며, 군자 역시 소인이 될 수 있지만 그리하지 않는다.[30]
>
> 故小人可以爲君子, 而不肯爲君子. 君子可以爲小人, 而不肯爲小人.

처음 명제는 오래전부터 내려온 속담으로 추상적 가능성일 뿐이지요. 순자는 군자에게만 우임금이 될 수 있는 현실적 가능성을 부여하면서 두 번째 명제를 강조합니다. 그러고는 군자와 소인의 이분법이 지배계급과 피지배계급인 백성으로 슬며시 대체됩니다. 그리하여 맹자의 성선은 성인과 군자라야 그것을 간직할 수 있고, 순자의 성악 역시 성인과 군자만이 그것을 없앨 수 있다는 결론에 도달하지요. 이렇게 볼 때 그들이 말한 인간의 본성은 추상화된 인간 일반의 본성이라기보다 지배계급을 표준으로 하고 있습니다. 지배의 정당성을 확보하려는 의도가 인성론의 본질이 아닌가 생각되는 부분입니다. 하지만 묵자는 비록 천한 사람이라도 겸애를 실행하면 남을 이롭게 할 수 있고, 어질고 현명할 수 있다고 말합니다. 이에 대해서는 차차 말씀드리겠습니다.

자, 이제 인성론을 정리해봅시다. '성선설 vs. 성악설'은 인간에 대한 최초의 논쟁이었지만, 다음과 같은 문제점이 있습니다. 인성론에 의하면 인성은 타고난 본성과 후천적으로 획득한 본성이 있다고 하는데, 타고난 본성과 후천적으로 얻어진 본성이 다른 경우 어떤 것이 진짜 본성이고 어떤 것이 가짜 본성일까요? '가짜 본성'이라는 말 자체가 형용모순이지요. 본성은 변할 수 있다는 주장과 변하지 않는다는 주장에 대한 추가설명도 필요해 보입니다. 욕망과 이기심이 선악의 기준이 될 수 있는지도 의문입니다. 성선설, 성악설, 혼합설, 백지설이 제기되면 인성론은 그 의미가 크게 퇴색하고 쓸데없는 논쟁만 계속되는 게 아닐까요? 거기에다 계층에 따른 인성의 분류는 조잡하기까지 하네요. 인간의 본성이 '선'과 '악'이라는 도덕적 냄새가 짙은 용어에 매몰되어 인간의 진짜 모습을 파악하기 어렵게 만든 것이 아닌가 생각됩니다. 그래서 사실 인성론은 유가의 전유물이지 묵가, 도가, 법가에서는 거의 언급하지 않습니다. 유가 또는 유가에 의해 영향을 받은 사람들이 자신들의 입맛에 맞게 다른 사상을 짜깁기한 분석 틀이 아닌가 생각합니다.

그래서 '성선설 vs. 성악설'이라는 비생산적 프레임을 폐기하고 '인간과 동물의 차이'에서 인간의 모습을 구명하는 편이 훨씬 더 건설적이라고 생각되네요. 동물과 인간의 차이는 인성론과도 무관하지 않게 연결되어 있으며 동양뿐 아니라 서양에서도 인간에 대한 탐구의 하나로 종종 이용된 방식입니다. 다행히 묵자, 그리고 맹자와 순자도 인성과 관련하여 분명하게 동물과 인간의 차이를 설명하고 있네요.

인간과 동물의 차이

—

인간의 특징을 도출하는 데 '성선 vs. 성악'이라는 인성론의 유효성이 없지는 않지만, 몇 가지 문제점으로 인해 인간을 이해하는 접근방법으로서 한계가 있다고 말씀드렸습니다. 인성론과 관련을 가지면서도 인간과 동물의 차이라는 새로운 프레임으로 접근해보는 편이 더 보편적이고 합리적이라고 말할 수 있습니다. 인간을 다른 존재와 구별함으로써 항상적으로 그리고 배타적으로 나타나는 특징과 성향을 인간의 실체라고 볼 수 있지요. 여기에서 일반적으로 동물과 신이 다른 존재에 해당합니다. 서양의 사고에서 인간은 동물과 신의 중간적 존재로서 인식되어왔습니다. 인간은 생물학적으로 동물이기에 그들과 공통점을 가지고 있음에도 그들과는 다른 수많은 특징을 가지고 있지요. 이성을 가지고 있으며, 문자를 사용하기도 하고, 명상과 사색도 하고, 도구를 만들고, 농사를 짓기도 하고, 옷도 만들어 입으며, 그림을 그리기도 합니다. 누구나 인정하듯이 인간은 가장 진화된 동물입니다. 그래서 인간의 속성을 동물과의 동질성과 이질성에서 찾으려는 전통은 꽤 오래되었다고 할 수 있지요.

우선 맹자와 순자의 견해를 살펴보아야겠습니다. 앞에서 이미 인용했듯이 맹자는 인간과 동물의 차이를 측은지심, 수오지심, 사양지심, 시비지심에 있다고 보았습니다. 동물에게는 없고 인간에게만 존재하는 이 네 개의 마음을 '사단(四端)'이라고 했지요. 사단이 없으면 인간이 아니라 금수라는 뜻이겠지요. 그런데 여기에서 '단(端)'은 실마리 또는 단서라는 의미입니다. 완성된 형태가 아니라는 거지요. 결국 맹자는 도덕적 가능성의 존재 여부를 기준으로 동물과 인간을 구별한 셈입니다. 따라서 인간이 인간답기 위해서는 이 추상적 수준의 도덕적 가능성을 발전시켜 현실적 가능성으로 만들어야 한다고 주장합니다. 즉 윤리와 도덕의 가능성이 인간에게 내재되어 있으니 교육을 통해 인격을 수양하면 누구나 군자가 될 수 있고, 군자가 나라를 다스리면 사회적 혼란을 제거할 수 있다고 굳게 믿었지요. 맹자에게 인간과 동물의 차이는 인성론과 아주 밀접하게 결합해 있네요.

그러면 순자는 동물과 인간을 무엇으로 구별했을까요? 맹자보다 훨씬 더 논리적으로 다음과 같이 말합니다.

> 물과 불은 기운이 있으나 생명이 없고, 풀과 나무는 생명이 있으나 지각이 없고, 날짐승과 들짐승은 지각이 있으나 의로움이 없다. 사람은 기운도 있고 생명도 있고 지각도 있고 의로움도 있다. 그래서 천하에서 가장 존귀한 존재다. 힘은 소보다 못하고 달리기는 말보다 못한데, 소와 말은 어찌 사람에게 부림을 당하는가? 사람들은 모여 살고 소와 말은 모여 살지 못하기 때문이다. 사람들은 어떻게 모여 사는가? 나눔[分]이 있기 때문이다. 나눔은 어

떻게 실행되는가? 의로움이다. 의로움으로 (사람을) 나누면 화합하고, 화합하면 하나로 뭉치고, 하나로 뭉쳐지면 힘이 많아지고, 힘이 많아지면 강해지고, 강해지면 만물을 이긴다.[31]

水火有氣而無生, 草木有生而無知, 禽獸有知而無義, 人有氣有生有知 亦且有義. 故最爲天下貴也. 力不若牛, 走不若馬, 而牛馬爲用何也? 曰 人能羣, 彼不能羣也. 人何以能羣? 曰 分. 分何以能行? 曰 義. 故義以分則和, 和則一, 一則多力, 多力則彊, 彊則勝物.

무생물-식물-동물-인간의 순서로 차별성을 체계적으로 이야기하고 있네요. 이러한 논리정연함이 바로 순자의 매력입니다. 그에 의하면 사람이 만물의 영장인 까닭은 서로 협동하여 사회생활을 영위하기 때문입니다. "인간은 사회적 동물"이라고 말한 아리스토텔레스와 맥을 같이하고 있지요. 그래서 순자를 '동양의 아리스토텔레스'라고 말하기도 하지요. 그런데 인간의 사회생활을 유지하는 원동력을 나눔과 의로움이라고 하네요.

나눔은 말 그대로 분류(分類)를 의미합니다. 우리나라에서 번역된 『순자』에서 분(分)을 분별(分別)로 해석하는 경우가 있는데, 이는 오해의 소지가 많습니다. 분별을 '나누어 구별하다'라는 의미로 사용했다면 타당하지만, 세상 물정에 대한 올바른 판단이라는 인식론적 의미로 사용했다면 이는 명백한 오역이기 때문입니다. 인간이 모여 사는 사회에서 사람들을 어떤 형태로든 제도적으로 나누는 행위를 분(分)이라고 하지요. 신분의 귀천, 부유하고 가난함, 나이의 많고 적음, 남자와 여자 같은 분류가 여기에 해당합니다. 다시 순자의 목소리를 들어보시지요.

군주와 신하, 부모와 자식, 형과 동생, 남편과 아내의 관계는 시작되면 끝나고 끝나면 시작되니, 천지의 이치와 같이하고 만세와 더불어 그 장구함을 함께한다. 이를 위대한 근본이라고 말한다.[32]
君臣, 父子, 兄弟, 夫婦, 始則終, 終則始, 與天地同理, 與萬世同久, 夫是之謂大本.

그러면서 그는 이러한 나눔이 없다면 오히려 다툼이 생기고 혼란스러워진다고 주장하지요. 나눔에 있어서 사회적 귀천의 등급제도는 순자에게 대단히 중요할 뿐 아니라 사회 안정의 필수적 요인으로 자리매김됩니다. 그런 사회적 등급은 자연법칙에 부합하기 때문에 시간과 공간을 초월하여 영원히 반복된다고까지 말하네요.

의로움은 유가에서 '합당함' 또는 '적합함'이라는 의미[33]로 사용됩니다. 일반적으로 합당함 또는 적합함은 나누어진 등급과 관련하여 사용하는 경우가 많습니다. 귀천에 따라 그에 적합한 대우와 처신이 있고, 나이에 어울리는 대우와 처신이 있고, 빈부에 따르는 대우와 처신이 있고, 남녀에 합당한 대우와 처신이 있다는 의미입니다. 결국 가장 중요한 것은 어느 정도 신분적 지위를 확보한 사람이 거기에 합당한 대우를 받으면 의로움이 되고, 적합한 대우를 받지 못하면 치욕이 되지요.

그런데 의로움에 기초하여 사람을 나누는 기준은 무엇일까요? 순자는 이에 대한 명확한 설명 없이 예(禮)와 의(義)를 말하면서 신분 규정에 따라 각 개인이 누릴 수 있는 욕망 충족의 한계가 정해진다는 사회관으로 슬며시 넘어갑니다. 결국 '예'가 신분적 질서의 합당한 대우를 규정하는 기준으로 등장하는 셈이지요. 천자-제후-대부-사(士)-서인으로 구분된 당시 신분제도의 모든 생활양식을 '예'가 규정하고 있습니다.

당시 사람이 죽으면 어찌 표현했을까요? 『예기(禮記)』에 의하면 천자가 죽으면 '붕어(崩御)했다'라고 합니다. 제후가 죽으면 '훙(薨)', 대부가 죽으면 '졸(卒)', 선비가 죽으면 녹봉을 받지 못한다는 '불록(不祿)'이라고 표현했으며, 서인이 죽으면 그냥 '사(死)'라고 했지요. 죽음에 대한 표현에서도 이렇게 구분했으니 의식주에서 시작하여 관혼상제에 이르기까지 신분에 걸맞은 합당한 대우와 차별이 있었겠지요. 모든 사람은 자신이 속한 신분에 맞는 합당한 대우를 받으며 거기에서 욕망의 충족에 만족하며 살아가면 사회가 조화롭게 잘 유지된다는 뜻이지요. 순자가 바라는 세상은 이와 같이 신분에 의해 사람들이 구분되고, 모든 개인은 예가 정하는 신분에 합당한 대우를 받으며 살아가는 세상입니다. 그런데 이를 설명하는 의로움[義], 나눔[分], 예(禮)는 인간에게 내재한 요인이 아니라 사회체제에 의해 결정되지요. 이런 점에서 도덕의 기준 또는 위계질서를 형성하는 기본 조건이 인간에게 내재해 있다고 생각하는 공자나 맹자와는 다릅니다.

자, 이제 묵자로 넘어가야겠습니다. 묵자는 인간이 다른 동물과 달리 노동을 통해서만 생존이 가능하다고 강조하면서 인간과 동물의 차이를 노동에서 찾고 있습니다. 묵자의 육성을 직접 들어보시지요.

> 사람은 본래 사슴 같은 들짐승, 새 같은 날짐승, 벌레와는 다르다. 들짐승과 날짐승, 벌레는 깃털을 옷으로 삼고, 발굽과 발톱을 바지와 신발로 삼으며, 물과 풀을 음식으로 삼는다. 그래서 수컷이 농사짓고 나무를 심고 가꾸지 않으며, 암컷이 길쌈하고 베를 짜지 않더라도 입고 먹을 재화가 이미 갖추어져 있다. 사람은 이와 달라서 힘들여 일하는 자는 살고, 힘들여 일하지 않는 자는 살

지 못한다.[34]

今人固與禽獸 麋鹿 蜚鳥 貞蟲 異者也, 今之禽獸 麋鹿 蜚鳥 貞蟲 因其羽毛 以為衣裘, 因其蹄蚤 以為絝屨, 因其水草 以為飲食. 故唯使雄不耕稼樹藝, 雌亦不紡績織紝, 衣食之財 固已具矣. 今人與此異者也, 賴其力者生, 不賴其力者不生.

아마 당시에는 '노동'이라는 용어가 없었나 봅니다. 그러나 '힘들여 일하다'라는 말은 누가 보아도 지금의 노동에 해당하는 말이지요. 인간은 노동하면 살아갈 수 있지만, 노동하지 않으면 생존할 수 없다는 의미로 읽히지요. 이처럼 노동은 인간 자체, 나아가 생명과 생활의 재생산에 필요한 물질적 근거라고 말하고 있네요. 노동하는 존재는 인간의 일반적 경향성을 지적하는 것이 아니라 노동 없이는 살아갈 수 없다는 인간의 필수적인 생존조건을 이야기하고 있는 거지요. 착한 사람도 악한 사람도 모두 노동하지 않으면 살아갈 수 없다는 의미입니다. 선악이라는 본성 이전에 인간은 생존하기 위해 노동하고, 노동을 통해 자기를 실현하면서 자신의 본성을 구현하는 게 아닐까요? 이와 같은 이유로 묵자는 인간의 가장 중요한 특징을 '노동하는 인간(homo laborans)'에서 찾고 있습니다. 이러한 견해는 제자백가 중 독특한 혜안을 지닌 묵자의 가장 가치 있는 공헌 가운데 하나[35]라고 말할 수 있습니다.

생각해보면 하루도 없어서는 안 될 '의식주(衣食住)'라는 물질적 재화를 만드는 생산적 노동이 없다면 인간이 살아갈 수 없다는 명백한 사실을 우리는 종종 잊고 있습니다. 예나 지금이나 인구의 많은 부분이 직접적인 생산적 노동으로부터 해방되어 정치 · 문화 · 종교 영역에서 활동할 수 있는 것도 이러한 생산적 노동이 있기 때문에 가능하겠지요. 그런데 이런 주장은 사상사적으로 매우 희귀한 경우라고 말할 수 있습니다. 왜냐하면 근대 이전에는 동서양을 막론하고 노동을 아주 천시하는 경향이 매우 강했거든요.

고대사회에서는 노동의 주체를 노예로 간주했고, 중세에는 농노나 수공업자 같은 하층민이 생산적 노동을 담당했기 때문에 고귀한(?) 사상가들은 노동을 천하게 취급했습니다. 묵자와 동시대를 살았던 아리스토텔레스(B.C. 384~BC. 322) 같은 사람도 명상하고 사고하는 활동을 인간과 동물을 구별하는 최고의 가치라고 생각했지요. 그리고 노동은 육체적인 활동이며, 노예가 그것을 전담해야 한다고 하면서 그들을 '살아있는 재산'이며 '말하는 도구'라고 비하했어요. 당시에 노예는 시장에서 매매되는 물건과 같았기에 자유로운 시민이 될 수 없었습니다. 재미있는 사실은 조각이 격렬한 육체노동을 포함하기 때문에 조각가들은 시민이 될 수 없었습니다. 그런데 그림을 그리는 화가들은 육체적 노동의 성격이 약하다고 시민이 될 수 있었지요. 정신적 활동은 노동이 아니라고 생각한 것이지요. 그래서 서양 철학의 한 축을 이루는 아리스토텔레스마저 노동을 영위하는 사람은 덕성을 실천할 수 없다고까지 말합니다. 노동에 대한 이러한 왜곡된 사고는 중세의 기독교에서도 뿌리 깊게 자리 잡고 있었으며, 르네상스 시기까지 계속 이어집니다. '고상한 정신'과 '천박한 육체'라는 이분법적 사고는 자유민과 노예, 영주와 농노, 지주와 소작인으로 이분화되어버린 사회구성과 맞물려 유지되고 온존됩니다. 지금 우리가 사는 21세기는 어떤가요? '노동' 하면 막노동을 떠올리는지는 않나요? 그런데 묵자는 이미 2,400년 전에 모든 사람의 노동이 인류를 생존케 한다고 설파하고 있습니다.

그런데 육체노동과 정신노동 같은 이분법은 상당한 문제점을 가지고 있습니다. 고대 서양인의 생각처럼 조각하는 행위는 육체노동이며 그림을 그리는 행위는 정신적 노동이라고 말할 수 있을까요? 농사를 짓는 행위나 수레를 만드는 행위는 순수한 육체노동일까요? 강의하고 재판하는 행위는 모두 정신적 노동일까요? 손과 발의 근육 사용 정도가 다르고 두뇌의 이용 정도가 다를 뿐이지 모든 노동에는 근육과 두뇌의 사용이 필연적입니다. 조각하는 노동은 손과 발 근육을 열심히 사용하지만, 자신이 완성하고자 하는 작품을 이미 머릿속에 가지고 있습니다. 이미 두뇌 속에 존재하는 완성품을 근육을 사용하여 만들어가는 거지요. 어려운 용어이지만, 철학적으로 이를 '합목적성(合目的性)'이라고 합니다. 이것이야말로 노동의 본질이지요. 따라서 모든 노동은 근육과 두뇌를 모두 사용하는, 다시 말해 온몸으로 실행하는 행위입니다. 그런데 묵자는 이를 정확하게 간파하고 있었습니다. 정신적 행위로 간주되는 재판이나 정치 같은 서비스 노동에도 팔과 다리의 근육을 사용한다고 하네요.

> 오늘날 경과 대부들은 팔과 다리의 힘을 다하여 생각하고 사려하는 지혜를 두텁게 해야 한다. 그리하여 안으로는 관청을 다스리고 밖으로는 관문과 시장, 산과 숲, 연못과 교량에서 나는 이익을 거두어 창고를 채운다.[36]
>
> 今也卿大夫之所以竭股肱之力, 殫其思慮之知, 內治官府, 外斂關市 山林 澤梁之利, 以實官府.

'고상한 정신적 활동'과 '천박한 육체적 노동'이라는 고대 서양의 이분법을 부정하면서 근대적인 노동 개념에 접근하고 있네요. 다만 묵자처럼 눈에 보이는 재화를 생산하는 생산적 노동과 눈에 보이지 않는 용역을 생산하는 서비스 노동으로 나누는 분류방식은 상당한 의미가 있습니다.

노동의 개념은 근대에 이르러 과학적인 개념으로 정립됩니다. 마르크스에 의하면 노동은 인간과 자연 사이에 이루어지는 하나의 과정입니다. 이 과정에서 인간은 자신과 자연 사이의 물질대사를 통해 자연의 소재를 인간의 생활에 유용한 형태로 전환시켜 소비하게 됩니다. 노동에 의해 생산된 재화를 소비함으로써 인간은 생명을 유지하고 노동력을 재생산할 수 있지요. 그리하여 인간은 노동을 통해 외부의 자연에 영향을 미치고 자연을 변화시키며, 그렇게 함으로써 동시에 자기 자신의 자연성을 변화시킵니다. 이러한 자연성의 변화는 인간의 육체적 · 지적 능력의 발전을 의미하며, 역사 발전의 원동력이 되지요. 그래서 인간은 다양한 도구를 만들고 노동력이 미치는 범위를 점차 확대합니다. 합목적적 의지가 발현되기 때문이지요. 이런 면에서 벌꿀이 집을 짓는 행동이나 거미가 실을 뽑는 일은 인간의 노동과 구별됩니다.[37]

마르크스의 노동 개념과 같이 구체화하지는 않았지만, 인류는 인간적 자연으로 태어난 이후 생산적 노동의 진보와 함께 자연을 변화시키고 인간적 자연도 변혁하면서 성장해왔다는 사실을 묵자가 이미 알고 있었다고 지적할 수 있습니다. 즉, 인간은 노동을 통해 자신의 환경에 적응할 뿐 아니라 환경을 변화시킴으로써 자신과 세계를 새롭게 창조해나가는 주체적 존재라는 의미이지요. 이러한 사고는 단순히 관념적으로 이루어진 게 아닙니다. 앞에서 말씀드렸듯이 묵자가 수공업자 출신이라는 점에서 그의 생생한 노동 경험을 통해 형성되었기에 더욱 설득력을 가지게 됩니다. 이와 같은 노동에 대한 존중은 묵자 사상 전반에 걸쳐 처음부터 끝까지 관철되고 있지요. 여기에서 노동과정의 기술적 측면뿐 아니라 사회적 측면의 변화, 즉 도덕과 분업에 관한 문제 제기도 묵자에 의해 이루어집니다.

노동이 존중받는 사회

—

인간과 동물의 차이를 노동에서 찾았다는 사실은 필연적으로 인간이 만들어가는 사회에서 노동이 존중받아야 한다는 사회질서를 도출하게 됩니다. 이는 직접생산자가 자신의 의지와 관계없이 노동의 결과물을 타인에게 빼앗기지 않는 사회를 말합니다. 노동하지 않고 노동생산물을 빼앗는 행위는 역사적으로 절도와 착취가 일반적인 형태이지요. 그래서 묵자는 먼저 절도 행위를 비난합니다. 원시사회가 붕괴하면서 '나의 것'이라는 소유 관념이 생기고, 자신이 욕망하지만 가지지 못한 경우 '남의 것'을 훔치게 됩니다. 이런 경우를 예로 들어 다음과 같이 말합니다.

> 지금 여기 사람이 있어 남의 농장에 들어가 복숭아와 자두, 오이와 생강을 훔쳤다고 하자. 위에서 알면 그에게 벌을 내리고, 뭇사람이 들으면 그를 비난한다. 왜 그런가? 노동에 참여하지 않고 과실을 취했기 때문이다. 그가 가져가야 할 이유가 없다.[38]

今有人於此, 入人之場園, 取人之桃李瓜薑者, 上得且罰之, 衆聞則非之, 是何也. 曰 不與其勞, 獲其實, 已非其有所取之故.

묵자는 남의 과수원에 들어가 과일을 훔치는 행위를 예로 들면서 일하지 않고 과실을 획득하는 것을 비난합니다. 노동에 참여하지 않고 그 과실을 따 먹는 행위는 타인의 노동 성과를 무상으로 점유하기 때문에 도덕적으로 비난받아야 마땅하다는 의미이지요. 다시 말해 자신의 노동 성과가 아니면 그 과실을 향유해서는 안 된다고 강조합니다. 교조주의자들은 이를 근거로 묵자가 사유재산을 옹호했다고 비난하지만, '절도와 착취가 비도덕적이라는 근거를 제시했다'라고 하는 표현이 더욱 적합하다고 생각됩니다.

이는 노동하지 않고 그 과실을 향유하는 귀족을 향해 던지는 경고로 해석될 뿐 아니라 오히려 '노동에 의한 소유'를 전제로 제공한 노동이 많으면 그 성과도 더 많이 향유해야 한다는 의미로도 해석됩니다.[39] 따라서 노동을 많이 하는 사람이 일하지 않는 사람보다 더 많은 부를 가질 수 있다는 빈부의 격차를 어느 정도 용인하고 있다고 보여집니다. 그래서 당연한 말이지만, 묵자는 누구나 열심히 일해야 한다고 힘주어 강조하지요.

중국 고대에는 묵자와 비슷하게 노동의 존중이라는 염원을 구현하려고 노력한 학파가 하나 더 있습니다. 허행(許行)과 진상(陳相)으로 대표되는 농가(農家)입니다. 불행하게도 그들의 저작은 전해지지 않기 때문에 당시의 문헌, 특히 『맹자』나 『여씨춘추』에 소개된 일화로 그들의 행적과 사상을 유추할 수밖에 없습니다. 그들은 생산적 노동만을 강조하는 경향이 있어서 "임금과 백성이 모두 농사를 지어야 한다(君民幷耕)"[40]

라고 주장하지요. 여기에서 임금은 군주 한 사람이 아니라 지배계급을 상징하는 왕공대인(王公大人) 모두를 지칭합니다. 다시 말하면 그들은 최고통치자를 포함하여 국가기구 안의 모든 관리도 농민들과 마찬가지로 노동으로 자신의 생계를 유지하라고 요구합니다. 그래야만 "시장에서 가격을 속이는 일이 없어진다(國中無僞)"라고 주장하지요. 그러면서도 수공업자에 대해서는 "그들은 노동의 성과에 의해 생활하기 때문에 농사일과 병행할 필요가 없다"라고도 말합니다. 아마도 농가는 모든 사람이 생산적 노동에 종사해야 평등해진다고 생각한 듯합니다. 당시 지배계급이 '백성을 노동으로 몰아넣고 자신들을 살찌우는' 수탈을 자행하고 있다고 판단했겠지요. 농업과 수공업의 분업을 인정하면서도 서비스 노동을 긍정하지 못한 한계는 있지만, 그들은 묵자와 마찬가지로 평등한 이상사회를 지향했으며 노동이 존중받는 사회를 희망했습니다.

그런데 지금도 그러하지만, 묵자가 살았던 당시에는 '비(非)노동에 의한 소유' 또는 '타인 노동의 무상점유'로 표현되는 부당한 사회경제적 관계가 훨씬 더 노골적으로 그리고 폭력적으로 일반화되어 있었지요. 묵자는 현명하지도 않고 능력도 없고 노동에도 참여하지 않으면서 부를 누리는 사람들을 왕공대인의 가까운 친척, 이유 없이 부귀한 사람, 외모가 아름다운 사람[41]으로 분류했습니다. 그래서 그는 노동에 대한 정당한 대가를 사회적으로 보장해야 하며, 노동에 대한 기여도에 따라 분배되어야 한다고 주장합니다. 물론 정당한 대가가 어느 정도인지, 기여도에 따른 분배가 무엇인지에 대한 명확한 기준을 제시하지는 못하지만요. 그럼에도 노동에 의한 분배가 공평해지려면 능력이 존중되어야 하고, 기회는 균등하게 주어져야 한다고 생각한 듯합니다. 그래서 묵자는 다음과 같이 말합니다.

능력에 따라 벼슬을 주어 현명한 사람을 존중해야 한다. 비록 농부, 공인, 상인이라 할지라도 능력이 있으면 등용하여 높은 직위를 주고, 많은 녹봉을 내리고, 일을 맡길 때도 결단할 수 있는 권한을 주어야 한다.[42]

列德而尙賢, 雖在農與工肆之人, 有能則擧之, 高予之爵, 重予之祿, 任之以事, 斷予之令.

능력이 있는 사람을 현명한 사람이라고 하네요. 농업, 수공업, 상업에 종사하는 천민도 현명할 수 있다고 합니다. 그리고 일을 맡기면 믿고 많은 보상과 권한을 주어야 한다고 하네요. 묵자는 능력을 매우 중시하고, 따라서 결과를 중시합니다. 그리고 혈연이 아니라 능력에 따라 모든 사람이 관리가 될 동등한 기회와 평등한 권리가 주어져야 한다고 하네요. 우리나라에서는 2천 년이 훨씬 지난 뒤인 1888년 개화파의 한 사람인 박영효(朴泳孝)가 고종에게 올린 상소문에 이와 비슷한 내용이 등장합니다. 양반, 상인, 중인 구별 없이 서로 자유롭게 혼인할 수 있게 하며 재능과 덕망이 있는 자는 비록 천인 출신이라도 고관에 등용하라고 말입니다.

묵자는 이와 같이 노동이 존중받는 사회, 노동과정에 공정하게 참여할 수 있는 사회, 노동의 결과는 공평하게 분배받는 사회를 추구했습니다. 그러나 춘추전국시대의 지배층은 부를 독점하고 호화로운 생활을 영위한 반면, 재화를 생산하는 하층민은 계속되는 겸병전쟁 속에서 추위와 굶주림의 공포에 내몰리는 광경을 목격하면서 묵자는 다음과 같이 말합니다.

백성에게는 세 가지 근심이 있다. 굶주린 자가 먹지 못하고, 추운 자가 입지 못하고, 일하는 자가 쉬지 못한다. 이 세 가지가 백성의 커다란 근심이다.[43]

民有三患, 飢者不得食, 寒者不得衣, 勞者不得息, 三者民之巨患也.

생산적 노동을 담당하는 백성은 사시사철 일 년 내내 일해도 제대로 먹지 못하고 입지 못하고 쉬지도 못한다고 한탄하네요. 묵자는 당시 노예같이 일하며 금수 같은 취급을 받았던 백성을 먹여주고 입혀주고 쉴 수 있도록 하는 것이 지혜로운 하늘의 뜻이고, 그 뜻을 성실하게 수행하는 것이 지배자의 역할이며, 그 역할이 잘 수행되어야 나라가 안정되고 잘 다스려질 수 있다고 생각했습니다.

현대적으로 표현하면 사회적 약자에게도 인간으로서 최소한의 생활을 보장해주어야 한다고 말입니다. 따라서 모든 재판과 정치는 백성의 의식주를 해결하는 데 이바지해야 한다는 것이 묵자의 문제의식이었지요. 공격전쟁과 음악을 비판(非攻/非樂)한 이유도 전쟁과 귀족들의 음악이 백성을 가난과 기아로 내몰았기 때문이고, 절용(節用)과 절장(節葬)을 주장한 이유도 지배층의 사치, 그리고 '후한 장례와 오랜 초상(厚葬久喪)'이 백성을 억압했기 때문입니다. 묵자가 다른 제자백가와 달리 농가(農家)와 더불어 하층민의 이해를 대변한다고 평가받는 이유가 여기에 있다고 말할 수 있습니다.

동시에 다음과 같은 사회질서를 제시하는데, 이와 비슷한 문장은 『묵자』 여기저기에서 관용구처럼 종종 나오며, 아마도 묵가에서 금과옥조처럼 중요하게 생각했던 것 같습니다.

큰 나라(또는 가문)가 작은 나라(또는 가문)를 공격하지 않고, 강자가 약자를 업신여기지 않고, 다수가 소수를 해치지 않으며, 영리한 자가 어리숙한 자를 속이지 않는다. 또한 귀족이 천민에게 오만하지 않고, 부자가 가난한 자에게 교만하지 않으며, 젊은이가 노인을 약탈하지 않는다.[44]

大不攻小也, 強不侮弱也, 衆不賊寡也, 詐不欺愚也, 貴不傲賤也, 富不驕貧也, 壯不奪老也.

의로운 정치를 하면 이렇게 된다고 하네요. 구구절절 옳은 말이긴 하지만, 현대 세계에서도 달성하지 못한 사회질서이지요. 그런데 눈에 띄는 부분이 있습니다. 다수와 소수를 언급하고 있습니다. 아마 당시에도 다수가 소수를 해치고, 영리한 자가 어리숙한 자를 속이는 경우가 많았던 모양입니다. 저는 이 부분을 읽으면서 신체적 소수자인 장애인과 성 소수자가 우리 사회에서 법적 · 제도적 보호를 '거의' 또는 '전혀' 받지 못하고 너무나 차별받고 있다는 사실을 떠올렸습니다. 정치적 · 이념적 소수자들도 마찬가지이지요. 사회적 약자이면서 동시에 수적으로도 소수이기 때문에 그들은 더욱더 자신의 목소리를 내기 어렵고, 그래서 기댈 언덕이 없는 사람들인데, 묵자는 그들을 해쳐서는 안 된다고 하네요.

동물과 인간의 차이를 노동에서 찾았다는 사실에서 묵자가 '노동이 존중받는 사회'를 추구한다고 말씀드렸지요. 어디서 많이 들어보지 않으셨나요? 문재인 정부가 들고나온 구호이지요. 그러면 노동이 존중받는 사회란 어떤 사회일까요? 제 경험담을 말씀드리겠습니다. 언젠가 울산박물관에서 묵자에 대한 대중 강의를 했는데, 강연이 끝나고 나이가 지긋한 분이 찾아와서 "묵자가 노동이 존중받는 사회를 추구했다면 노동자를 위한 사회를 지향했으니 사회주의자입니까?"라고 질문했어요. 저는 순간적으로 왜 보수정당이 문재인 정부를 좌파 정부라고 말도 안 되는 주장을 하는지 깨달았습니다. 이런 단순한 논리가 우리 사회에 횡행하고 있지요. 그래서 저는 다음과 같이 차근차근 설명했습니다.

"인류가 태어나서 지금까지, 그리고 앞으로 인류가 지구상에 존재하는 한 항상 노동은 존재해야 합니다. 노동이 없다면 인류는 자신의 존재 근거가 없어지고 더 이상 인간은 생존할 수 없습니다. 그래서 역사학에서는 어느 시대에나 존재하는 '노동'을 초역사적(超歷史的) 개념이라고 말합니다. 그런데 노동자는 '노동하는 사람'이라는 의미가 아닙니다. 근대에 이르러 나타난 역사적 존재이지요. 다른 예를 들어볼까요? 도구와 생산수단이 초역사적 개념이라면 이에 대응하여 기계와 자본은 역사적 개념입니다. 즉 도구와 생산수단은 어느 시대에나 사용할 수 있는 개념이지만, 기계와 자본은 근대 이후에 사용할 수 있는 개념이지요. 고대사회나 중세사회에서는 노동하는 사람을 '노동자'라고 부르지 않고 '노예', '예속농민', '독립 수공업자'라고 불렀지요. 이와 같이 특정한 시기에만 존재하는 '노동자'는 봉건질서와 토지의 속박에서 벗어난 사람들이 임금을 받고 자신의 노동력을 판매하는 사람입니다. 따라서 노동자는 인류 역사의 특정한 시기, 즉 근대 이후에만 존재하는 계급이라고 말할 수 있습니다. 선생님 말씀대로 이해하면 묵자는 당시에 존재하지도 않은 노동자를 위한 사회를 꿈꾼 것이지요. 노동이 존중받는 사회는 내용적으로 인간이 존중받는 사회를 의미합니다."

질문자는 설명을 듣고 고개를 끄덕이며 돌아갔지만, 제 설명이 너무 현학적이라고 생각되지 않으신가요? 정확하게 말하면 그렇다는 뜻이고, 노동자를 초역사적으로 '노동하는 사람'으로 정의한다고 해도 마찬가지입니다. 유사 이래 노동하지 않는 사람이 얼마나 될까요? 노동력을 상실한 사람을 제외하고 대부분의 사람은 이런저런 형태의 노동을 하지 않고는 살아갈 수 없지요. 그런 의미에서 묵자의 '노동이 존중받는 사회'는 귀천이나 나이와 관계없이 인간을 존중하는 사회입니다. 강자가 약자를 업신여기지 않고, 다수가 소수를 해치지 않으며, 영리한 자가 어리숙한 자를 속이지 않고, 귀족이 천민에게 오만하지 않고, 부자가 가난한 자에게 교만하지 않으며, 젊은이가 노인을 약탈하지 않는 그런 사회를 말합니다. 뒤에서 말씀드리겠지만, "남의 부모를 내 부모처럼 대하고, 남의 자식을 내 자식처럼 생각하라"라는 묵자의 겸애사상과 같은 맥락이라고 말할 수 있습니다.

노동이 존중받는 사회를 현대사회에 적용하더라도 노동자만 대접받는 사회가 아니라 노동자도 존중받는 사회를 말합니다. 50년 전 스물두 살의 젊은 나이에 자신의 몸에 불을 붙인 전태일이 이루려고 한 것은 바로 이와 같은 인간이 존중받는 사회가 아니었을까요? 묵자에게 이러한 사회질서는 하늘의 뜻에 부합하는 하느님의 나라입니다. 그런 하느님의 나라를 저기가 아니라 여기에, 하늘이 아니라 이 땅에서 세우려고 했지요. 그런데 앞에서 말한 성 소수자를 가장 혐오하고 억압하는 주체가 기독교라는 사실은 진실로 아이러니하지 않을 수 없습니다. 어찌 보면 묵자가 살았던 시대와 마찬가지로 2,400년이 지난 지금도 해결하지 못한 사회과학의 주요 과제이기도 합니다. 아무튼 묵자는 그가 추구한 사회질서를 실현할 수 있다고 생각하고 그 대안과 방법을 진지하게 모색했으며, 평생 끊임없이 실천한 주도면밀한 사상가입니다.

사회적 분업

—

묵자는 노동이 존중받는 사회적 관계만을 이야기하지 않고 노동의 효율성에 대해서도 나름대로 고민했나 봅니다. 그래서 능력에 따라 일하고, 좋아하고 잘하는 일을 하라고 권유합니다.

> 무릇 지혜로운 사람은 자신의 능력이 이르는 바를 헤아려 일에 종사한다.[45]
>
> 夫知者 必量丌力所能至, 而從事焉.

> 무릇 천하의 모든 기술자, 즉 수레와 바퀴를 만드는 사람, 가죽장이, 도공과 대장장이 그리고 목수는 각각 잘하는 일에 종사해야 한다.[46]
>
> 凡天下群百工, 輪車 鞼匏 陶工 梓匠, 使各從事其所能.

그리하여 능력과 장점, 취향에 따라 직책을 균등하게 배분해야 모든 사람이 즐겁게 일할 수 있다고 하네요.

> 사람들에게 잘하는 일을 하게 하면 천하의 일은 합당하게 되고, 직책을 균등하게 나누면 천하의 일은 제대로 이루어지며, 모든 사람이 즐겁게 일하면 천하의 일은 잘 준비할 수 있고, 강한 자와 약한 자의 일에 구분이 있으면 천하의 일은 잘 갖추어진다.[47]
> 使人各得其所長, 天下事當, 鈞其分職, 天下事得, 皆其所喜, 天下事備, 强弱有數, 天下事具矣.

마치 현대 경영학의 인사관리나 조직관리에 관해 다룬 교과서를 보는 것 같지 않나요? 사람이 모두 능력에 따라 일하고 각자 잘하고 좋아하는 일에 종사하면 그에 걸맞은 분업이 이루어진다고 생각했지요. 이러한 능력주의는 농부, 상인, 수공업자 같은 당시의 하층민뿐만 아니라 지배층이던 관리에게도 적용되어야 한다고 생각했습니다. 묵자의 목소리를 직접 들어보시지요.

> 왕공대인은 일찍 조회하고 늦게 퇴근하며, 옥사를 듣고 다스리는 일이 그 직분이다. 선비와 군자들은 팔과 다리의 힘을 다하여 생각하고 사려하는 지혜를 도탑게 한다. (그리하여) 안으로는 관청을 다스리고, 밖으로는 관문과 시장, 산과 숲, 연못과 교량에서 나는 이익을 거두어들여 창고를 채우는 일이 그 직분이다. 농부는 일찍 나와서 저녁에 들어가며, 밭을 갈아 농사짓고 나무 심고 가꾸어 콩과 조를 많이 모으는 일이 그의 직분이다. 아녀자는 새벽에 일어나고 밤에 잠들며, 길쌈하고 베를 짜서 삼실과 칡실을

많이 다루고 베와 명주를 짜는 일이 그 직분이다.[48]

王公大人蚤朝晏退, 聽獄治政, 此其分事也; 士君子竭股肱之力, 亶其思慮之智, 內治官府, 外收斂關市 山林 澤梁之利, 以實倉廩府庫, 此其分事也; 農夫蚤出暮入, 耕稼樹藝, 多聚叔粟, 此其分事也; 婦人夙興夜寐, 紡績織紝, 多治麻絲葛緒綑布縿, 此其分事也.

왕공대인부터 아녀자에 이르기까지 모든 사람은 아침 일찍부터 저녁 늦게까지 열심히(!) 일해야 한다고 강조하고 있습니다. 그러면서도 지배계층은 능력이 있어야 한다고 강조하지요. 사실 현대 세계에서는 과도한 능력주의가 오히려 불평등을 정당화한다고 비판합니다.[49] 20세기 후반부터 엘리트 계급이 자식에게 신분과 재산 대신 학력으로 포장된 능력을 만들어 물려주기 시작했습니다. 그래서 현대의 불평등은 이러한 자유주의적 능력중심주의가 강하게 작동하면서 형성되기 시작하고,[50] 신자유주의가 확산하면서 최고조에 달하지요. 영국의 사회학자 마이클 영(Michael Young)은 이를 '메리토크라시(Meritocracy)'라고 명명했습니다. 능력지상주의 사회에서 성공과 실패, 승자와 패자의 이분법은 더불어 사는 사회로 가는 데 큰 걸림돌이 된다는 뜻입니다. 근대 이전에는 신분과 권력이 혈연에 의해 세습되었다면 현대 세계에서는 능력이 상속되기에 불평등을 되풀이할 수밖에 없게 되는 셈이지요. 물론 어느 시대에나 재산 상속이 큰 몫을 하지만요. 능력중심주의에 대한 비판은 신자유주의 시대에 '공정'이라는 의미를 다시 한번 생각하게 만드는 정당하고 예리한 문제 제기입니다.

그러나 현재 능력중심주의가 비판을 받는다고 능력에 대한 묵자의 강조를 같은 이유로 비판할 수는 없습니다. 권력과 부를 포함한 모든 신분적 위계질서가 세습되었던 당시에는 이를 타파하기 위해 능력을 강조할 수밖에 없지 않았을까요? 그래서 묵자의 능력 위주 사고방식은 그가 살았던 당시에는 도발적인 생각이 아닐 수 없었습니다. 그래서 오로지 정치와 재판의 영역에서만 능력 있는 사람을 구하지 않는 사태를 보고 묵자는 다음과 같이 말합니다.

> 지금 왕공대인은 한 마리의 소나 양을 잡을 수 없어서 반드시 훌륭한 요리사를 찾고, 한 벌의 치마와 저고리를 마름질하지 못하여 반드시 좋은 기술자를 찾는다. 왕공대인이 이런 일은 비록 가까운 친척, 이유 없이 부귀한 사람이나 외모가 아름다운 사람이 있더라도 실제로 그들이 할 수 없다는 사실을 알기 때문에 그들을 시키지 않는다. 왜 그런가? 재물을 손상시키는 것이 두렵기 때문이다. 왕공대인들이 이런 일에 당해서는 현명한 사람을 숭상하고 능력 있는 사람을 부릴 줄 안다.
>
> 왕공대인은 병든 말을 치료할 수 없어서 반드시 좋은 의사를 찾고, 고장 난 활을 당길 수 없어서 반드시 좋은 기술자를 찾는다. 왕공대인이 이런 일에서는 비록 가까운 친척, 이유 없이 부귀한 사람이나 외모가 아름다운 사람이 있더라도 실제로 그들이 할 수 없다는 사실을 알기 때문에 그들을 시키지 않는다. 왜 그런가? 재물을 손상시키는 것이 두렵기 때문이다. 왕공대인들이 이런 일에서는 현명한 사람을 존중하고 능력 있는 사람을 부릴 줄 안다.
>
> 그러나 나랏일에 이르러서는 그러하지 못한다. 가까운 친척, 까닭 없이 부귀한 자, 외모가 아름다운 사람을 등용한다. 즉 왕공대

인의 나라 사랑은 고장 난 활, 병든 말, 치마와 저고리, 소나 양에 대한 사랑만 못하다. 나는 이로써 천하의 선비와 군자가 모두 작은 일은 잘 알지만, 큰일을 알지 못한다는 사실을 알았다. 비유하자면 벙어리를 외교관에 임명하고, 귀머거리를 음악선생으로 모시는 일과 마찬가지다.[51]

고장 난 활을 고치거나 병든 말을 치료할 때, 치마와 저고리를 마름질하거나 소와 양을 요리할 때는 재물이 손상될까 봐 능력 있는 사람을 찾아가지만, 그보다 훨씬 더 중요한 나랏일에는 능력주의를 저버리고 골육지친(骨肉之親)을 찾는다고 한탄하네요. 그래서 묵자의 능력주의는 세습을 타파하기 위해 주도면밀하게 만들어진 대안이라고 할 수 있지요.

또한 묵자는 분업(分業)이 노동의 효율성을 높인다는 사실도 알고 있었습니다. 노동생산력의 발전이란 소량의 노동으로 다량의 물질적 재화를 만들 수 있기 때문에 한 사회의 생산력은 분업의 발전과 함께 나타나게 되지요. 인류 역사에 나타난 최초의 분업은 원시공동체 내부에서 순수하게 생리학적 기초 위에서 성립하는, 즉 성별 · 연령별 분업으로 나타나는 '자연적 분업'이었습니다. 이러한 분업은 다시 농경과 목축의 분화, 나아가 농업과 수공업의 분화로 이어집니다. 농업, 목축업, 수공업은 각각 내부에서 다양한 전문화가 진전되고, 그에 따라 상업도 분화하여 발전하게 되지요. 이러한 분화과정을 자연적 분업과 대비하여 '사회적 분업'이라고 말합니다. 근대에 이르러 국가와 국가 사이의 국제적 분업도 발전했지만, 근대 이전에는 자연적 분업과 사회적 분업의 발전이 생산력 발전의 일반적 척도가 됩니다.

묵자는 한 가정 내에서 남자는 밭을 갈고 여자는 베를 짜는 남경여

직(男耕女織)의 전통적인 자연적 분업을 말하면서도 사회적 분업에 대해서는 농업, 수공업, 상업의 분화를 말하는 대신 눈에 보이는 재화를 생산하는 노동과 눈에 보이지 않는 서비스를 생산하는 노동의 분업을 제시합니다.

> 군자가 재판과 정치에 힘쓰지 않으면 형벌과 정치가 어지러워지고, 천인이 생업에 힘쓰지 않으면 사용할 재화가 부족하게 된다.[52]
> 君子不強聽治, 即刑政亂, 賤人不強從事, 即財用不足.

노동은 재판이나 정치 같은 서비스를 생산하는 노동과 의식주 같이 살아가는 데 필요한 재화를 생산하는 노동으로 구성되며, 두 가지 노동의 분화를 사회적 분업이라고 묵자는 생각했습니다. 아리스토텔레스와 달리 생산적 노동에 종사하지 않는 서비스마저 노동으로 인정한 셈이지요. '군자-재판과 정치' vs. '천민-재화의 생산'이라는 대립적 관계가 조화를 이루어야 사회가 안정되고 발전한다고 생각했던 거지요. 앞에서 말씀드렸던 농가(農家)와도 다른 점이지요. 묵자가 전자를 귀(貴)하고 후자를 천(賤)하다고 표현하고 있지만, 그가 말하는 귀천은 유가의 세습되는 귀천과 구별됩니다.

그래서 능력에 따른 임명과 직책 부여를 강조하면서 다음과 같이 주장하지요.

> 관리는 항상 귀한 사람이 아니고 백성은 죽을 때까지 천한 사람이 아니기 때문에 능력이 있으면 등용되고 능력이 없으면 물러나야 한다.[53]

故官無常貴, 而民無終賤, 有能 則擧之, 無能 則下之.

귀와 천은 능력에 따라 결정되며, 세습되어서는 안 된다는 의미이지요. 그럼에도 서비스 노동이 아무리 귀하다고 하더라도 생산적 노동을 매개하지 않는 한 자연과 인간의 세계를 변화시킬 수 없다는 사실도 잘 알고 있었습니다. 효율성과 결과를 중시하는 묵자의 경험주의 사고를 잘 보여주는 장면입니다.

묵자는 모든 개인은 자신이 잘하는 일에 종사해야 하며, 능력에 따라 사회적 분업이 이루어져야 효율적이라고 생각했습니다. 그리고 자연적 분업과 사회적 분업을 말하면서도 작업장 내에서의 분업도 설명하고 있지요. 제자들이 의(義)를 행하기 위해 무엇에 힘써야 하는지 묻자 묵자는 이렇게 대답합니다.

> 비유하자면 담을 쌓는 일과 같다. 쌓을 수 있는 사람은 쌓고, 흙을 채울 수 있는 사람은 흙을 채우고, 감독할 수 있는 사람은 감독한 후에 담은 완성된다. 의(義)를 행하는 일은 이와 같다. 말을 잘하는 사람은 변론하고, 글을 잘 아는 사람은 책을 설명하고, 일을 잘하는 사람은 일에 종사한 후에 의로운 일이 이루어진다.[54]
>
> 譬若築牆然, 能築者築, 能實壤者實壤, 能欣者欣, 然後牆成也. 為義猶是也. 能談辯者談辯, 能說書者說書, 能從事者從事, 然後義事成也.

묵자에게 의로움을 행하는 일은 남에게 이익을 주는 행위이므로 자신이 잘할 수 있는 일로써 남에게 이익을 준다는 의미이지요. 군자와 천인의 분업, 천인인 수공업자의 분업, 그리고 담 쌓는 일에 이르기까지 모든 사람이 자신의 능력에 따라 일하면 누구든지 남에게 이익을 안겨 줄 수 있다는 노동의 효율성과 평등성까지 암시하고 있습니다. 또 다른 곳에서도 생업에 종사하여 열심히 일할 때 사회적 안정을 이루고 다른 사람을 이롭게 한다고 다음과 같이 말합니다.

> 죽으면 곧 장례를 치르고, 살아있는 사람은 오래 곡을 하지 않으며, 빨리 생업에 종사한다. 사람이 할 수 있는 일을 하여 서로 이롭게 한다.[55]
>
> 死則旣以葬矣, 生者必無久哭, 而疾而從事, 人爲其所能, 以交相利也.

여기에서 '종사(從事)'라고 표현했는데, 묵자에게 이는 생산적 노동을 의미합니다. 유가에서는 선비 이상의 지배계급만이 의로운 행동을 한다는 생각이 저변에 깔려있었는데, 묵자는 천한 신분의 생산적 노동에 종사하는 사람도 얼마든지 다른 사람에게 이익을 줄 수 있는 의로운 행위를 할 수 있다고 말하고 있습니다. 물론 유가와 묵가에서 말하는 '의로움'은 다른 의미이지만요.

변론[談辯], 연구[說書], 생산적 노동[從事]은 '묵협(墨俠)'이라 불리는 묵가 집단 내에서 실천하던 분업체계로 보여집니다. '변론'은 지금 식으로 표현하면 집단 내에서는 강의하고, 대외적으로는 논쟁을 담당하고 홍보하는 작업 정도로 생각되는데요, 묵가는 이를 매우 중요하게 생각했습니다. 변론은 옳고 그름을 구별하여 잘 다스려짐과 혼란스러움의 근본을 살피고, 같고 다름의 수준을 밝혀 이름과 실제의 이치를 살피는 행위입니다. 그리하여 이익과 손해에 대처하고, 의문을 해결하는[56] 목적과 효능을 가지고 있다고 하네요.

'연구'는 당시 고전으로 통하던 『서경』과 『시경』에 내재한 사상적 의미를 유가와 달리 새롭게(!) 해석하고, 낡은 문화를 바꾸어 새로운 제도를 만들어가는 행위라고 볼 수 있습니다. 그래서 묵자는 전통적 지식을 바탕으로 새로운 사회에 맞는 이론을 창출하려고 노력했습니다. 강의와 연구는 서비스 노동에 해당하지만, 거기에 그치지 않고 생산적 노동과 연계하는 실사구시의 정신을 보여주고 있습니다. 이런 점에서 같은 시대에 정치와 사색(思索)과 같이 결코 노동일 수 없는 고상한 행위(?)는 자유인과 귀족의 몫이고, 육체적 노동은 노예의 역할이라는 유럽 사상의 지평과는 비교할 수 없을 정도로 묵자의 사상은 진보적이며 과학적이라고 평가할 수 있습니다.

이상에서 살펴본 바와 같이 묵자는 연령과 성에 따른 자연적 분업에서 한 걸음 더 나아가 사회적 분업과 작업장 내에서의 분업을 거론하면서 능력과 효율성을 강조하고 노동의 형평성까지 암시하고 있습니다. 이런 면에서 그는 유가에서 보여주는 선험주의를 극복하면서 다른 제자백가에서 찾아보기 어려운 유물론적이며 근대적인 사고방식을 가지고 있었다고 평가할 수 있습니다.

또 다른 인간의 모습

—

묵자가 노동으로 인간과 동물을 구별했으며, 인간의 가장 중요한 특징을 노동하는 존재로 인식했다고 말씀드렸지만, 인간은 한 측면에서만 파악할 수 없는 복합적인 존재이지요. 『묵자』를 읽다 보면 인간의 다른 모습을 서술하고 있습니다. 인류 초기의 인간사회를 설정하고 그 속에서 살고 있는 인간의 모습을 다음과 같이 말합니다.

> 옛날 백성이 처음 생겨나 아직 형벌과 정치가 없었을 때 사람마다 의로움이 달랐다. 사람이 한 명이면 하나의 의로움이 있고, 사람이 둘이면 두 개의 의로움이 있으며, 사람이 열 명이면 열 개의 의로움이 있었다. 사람이 늘어나면 소위 의로움 역시 늘어났다.[57]
> 古者民始生, 未有刑政之時, 蓋其語 人異義. 是以一人則一義, 二人則二義, 十人則十義, 其人茲衆, 其所謂義者亦茲衆.

인간 최초의 모습은 사람마다 의로움을 달리한다고 말하고 있네요. 묵자는 의로움을 이로움이라고 정의하고 있습니다.[58] 중국에서 의로움과 이로움을 동일시하는 사고는 오랜 전통을 가지고 있지요. 『역(易)』에서는 "의로움이란 이로움과 조화를 이룬다(利者義之和)"라고 했고, 『좌전(左傳)』에서도 "의는 이로움의 근본이다(義, 利之本也)"라고 말합니다. 아무튼 묵자의 이로움이란 자신을 이롭게 한다는 의미로도, 혹은 남을 이롭게 한다는 의미로 쓰이기도 합니다.

그래서 위에서 인용한 문장에서 의로움은 지금의 이해관계로 이해하면 적절하다고 생각됩니다. 그래서 한 사람이 있으면 하나의 이해관계가 있고, 두 사람이 있으면 두 개의 이해관계가 있으며, 열 사람이 있으면 열 개의 이해관계가 성립한다고 하네요. 묵자는 이와 같은 다양한 이해관계 속에서 자신의 이해관계를 관철하기 위해 노력하는 존재로 개인을 이해하고 있습니다. 따라서 '이해관계'라고 하는 욕구 또는 욕망을 가진 개인, 나아가 그 욕구와 욕망을 충족시키려고 노력하는 존재가 바로 인간이라는 거지요. 바로 이런 인간관이 묵자를 성악설로 분류하는 근거가 되기도 하지만, 묵자는 이를 '좋다' 또는 '나쁘다'라고 말하지 않고 있는 그대로 받아들입니다. 단순히 받아들이는 정도가 아니라 이러한 욕구와 욕망을 충족시켜주어야 한다고 생각했습니다.

인간의 욕망에는 식욕과 성욕 같은 생리적 욕망과 권력이나 명예를 추구하는 사회적 욕망이 있습니다. 순자는 인간의 타고난 본성을 음식남녀 같은 동물적 욕구에서 찾았다면, 한비자는 사회적 욕망에 주목했지요. 묵자는 명시적으로 언급하지는 않지만, 동물적 욕구와 사회적 욕망을 모두 고려하고 있습니다. 그런데 한비자는 권력을 빼앗거나 빼앗기지 않으려는 권력욕에 초점을 맞추는 데 비해, 묵자는 "천하의 이익을 일으키고 해로움을 제거하는(興天下之利 除天下之害)" 공적인 의로움에 대한 욕망을 자주 언급합니다. 이러한 사회적 욕망은 "협동하려는 경향이야말로 인간 사이에서 발견할 수 있는 진정한 보편성"[59]이라고 주장하는 최근의 다원주의자들과 맥을 같이하고 있습니다. 이로움이 '나의 이익' 그리고 '타인의 이익', 나아가 '우리 모두의 이익'으로 승화하려면, 인간은 사회적 동물이라는 전제하에 협동하지 않을 수 없지요.

순자는 "인간은 모여 사는 사회적 동물"이라고 명시적으로 언급하는데, 이러한 주장은 그가 묵자로부터 영향을 받아 형성되었다고 생각됩니다. 묵자는 임금과 선비가 주변 사람들로부터 영향을 받아 물들여진다고 이야기합니다.[60] 인간의 도리와 그에 따르는 행동은 주변 사람들에 의해 후천적으로 물들여진 사회화의 결과라고 생각했지요. 잘 물들여지는가, 잘못 물들여지는가에 따라 사직과 집안, 개인의 몸과 명예에 직접적으로 영향을 준다고 하지요. 그래서 인간은 공동체 안에서 자신의 이익과 욕망을 충족시키기 위해 노력하지만, 동시에 다른 사람과의 협력을 통해 공동의 이익을 추구할 줄 아는 사회적 동물이라고 생각했어요. 이런 면에서 묵자는 이기심에 기초한 호혜적 이타주의를 포괄하고 있다고 생각할 수 있지요.

또한 묵자는 인간의 자유의지를 강조합니다. 그는 씨족제도가 붕괴하기 시작하는 시대에 살았기 때문에 씨족과 구별되는 개별화되고 독립적인 개체로 인간을 파악할 수 있었습니다. 부족사회와 씨족사회에서는 관념상 종족 전체와 구성원이 분리되지 않았기 때문에 개인은 자아를 인식할 수 없었습니다. 씨족사회가 붕괴하면서 비로소 인간은 개인으로서 개별화되지요. 이러한 인식 위에서 개별화된 인간은 모두 자유의지를 가지고 있다고 생각했지요. 묵자가 운명론을 비판하고 그것을 거부한다는 점에서도 유가와는 달리 자유의지를 인정하고 있습니다. 물론 그 자유의지도 주변 사람들로부터 영향을 받지만요. 묵자의 자유의지는 하늘과 인간의 관계 설정에 잘 나타나 있습니다. 제자백가의 하늘에 대한 관념은 나중에 다시 말씀드리겠지만, 여기서는 공자와 맹자를 중심으로 하는 유가와 묵자의 관계 설정에 국한하여 설명하겠습니다.

공자와 맹자는 하늘을 천명(天命)으로 이해하고 있습니다. 천(天)은 도덕적 기준이며, 명(命)은 명령과 운명이라는 이중적 의미를 가지고 있지요. 그래서 당시에는 왕조의 등장과 몰락의 정당성을 천명에서 찾기도 했습니다. 도덕적 사명을 부여하는 하늘, 착한 마음의 실마리를 제공하는 하늘이 인간 안에 내재해 있다고 생각했지요. 따라서 개인은 도덕적이고 윤리적인 지침을 스스로(!) 발견하고, 하늘의 명령을 따라야 한다고 사유합니다. 그러니 사람들은 무조건 절대적인 천명을 따라가야 한다고 주장하지요. 그러다가 사람들이 원하는 일이 이루어지지 않고 곤경에 빠졌을 때도 천명이라고 이야기합니다. 이럴 때는 운명으로 받아들여야 한다고 말합니다.

그렇다고 모든 사람이 천명을 알 수 있는 건 아닙니다. 잘 알려진 바와 같이 공자처럼 공부를 많이 하고 수양을 많이 쌓은 사람도 "나이 오십이 되어서야 천명을 알았다(知天命)"라고 고백했지요. 맹자도 "자신의 마음을 다한(盡心) 다음에 자신의 본성을 알고(知性), 자신의 본성을 알아야 하늘의 명령을 안다(知天)"[61]라고 했습니다. 모든 사람이 하늘을 따르고 섬겨야 하지만 보통 사람들은 하늘에 접근하기가 어렵고, 현실에서는 일부 특수한 계층의 사람들만 천명을 알 수 있다는 말이지요. 그러니 천명을 받은 극소수가 정치와 행정을 담당하고, 서민은 그들을 따라가라는 정치적 함의를 갖고 있습니다.

자, 그런데 묵자는 '천명'이라는 용어를 쓰지 않고, 그 대신 하늘의 뜻을 의미하는 '천지(天志)' 또는 '천의(天之意)'를 말합니다. 묵자에게 하늘은 우리의 마음속에 존재하는 범신론적 하늘이 아닙니다. 외부에 존재하는 독립적인 전지전능한 인격신입니다. 따라서 묵자의 천(天)을 많은 경우 '하느님'이라고 번역해도 무방하지요. 기독교에서 말하는 만물을 주재하는 하느님과 매우 유사합니다. 그런데 이런 하느님은 인격신이기에 좋아하는 것과 싫어하는 것이 있다고 하지요. 의로움과 삶, 안정된 정치와 사랑, 그래서 서로 이익을 주는 사회를 좋아하고, 불의와 죽음, 혼란과 미움, 그래서 서로 해치는 사회를 미워한다고 합니다. 그렇지만 사람들은 하느님의 뜻을 따를 수도 있고 거역할 수도 있습니다. 알아서 선택하라는 거지요. 묵자는 하늘의 의지가 있고, 이와는 별개로 인간은 각자 개별적으로 자신이 선택할 수 있는 의지가 있다고 생각합니다. 모든 것이 신의 의지대로 결정된다는 예정조화설과 달리 인간의 자유의지를 인정하고 있습니다. 다만 하늘을 따르면 상을 받고 거역하면 벌을 받는다는 협박(?)을 하기는 하지만요.

보통 사람들이 하느님에게 너무 쉽게 접근할 수 있다는 점에서 공자와 맹자와는 다르지요. 공자와 맹자, 특히 맹자는 도덕적 · 윤리적 삶은 이러저러하니 하늘을 따라야 한다는 당위론적 입장이라면, 묵자는 하늘의 뜻은 이러저러하니 알아서 선택하라는 겁니다. 그렇다고 기독교의 존재근거인 원죄(原罪)를 설정하지도 않습니다.

지금까지 묵자가 바라보는 인간에 대해 설명했는데, 묵자의 인간관을 정리하면 다음과 같습니다.

- 인간은 노동하는 존재입니다.
- 인간은 욕망을 가지고 있으며, 그 욕망을 충족시키려고 노력

하는 존재입니다.

- 인간은 사회적 존재입니다. 그래서 분업과 협력을 통해 공동의 이익을 추구할 수 있으며, 주변 사람에게 영향을 주고 또한 영향을 받기도 합니다.
- 인간은 자유의지를 가진 개별화되고 독립적인 존재입니다.
- 인간은 운명과 관련하여 자신의 삶에 책임지는 주체적 존재입니다.

이와 같이 묵자는 여러 측면을 살펴보면서 인간의 특징을 서술했습니다. 그런데 각각의 특징에 나타나는 공통점이 있습니다. 바로 '근대적 인간'이라는 점입니다. 그가 제시한 인간상은 유럽에서 근대 여명기의 철학자들이 상정하고 도출한 인간관과 매우 유사하다는 의미이지요. 전근대사회에서 노동은 천하게 취급받았으므로 인간의 속성이 될 수 없었다고 말씀드렸지요. 또한 동서양을 막론하고 신분제 사회에서는 욕망을 가지고 그것을 충족시키려고 노력하는 것 자체가 개인적으로 무척 어려웠을 뿐 아니라 그렇게 한다면 도덕적으로 지탄의 대상이 되었습니다. 신으로부터 자유로운 독립적인 인간상도, 자신의 삶을 책임지는 주체적인 인간상도 모두 종교혁명의 주역이었던 루터(Martin Luther, 1483~1546)나 칼뱅(Jean Calvin, 1509~1546)의 인간관보다 훨씬 진보적이며 앞서가는 사고의 흐름을 보여주고 있습니다. 묵자가 제시한 인간상은 모두 근대에 들어서면서 만들어진 인간의 모습이지요. 이러한 인간관은 묵자의 국가론과 교육론, 그리고 그가 제시한 여러 정책에도 그대로 관철되고 있습니다.

III

하느님의 마을 & 하느님의 백성

- 왜 국가가 필요한가?
- 아직도 권력 세습이 존재한다
- 국가는 어떻게 조직되는가?
- 누가 현명한 사람인가?

왜 국가가 필요한가?

제자백가는 혼란의 상징이었던 춘추전국시대의 산물이라고 말씀드렸지요. 그래서 그들의 사상은 대부분 당시의 혼란을 극복하는 데 초점이 맞춰져 있습니다. 따라서 그들의 이론은 직접 또는 간접적으로 국가와 사회제도에 대해 설명하고 있으며, 거기에는 계급 문제에 대한 많은 암시를 포함하고 있지요. 그러니 대단히 정치적일 수밖에 없다고도 했습니다. 그러면 국가적 혼란을 어떻게 해결해야 할까요? 중국 고대의 사상가들이 제시한 혼란을 해결할 수 있는 방식은 다음과 같이 세 가지로 유형화할 수 있는데, 여러분은 어떻게 평가하실지 궁금하네요.

하나는 개인이 스스로 자신의 욕망을 줄여서 사회구성원 사이에 이해관계가 충돌하지 않게 하는 방식입니다. 이는 공자와 맹자가 제시하는 해결 방법이지요. 교육을 통해 스스로 수양하고 덕을 쌓으면 이익을 마음에 품지 않게 된다고 하지요. 그리하여 각자의 욕망을 줄이면 다른 사람의 이해관계와 충돌이 적어지거나 없어지고 나라가 잘 다스려진다는 식이지요. 모든 사람이 그러면 더욱 좋겠지만 현실적으로 불가능하니 군자와 선비가 그런 덕을 쌓아 정치를 담당해야 한다고요.

다른 하나는 인간 내부의 수양이 아니라 외부의 힘을 빌려 이기적인 개인의 욕망을 제어하는 방식입니다. 이는 순자와 한비자가 제안하는 방식입니다. 순자는 인간의 욕망을 식욕과 성욕으로 보고 예(禮)를 통해 자제해야 한다고 합니다. 그런데 한비자는 인간의 탐욕을 주로 권력욕, 소유욕, 명예욕으로 규정하면서 법(法)으로써 개인을 제어하면 효과적이라고 주장합니다. 이들은 예와 거기에 기초한 법이라는 제도적 장치를 통해 국가가 개인을 통제하는 데 방점이 찍혀 있습니다.

위의 두 가지 방식은 사회 혼란의 원인이 인간의 욕망과 탐욕에 있다고 전제하고 있습니다. 물론 욕망과 탐욕의 주체와 대상이 조금씩 다르지만요. 그러나 묵자는 개인의 욕망을 제어하는 데 초점을 두지 않고 적극적으로 욕망을 인정하면서 그것을 충족시키는 방향으로 나아갑니다. 그러나 춘추시대 이전의 아주 먼 옛날에는 개인들이 자신만의 욕망을 추구하게 되면 욕망 자체가 실현되기 어렵고 오히려 손해를 초래한다고 묵자는 생각했지요. 그래서 이를 극복하기 위해 사회구성원들 사이에 서로 다른 이해관계를 조화시켜 공동의 이익으로 일치시키는 방식을 제안합니다. 그리하여 사람들의 이해관계를 조화시키고 통일시키는 권력체계를 창출해야 한다고 힘주어 말하지요. 그래야만 금수 같은 혼란에서 벗어날 수 있다고 생각했습니다. 현대식으로 표현하면 국가는 개인의 욕망을 충족시켜 그들의 이익을 보호하고, 나아가 전체의 이익을 지키기 위해 만들어진다는 의미이지요.

묵자가 바라는 세상을 구현하기 위해 국가는 어떻게 구성되어야 할까요? 묵자는 정복전쟁이 본격화되는 춘추시대 말기에서 전국시대 초기에 살았다고 했습니다. 전쟁의 승자는 영토와 백성을 독차지하고, 전쟁의 패자는 모든 것을 잃고 노예로 전락하는 그런 시대였지요. 이런 살벌한 현실을 보면서 다음과 같이 말합니다.

> 모든 나라는 크기에 관계없이 모두 하느님의 마을이며, 사람은 나이와 귀천에 관계없이 모두 하느님의 백성이다.[62]
> 今天下無大小國, 皆天之邑也. 人無幼長貴賤, 皆天之臣也.

마치 예수의 말 같지 않나요? 예수가 태어나기 400년 전 묵자의 말입니다. '모두 하느님의 마을인데, 왜 서로 빼앗고 빼앗기는가?', '모두 하느님의 백성인데, 왜 서로 죽이고 죽임을 당하는가?' 이렇게 생각했지요. 그런데 현실은 그렇지 않았습니다. 큰 나라는 작은 나라를 집어삼키고, 사람들은 나이와 귀천에 따라 차별을 받았지요. 그리하여 묵자는 한편으로 귀천에 따른 불평등한 질서를 인정한 유가를 부정하며 모두 하느님 앞에 평등함을 강조하고 있으며, 나아가 혈연에 의해 세습되는 신분제를 비판합니다. 다른 한편으로 이를 실현하기 위한 정치질서를 담보하는 국가의 필요성을 제기하지요. 이미 말씀드린 바와 같이 묵자는 하느님의 나라를 이 땅에 새롭게 건설하고자 했습니다. 국가에 대한 그의 생각은 「상동(尙同)」 상 · 중 · 하 편에서 중점적으로 거론되는데, 각 편의 내용은 크게 다르지 않습니다.

묵자는 원시시대 같은 아주 먼 옛날 정치권력이 생기기 이전의 상태를 상정합니다. 정치권력이 공백인 상태에서 사람들마다 의로움이 달라 서로 비방하고 원망하여 천하가 금수의 세계와 같이 혼란스럽다고 사유하지요. 앞에서 말씀드린 바와 같이 여기에서의 의로움은 유가에서 말하는 윤리적 · 도덕적 의로움이 아니라 이익 또는 이해관계를 의미합니다.

> 지금 옛날로 돌아가 백성이 처음 생겨 아직 정치의 우두머리가 없었을 때 "천하의 사람들은 의로움이 다르다"라는 말이 있었다. 한 사람이 있으면 하나의 의로움이 있고, 열 사람이 있으면 열 개의 의로움이 있으며, 백 사람이 있으면 백 개의 의로움이 있다. 사람의 수가 늘어나면 소위 의로움 역시 늘어난다. 그래서 사람들은 자신의 의로움은 옳고, 다른 사람의 의로움은 그르다 하여 서로 비난했다. 안으로 어버이와 자식, 형과 동생이 원수가 되고, 모두 마음이 흩어져 서로 화합할 수 없었다. 힘이 남아 버리더라도 서로 돕지 않으며, 좋은 방도가 있어도 감추어 서로 가르치지 않으며, 남은 재산이 썩어도 서로 나누지 않았다. 천하의 혼란은 금수의 세계와 같았다.[63]
>
> 方今之時, 復古之民始生, 未有正長之時, 蓋其語 曰 天下之人異義. 是以一人一義, 十人十義, 百人百義, 其人數玆衆, 其所謂義者亦玆衆. 是以人是其義, 而非人之義, 故相交非也. 內之父子兄弟作怨讎, 皆有離散之心, 不能相和合. 至乎舍餘力 不以相勞, 隱匿良道 不以相教, 腐死餘財 不以相分. 天下之亂也, 至如禽獸然.

여기에서 인용한 묵자의 말은 사회과학적으로 대단히 중요한 의미를 가지고 있습니다. 우선, 인간 최초의 상태를 전제합니다. 태초에 정치와 국가권력이 없는 상태가 역사적 사실인지 또는 논리적 가설인지는 분명히 밝히고 있지 않지만, 당시로서는 대단한 사유의 실험이지요. 그런 상태에서 인간은 욕망을 가지고 있으며, 자신의 욕망을 실현하려고 노력하는 자유의지를 가진 개별적이고 독립적 존재라고 생각하고 있어요. 그런데 이런 독립적인 존재가 저마다 자신의 이익을 주장하면 이익이 충돌하여 싸움이 일어나고 세상이 혼란스러워진다고 말합니다. 이런 상황에서는 개인의 욕망과 이익이 실현되지 못한다고 생각했지요. 이런 이유로 인성론자들은 묵자를 성악설로 분류한다고 말씀드렸지요.

이와 같은 태초의 혼란은 약 2천 년 후에 홉스(T. Hobbes, 1588~1679)가 근대국가를 도출하기 위해 상정한 '자연상태(State of Nature)'와 놀라울 정도로 유사합니다. 그가 『묵자』를 베낀 게 아닌가 하는 의심이 들 정도로요. 홉스는 자연이 인간을 신체적으로나 정신적으로 평등하게 만들었다고 전제합니다. 다시 말하면 인간 최초의 조건인 자연상태는 근본적으로 자유롭고 평등한 개인으로 구성되어 있다는 의미이지요. 그는 자연상태가 역사적 사실이 아니라 논리적 가설이라고 분명히 밝히고 있지만, 공통의 권력이 없는 곳에서는 정의도 불의도 존재하지 않으며, 사람들은 '만인에 대한 만인의 투쟁' 같은 전쟁상태에서 살아갈 수밖에 없다고 하지요. 이와 같은 전쟁상태에서는 예의도 지배권도 없으며, 내 것과 네 것의 구분도 없기 때문에 혼란과 공포 속에서 살아가야 한다고 주장합니다.[64]

정치의 우두머리가 없어서 초래되는 '금수의 세계'는 공통의 권력이 없는 '자연상태'에 해당합니다. 금수의 세계에 사는 묵자의 '개인'은 자신만의 이해관계를 가지고 그것을 실현하려고 노력하는 개별적 인간이지만, 자연상태에서 살아가는 홉스의 '개인'은 무한한 자유를 가진 육체적으로도 정신적으로도 평등한 인간이지요. 그들이 상정하는 인간은 무한한 욕구를 추구하면서 자신의 이익과 생명을 지키려는 합리적 사고를 가진 그런 인간입니다. 그러면서 두 사람 모두 인간의 욕구가 혼란상태를 초래한다고 말하지요. 물론 홉스의 자연상태는 원시사회뿐만 아니라 문명화된 사회의 내전이나 정치적 혼란 상태를 포함하고 있습니다. 혼란의 결과 묵자는 사회구성원이 자신의 이해관계를 충족시키지 못하고 따라서 화합하지도 못한다고 생각했으며, 홉스는 죽음의 공포에 휩싸인다고 사유합니다. 이를 해결하기 위해 묵자는 상동(尙同)이론을, 홉스는 사회계약론을 제기하지요.

다시 묵자의 이야기를 들어보시지요.

> 천하가 어지러운 이유는 정치의 우두머리가 없는 데서 생겨난다는 사실은 분명하다. 그리하여 천하에 현명한 사람을 선택하여 천자를 세운다.[65]
>
> 夫明乎 天下之所以亂者, 生於無政長.是故選天下之賢可者, 立以爲天子.

> 백성이 우두머리가 없어서 천하의 의로움을 하나로 통일시키지 못하면 천하가 혼란스러워진다는 사실은 분명하다. 그리하여 천하에 현명하고, 지식이 있으며, 지혜로운 사람을 선택하여 천자로 세우고, 천하의 의로움을 통일시키는 일에 종사하게 한다.[66]
>
> 明乎 民之無正長 以一同天下之義, 而天下亂也. 是故選擇天下賢良聖知辯慧之人, 立以爲天子, 使從事乎一同天下之義.

> 그래서 천하의 의로움을 하나로 통일시키고자 현명한 사람을 선택하여 천자로 세운다.[67]

是故天下之欲同一天下之義也, 是故選擇賢者, 立為天子.

표현의 차이는 있지만, 정치의 우두머리가 없기 때문에 천하의 의로움을 하나로 통일시키지 못하고 천하가 혼란스러워진다고 하면서 천하에 현명하고 지혜로운 사람을 선택하여 천자로 세우고 천하의 의로움을 통일시키는 일에 종사하게 해야 한다고 말합니다. 공통적으로 현명한 사람을 선택하여 천자로 세운다고 하네요. 그리고 천자의 임무는 천하의 이해관계를 조정하고 통일시키는 일이라고 하네요. 천자를 정점으로 하는 국가권력을 도출하면서 그의 임무를 명확하게 제시하지요. 그럼에도 현명한 사람을 누가 어떻게 선택하는지는 구체적으로 언급하지 못하고 있습니다.

그런데 위에 인용한 세 개의 문장에는 모두 주어가 없네요. 한문이 참으로 원시적인 문자라는 생각이 드는 순간입니다. 특히 고대에는 문법이 형성되는 시기인지라 이런 문장이 많이 있지요. 그런데 자세히 살펴보면 의미상의 주어가 '천하(天下)'임을 분명히 알 수 있습니다. 의미상의 주어인 천하를 '천(天)'으로 보면 군주천명론이나 서양의 왕권신수설이 되고, '천하지민(天下之民)'으로 읽으면 민약론(民約論)이 되는 셈이지요. 유가의 세례를 받은 학자들은 '천(天)'으로 해석합니다. 그러나 묵자의 경우 천하를 '천'으로 사용하는 경우는 거의 없고 대부분 '세상 사람들'이라는 의미로 사용합니다. 또한 이렇게 말하면서 후자의 의미를 뒷받침하고 있습니다.

임금과 신하와 백성은 서로 약속된 것이다.[68]

君臣萌, 通約也.

이 문장은 대단히 중요하기 때문에 자주 인용되는데, 많은 주석가는 "임금은 신하와 백성이 서로 약속한 것이다(君, 臣萌通約也)"로 끊어 읽습니다. 임금과 신하와 백성이 좀 더 평등한 관계에서 소통하기를 원했던 묵자의 염원을 반영하여 저는 위의 인용처럼 읽어야 한다고 생각합니다. 민약론의 입장을 견지했던 양계초 같은 사람은 묵자가 사회계약론의 단초를 제공하고 있다고 주장하지요. 그럼에도 여전히 천자를 어떻게 선출하느냐의 문제는 남아 있습니다.

그러면 홉스의 대안은 무엇일까요? 그에 의하면 사람들은 자연상태에서 벗어나기 위해 외부의 침략과 구성원 상호 간의 공격으로부터 자신을 방어할 수 있는 공통권력을 제안하게 되고, 자신의 권리를 공통권력에 위임함으로써 근대국가가 탄생한다고 합니다. 즉 자연상태에서 사람들은 죽음의 공포에 휩싸이게 되고, 그 공포에서 벗어나기 위해 자신이 가지고 있는 무한한 권리를 포기(!)하고 양도하게 되는데, 이를 '사회계약'이라고 말합니다. 그런데 이 계약은 직장을 다니는 사람이 회사와 연봉계약을 맺거나 집을 사고팔 때 각자의 권리와 의무를 명시하는 계약과는 다릅니다.

따라서 홉스는 "근대국가는 많은 사람이 스스로 상호 계약을 맺어 만들어낸 것으로, 평화와 공동방위를 위해 모든 힘과 수단을 사용할 수 있는 하나의 인격"[69]이라고 정의합니다. 이런 인격을 지닌 사람을 '주권자'라고 하고, 주권자는 국민의 인격을 대표하여 자신에게 부여된 역할을 수행하게 되지요. 그런데 홉스는 주권자의 수에 따라 정부형태를 구분합니다. 주권자가 한 명이면 '군주정(君主政)', 주권자가 소수이면 '귀족정(貴族政)', 다수의 많은 사람이 주권을 행사하면 '민주정(民主政)'이라고 불렀습니다. 묵자는 이처럼 다양한 정부형태를 상상할 수 없었지만, 홉스는 그중에서 효율적이라는 이유로 군주정이 가장 바람직하다고 주장하지요.

묵자와 홉스가 혼란의 상태에서 벗어나기 위해 제기한 대안은 모두 새로운 권력을 창출하는 것이지요. 묵자는 현명한 사람을 선발하여 천자로 세우고, 홉스는 한 명의 자연인에게 권력을 위임하여 절대군주를 세우는 일입니다. 천자는 많은 사람의 이해관계를 조정하고 통일시키는 임무를 부여받고, 절대군주는 시민을 죽음의 공포로부터 탈출시켜 새로운 자유와 평등을 보장하는 역할을 수행할 의무를 가지게 되지요. 묵자와 홉스 모두 백성과 시민이라는 평범한 보통 사람에게 주목했고, 국가가 평범한 사람들의 이익에 봉사해야 한다고 생각했지요. 그래서 묵자는 훗날 맹자와 순자의 공격을 받았고, 홉스는 당시 왕당파로부터 반종교적이라는 이유로 비난받았을 뿐 아니라 개혁적 의회파로부터는 절대왕정을 옹호했다는 이유로 거부당했지요.

홉스의 사회계약론은 구성원인 개인의 동의에 의해 국가가 설립되며, 국가권력의 수립을 위임한다는 논리적 설명방식입니다. 즉, 정치권력을 한 사람 또는 한 집단에 넘겨줌으로써 공통의 권력이 성립한다는 말이지요. 현명한 사람으로 선택된 묵자의 천자는 홉스에게 한 명의 주권자로 구성되는 군주정의 절대군주에 해당하겠지요. 논리의 전개방식이나 결론에서 묵자와 홉스의 공통점을 너무나 많이 발견할 수 있습니다. 홉스의 권리 양도나 권력의 위임과 묵자의 현명한 사람의 선택이라는 차이점은 있지만요. 2천 년에 가까운 시간적 차이와 중국과 영국이라는 공간적 거리를 고려하면 두 사람의 이론은 거의 같다고 평가할 수 있지 않을까요?

묵자의 '천자 선출'이나 홉스의 '권리 양도'는 두 사람이 살아있을 당시에는 혁명적인 발상의 전환이었지만, 현대적 관점에서 볼 때는 실행 파일이 없어서 구체성이 부족하지요. 그런데 홉스의 사회계약에 관한 이론은 로크(J. Locke)와 루소(J. J. Rousseau)에 의해 계승 · 발전되어 꽃피웠지만, 묵자의 상동(尙同)이론은 그 누구에 의해서도 계승되지 못했으며, 2천 년 이상 중국의 어떤 사상가도 세습에 의한 왕위계승을 의심하지 못했습니다. 이는 중국의 비극이자 중국의 사상적 영향을 크게 받았던 동아시아의 불운이 아닐 수 없습니다.

훗날 묵자에 대한 평가와 관련되기에 여기에서 잠시 마르크스의 국가론과 비교하여 소개하겠습니다. 묵자와 홉스가 국가의 필요성과 역할에 관심을 가지고 있었다면, 훗날 마르크스와 엥겔스는 역사를 조명하면서 국가의 본질을 정리했습니다. 그들은 국가를 소수의 지배계급이 다수의 피지배계급을 억압하고 착취하기 위해 만든 폭력기구라고 규정하면서 사유재산이 발생하고 계급이 형성된 이래 이러한 성격은 한 번도 바뀌지 않았다[70]고 합니다. 쉽게 말하면, 국가는 하나의 계급이 다른 계급을 지배하기 위한 도구이기 때문에 묵자와 홉스가 생각했던 것처럼 만인의 안정과 평화를 보장할 수 없다는 의미이지요.

이처럼 묵자와 홉스에게는 사회의 혼란과 인간의 공포를 제거하기 위해 국가가 필요했는데, 마르크스와 엥겔스는 인간의 자유와 해방을 달성하기 위해서는 소멸되어야 할 존재로 생각했지요. 이와 같은 '도구적 국가론'은 지난 역사를 돌아보면, 아니 현재 상황에서도 상당한 타당성과 설득력을 가지고 있습니다. 그런 면에서 마르크스와 엥겔스의 입장에서 보면 묵자와 홉스는 국가에 관한 한 헛다리를 짚는 셈이지요. 그런데 마르크스와 엥겔스의 이론을 따른다면 논리적으로 정치와 정책이 무용지물이 되어 정치적 냉소주의로 귀착하게 됩니다.[71] 프롤레타리아 혁명이 일어나기 전의 모든 정치 개혁운동이나 인간의 존엄성을 지키기 위한 사회운동과 지배계급에 대한 저항의 노력을 물거품으로 간주하게 되지요. 그들의 탁월한 견해에도 역사의 발전을 위한 모든 노력을 부정한다는 면에서 의도하지 않았던 자기모순에 빠질 가능성이 농후하다고 생각되는 부분입니다.

아직도 권력 세습이 존재한다

지금까지 살펴본 바와 같이 묵자는 이미 2,400년 전에 현명한 사람을 선택하여 천자로 세우고, 그에게 개인들의 이해관계를 조정하고 통일시키는 임무를 주어야 한다고 주장했습니다. 그러면 누가 어떻게 현명한 사람을 선택하는지, 그리고 어떤 과정을 거쳐 천자로 세워야 할까요? 이에 대해 묵자는 대답하지 못했습니다. 그래서 천자의 선출방식을 추론할 수밖에 없지요. 그 단서를 '거자(巨子 또는 鉅子)'에서 찾아야 할 듯합니다.

언제부터인지는 모르지만, 묵가 집단에는 '거자'라는 최고지도자가 있었습니다. 『장자』는 묵가에서 거자를 '성인(聖人)'으로 여겼다고 하고, 양계초는 가톨릭의 교황에 비유하기도 했지요. 옛날 문헌에 의하면 거자는 묵가 집단 안에서 살인이나 상해의 범죄를 저지른 자에 대해 국법에 맡기지 않고 자체적으로 처형했고, 구성원의 생사여탈권까지 가진 막강한 권력을 쥐고 있었다고 하네요. 거자 역시 묵가의 집단 규율에 절대복종해야 했습니다. 그래서 지나칠 만큼 엄격하게 규율을 지킨 묵가 집단을 권위주의적이면서 전제주의적이라고 평가하는 역사학자들도 있습니다. 그런데 『여씨춘추』에는 최고지도자인 거자의 선발방식을 엿볼 수 있는 일화가 있습니다.

남방의 거자인 맹승(孟勝)은 초(楚)나라 양성군(陽城君)과 친했고, 그의 영지를 지켜주겠다고 약속했습니다. 그런데 초나라 왕이 죽고, 장례 과정에서 양성군이 사건에 휘말려 도주하는 일이 벌어졌지요. 이에 초나라가 양성군의 영지를 회수하려 하자 맹승은 약속을 지키지 못했다는 자책감에 죽기로 결심하게 됩니다. 이에 제자인 서약(徐弱)이 만류하자 다음과 같이 말합니다.

> 나는 양성군에게 스승이 아니면 벗이며, 벗이 아니면 신하다. 내가 죽지 않는다면 앞으로 엄격한 스승을 구하거나 현명한 벗을 구하거나 훌륭한 신하를 구할 때 반드시 묵가에서 찾지 않을 것이다. (나의) 죽음은 묵가의 의(義)를 행하고 묵가의 임무를 계승하는 방법이다. 나는 장차 거자를 송(宋)나라 전양자(田襄子)에게 물려줄 것이다. 전양자는 현명한 사람이니 어찌 묵가가 세상에서 없어진다고 걱정하는가?[72]

앞뒤의 맥락으로 보아 현재의 거자인 맹승이 현명한 후임 거자를 지명하여 결정하고 있네요. 혈연관계가 없는 현명한 사람에게 왕위를 물려주는 일을 '선양(禪讓)'이라고 하지요. 혈연관계가 없는 현명한 사람을 선택하여 묵가 집단의 최고 권력을 이양했듯이 묵자가 구상했던 천자의 선출도 이와 같은 방식을 상정하지 않았을까 생각됩니다. 당시의 역사적 상황을 고려하면 백성이 모여서 선출하는 일은 상상조차 할 수 없었겠지요. 그러나 분명한 사실은 하늘이 천자를 점지하지도 않았고, 하늘의 명을 받아 천자가 된다고 묵자는 생각하지 않았습니다. 그래서 선양의 신화를 묵가가 실천했다는 주장이 나오기도 하지요.

이러한 묵자의 사고와 대립하는 견해가 맹자의 군주천명론(君主天命論)이고, 서양에서는 이를 '왕권신수설'이라고 부르지요. 역사라기보다는 신화에 가까운 요순(堯舜)시대에 요임금은 혈연관계가 없는 순임금에게, 순임금은 우(禹)임금에게 각각 천자의 자리를 물려줍니다. 그런데 맹자는 "요가 순을 하늘에 추천했는데, 하늘이 그를 받아들였다"[73]라고 말합니다. 성왕(聖王)이라 할지라도 왕위를 물려줄 수 없고, 오직 하늘의 명령으로 군주가 결정된다고 하지요. 탕(湯)왕은 하(夏)나라 마지막 왕 걸(桀)을 내치고 상(商)나라를 세웠으며, 무(武)왕은 상나라 마지막 왕 주(紂)를 죽이고 새로운 왕조 주(周)나라를 세웁니다. 이를 '방벌(放伐)'이라고 하는데, 이 경우에도 맹자는 『시경』을 인용하며 "상나라의 자손이 그 수가 십만에 그치지 않으나 상제(上帝)가 이미 명령을 내리니 임금이 주나라에 복종했다. 임금이 주나라에 복종함은 하늘의 명령이 일정하지 않기 때문이다"[74]라고 말합니다.

요(堯) · 순(舜)의 선양은 하늘의 명령이고, 탕(湯) · 무(武)의 방벌도 하늘의 명령이 바뀌었다고 합니다. 맹자는 모두 천명에 의해 결정된다고 합니다. 새로운 왕조의 정통성도 하늘에서 찾는 셈이지요. 천명에 의해 군주가 정해진다면, 군주는 백성에 대해 책임질 필요가 없으며 오직 하늘에 대해서만 책임을 지면 되지요. 다시 말하면 그 누구에게도 책임질 필요가 없다는 뜻이지요. 하늘이 자연의 섭리를 대표한다면 군주제 자체가 자연의 섭리와 부합하는 의심할 나위가 없는 제도라는 복선을 깔고 있다고 보입니다. 그 후 중국에서는 그 누구도 왕정을 부정하거나 왕에게 부여된 신성한 권리(?)에 대해 회의하거나 의심하지 않았습니다.

이러한 경향은 서양도 마찬가지지요. 고대에는 통치자를 초자연계의 신성한 존재의 화신 또는 대리인으로 생각했지요. 그러다가 기독교와 결합하여 하느님이 교회에 정신적 권력을 부여하듯이 통치자에게는 세속의 권력을 주었다는 사고가 생겨납니다. 따라서 왕의 권력은 신에게서 나온 것이므로 지상의 어떤 다른 권력도 왕의 행위를 견제할 수 없다고 주장하기에 이릅니다. 홉스와 같은 해에 태어난 로버트 필머(Robert Filmer, 1588~1653)는 인류 최초의 왕인 아담이 하느님으로부터 권한을 이양받았고, 그 권한이 장자를 통해 후대에까지 내려오게 되었으며, 그것이 17세기 영국으로 내려와 스튜어트 가문까지 이르게 되었다고 주장합니다. 우리는 이렇게 허접한 이론을 '왕권신수설'이라고 부르지요.

세상의 모든 질서가 하늘과 하느님의 뜻에 따라 이루어진다는 이러한 사고는 1688년 명예혁명이 일어나고 사회계약론이 대두하면서 깨지기 시작하지만, 여전히 우리 사회의 일각에 자리 잡고 있습니다. 최근에 "6 · 25전쟁은 미국을 붙잡기 위한 하나님의 뜻"이요, "일본이 이웃인 건 하나님이 만들어주신 지정학적 축복"이라고 주장하는 원로 언론인이 있었습니다. 이런 사고는 정치와 종교가 제도적으로 분리되지 않은 정교일치(政敎一致)에 기초한 왕권신수설과 예정조화설의 천박한 아류와 결합해 있다고 볼 수 있지요.

이런 식으로 국가와 종교를 아우른다면 '신의 나라'는 기독교가 지향하는 '사랑의 공동체'라는 본래적인 목표를 상실하고 고대의 신정국가로 되돌아가는 결과를 초래합니다. 자칫 잘못하여 '사랑의 공동체'가 '민족공동체'로 대체된다면 나치즘이나 파시즘이라는 삼천포로 빠질 수도 있지요. 이런 인사가 언론계에 종사하면서 많은 사람에게 영향을 주었다고 생각하면 참으로 서글퍼집니다. 이와 같은 원로 언론인의 후진적 사고가 받아쓰기와 베껴 쓰기를 일삼는 기레기의 대량생산을 초래한 건 아닐는지요?

한 가지 더 지적하지 않을 수 없는 문제는 군주천명론이나 왕권신수설 모두 혈연에 의한 세습을 정당화하고 있다는 점입니다. 근대에 와서 신분의 세습은 폐지되었지만, 사유재산의 세습은 '상속'이라는 이름으로 여전히 근대사회의 물적 토대로 신성시되고 있습니다. 그렇다고 신분의 세습이 완전히 사라진 것은 아니며, 지금도 여전히 살아남아 있습니다.

일본의 경우 유독 세습 정치인이 많습니다. 선거라는 외피를 쓰긴 했지만, 여전히 세습이 맹위를 떨치고 있지요. 현재 자민당 국회의원 중 1/4이 놀랍게도 부모와 친인척의 지역구를 물려받아 당선되었답니다. 우리에게 잘 알려진 아베 신조(安倍晋三)는 외무대신을 지낸 아버지, 중의원을 지낸 할아버지, 총리를 지낸 외할아버지의 후광을 입었지요. 일본인의 정치적 무관심이 빚어낸 결과입니다. 능력을 검증하지 않은 채 누구의 아들이라는 말만 듣고 표를 던지는 사람이 많다는 말이지요. 일본만큼은 아니지만 우리나라에서도 지역구를 자식이나 동생에게 물려주는 일이 가끔 일어나지요. 박정희 대통령의 딸 박근혜가 대통령으로 당선된 일도 같은 맥락에서 볼 수 있습니다. 한반도 북쪽에서는 백두혈통이라는 미명하에 권력의 세습을 정당화하고 있지요. 현대사회에서도 여전히 수천 년을 유지해온 '세습'이라는 역사적 DNA를 완전히 극복하고 있지 못한 셈이지요.

특권계급 가운데 유능한 사람이 있을 수 있지요. 그러나 이러한 주장은 세습적인 특권이 협잡이나 무능력과 결탁하는 수많은 사실을 은폐

하기도 합니다. 동시에 소외되고 배제된 계급은 소질과 능력을 개발할 권리를 거부당했음에도 상대적 · 생태적으로 열등한 존재라는 논리적 비약의 토대가 되기도 하지요. 특권계급은 이러한 현상을 과소평가하면서 자신들의 정당성을 끊임없이 재생산하지요. 다시 말해 그들은 자신의 특권이 보편적 이익에 봉사한다는 교묘한 증거를 찾아내어 평등과 정의라고 포장하지요.[75] 예전이나 지금이나 마찬가지입니다.

우리나라에서는 재벌 세습이 오랫동안 사회적으로 큰 문제가 되었지요. 사유재산인데 세습이 당연하지 않냐고 반론을 제기할 수도 있지만, 국가의 엄청난 지원과 특혜를 받아 성장한 재벌이 우리나라 경제를 좌지우지할 정도로 공룡처럼 거대화되었습니다. 이런 재벌이 교묘한 지배구조를 만들어 10% 미만의 지분율을 가지고 기업집단 전체를 통제하면서 검증도 되지 않은 자식에게 엄청난 경제권력을 물려준다는 사실입니다. 묵자가 살았던 당시의 왕공대인이 자행한 행태가 반복되고 있지요. 그 결과 재벌의 수익구조가 악화되면 한국경제에 먹구름이 드리울 가능성이 매우 커지게 됩니다. 그래서 사회경제적 위험을 모두 전 국민이 떠안아야 한다면 너무 불공평하다고 생각됩니다.

19세기를 대표하는 정치적 자유주의 사상가 존 스튜어트 밀(John Stuart Mill, 1806~1873)조차 "사유재산권은 절대적 권리가 아니며, 사회는 충분한(!) 검토 끝에 공공의 이익에 방해가 된다고 판단되는 특정한 재산권에 대해 폐지하거나 변경할 완전한 권리를 가진다"[76]라고 주장했지요. 곰곰이 다시 한번 생각해볼 실마리를 던져주고 있습니다. 유전자가 정치 · 경제 · 사회적 특권의 세습을 정당화한다면 이는 근대적이라고 평가하기 어렵겠지요.

국가는 어떻게 조직되는가?

—

다시 묵자로 돌아갑시다. 묵자에 의하면 세상에서 가장 현명하고 지혜로운 사람을 선택하여 천자로 세우고, 세상 사람들의 이해관계를 조정하는 역할을 부여합니다. 그러면 선택된 천자는 무엇을 어떻게 해야 할까요? 여기에서 묵자는 사유의 실험을 계속 이어나갑니다.

> 그러나 천자(天子)가 아무리 현명하더라도 천자의 눈과 귀로만 실정을 살펴서는 홀로 천하의 의로움을 통일시킬 수 없다. 그리하여 또 천하에 현명하고 지식이 있으며 지혜로운 사람을 선발하여 삼공(三公)으로 세우고 더불어 같은 일에 종사하게 한다. 이미 천자와 삼공이 세워졌으나 천하는 넓고 크기 때문에 산속이나 먼 고을에 사는 백성을 하나로 할 수 없다. 그리하여 천하를 나누어 여러 제후와 국군(國君)을 세워 나라의 의로움을 통일하는 데 종사하게 한다. 이미 국군이 들어서도 그의 눈과 귀만으로

> 실정을 살펴서는 나라의 의로움을 통일시킬 수 없다. 그리하여 다시 그 나라의 현명한 사람을 선발하여 좌우 장군과 대부로 세우고, 이들을 멀리 있는 마을과 고을의 우두머리로 삼아 더불어 나라의 의로움을 통일시키는 데 종사하게 한다.[77]

선택된 천자는 자신의 임무를 수행하기 위해 삼공을 임명하고, 지역을 나누어 제후와 국군을 임명하며, 그들은 다시 향장(鄕長)과 이장(里長)을 임명하는 단일한 체계의 중앙집권적 행정 시스템을 제시하네요. 천자는 천하를 관장하면서 자신을 보필하는 삼공을 두지요. 동시에 천하를 나누어 나라마다 제후와 국군을 두고, 나라를 나누어 고을마다 향장을 두고, 고을을 나누어 마을마다 이장을 둔다고 하네요. 여기에서 삼공은 중앙의 고위 관료이며, 국군은 제후국의 수장이며, 향장과 이장은 지방관리쯤 되겠네요. 천자는 이 모든 관리를 현명함을 기준으로 선발합니다.

여기에서 유가와 묵가가 지향하는 정치조직을 비교해볼 필요가 있습니다. 유가에서는 천자-제후-대부-사(士)-백성으로 이어지는 행정 및 정치조직을 구성하고 있습니다. 그런데 각각의 계급은 혈연에 의해 상속되는 신분적 질서를 유지합니다. 천자와 제후는 말할 필요도 없거니와 대부는 대부대로, 사는 사대로, 백성은 백성대로 사회적 신분이 세습되는 구조이지요. 그러나 묵가는 천자-국군(또는 제후)-향장-이장-백성이라는 행정조직을 제시합니다. 이장은 마을의 가장 현명한 사람이며, 향장은 고을의 가장 현명한 사람, 국군은 나라의 가장 현명한 사람[78]이라고 하지요. 그러면 국군, 향장, 이장은 천자가 임명하는데, 누가 어떻게 선출할까요? 이에 대해 묵자는 명확하게 대답하지 않고 있습니다. 우리로서는 논리적으로 그리고 합리적으로 추론할 수밖에 없습니다.

우선 이장과 향장, 그리고 국군은 묵자가 살았던 전국시대의 관직이 아니며, 따라서 통일된 진(秦)나라 이전의 문헌에는 거의 나오지 않는 용어입니다. 이장이 마을의 가장 현명한 사람이라면 이를 판단할 수 있는 사람은 마을 사람들이겠지요. 마을 사람들이 마을에서 가장 현명한 사람을 이장으로 추대하여 마을의 이익을 조화시켜주고 화합시켜 달라고 요구하는 방식이 자연스럽겠지요. 태초에 혼란이 개인들의 이해관계 차이에서 발생하여 현명한 사람을 우두머리로 선택한다면 말입니다.

마찬가지로 향장이 고을의 가장 현명한 사람이라면 이를 판단할 수 있는 사람은 고을 사람들이겠지요. 그런데 묵자가 살았던 당시의 교통과 통신의 발전 정도를 고려하면 여러 마을 사람들의 의사를 결집하여 향장을 추대하기는 어려웠을 겁니다. 하물며 국군은 나라의 가장 현명한 사람인데, 나라의 모든 백성의 의사를 모은다는 건 더더욱 불가능했지요.

그래서 제 생각인데, 마을 사람들이 모여 이장을 추대하고, 이장들이 모여 향장을 추대하고, 향장들이 모여 국군을 추대했다고 추론합니다. 이렇게 추대된 인사를 천자가 임명하는 방식으로 말입니다. 이러한 추론이 사실에 부합한다면 묵자는 백성-이장-향장-국군-천자의 상향식 국가조직을 상정하고 있었다고 말할 수 있습니다. 오직 최고권력인 천자만이 앞에서 말씀드린 바와 같이 선양의 방식을 취할 뿐이지요.

이와 같은 방식은 2천 년 뒤에야 조선에서 주장됩니다. 실학자 정약용(丁若鏞, 1762~1836)은 '백성을 위해 관리가 존재하는가, 아니면 백성이 관리를 위해 태어났는가?'라는 의문을 제기하면서 묵자와 유사한 논리를 좀 더 명확하게 제시합니다. 백성이 이정(里正)을 추대하고, 이정이 모여 당정(黨正)을 추대하고, 당정이 모여 주장(州長)을 추대하고, 주장이 모여 국군(國君)을 추대하고, 국군이 모여 방백(方伯)을 추대하고, 방백이 모여 황왕(皇王)을 추대[79]하는 상향식 정치조직을 분명하게 말하지요. 당시 조선에 존재하지 않았던 관직의 명칭을 제시하는 점도 묵자와 비슷합니다. 이러한 다산(茶山)의 추대방식은 당시로서는 혈연에 의한 세습 폐지를 전제하고 있다는 점에서 엄청 개혁적인 방안으로 평가받고 있습니다.

묵자와 정약용의 주장처럼 상향식 정치조직이어야 상동(尙同)의 가능성이 훨씬 더 커집니다. 「상동(尙同)」편은 전국시대의 정치적 · 사회적 혼란을 방지할 수 있는 국가권력의 수립이라는 시대적 요구를 반영하고 있는 묵자 정치이론의 핵심이지요.

그런데 상동은 이중의 의미를 가지고 있습니다. 같아짐[同]의 내용을 보면, 다른 사람과 의로움이 같아져야 한다는 의미를 가지고 있습니다. 지금 식으로 표현하면 이해관계의 조화와 통일이지요. 이는 정치의 목적이자 국가권력의 존재이유이기도 합니다. 이 경우에 상동은 '같아짐을 존중'한다는 의미로 읽힙니다. 동시에 의로움을 조화하고 통일시키기 위해서는 반드시 일정한 정치적 조직이 필요한데, 묵자는 현명한 사람을 존중하여 그에게 정치를 위임해야 한다고 주장했지요. 이러한 전제 위에서 윗사람과 같아져야 함을 강조하고 있습니다. 이 경우에 상동(尙同)은 상동(上同)이라는 의미를 가지고 있다고 말할 수 있습니다. 이와 같이 상동은 '같아짐을 존중'한다는 의미와 '윗사람과 같아짐'이라는 의미를 동시에 내포하고 있다고 보아야 합니다.

그러면 상동(上同)의 내용이 무엇이며, 어찌 윗사람과 같아질 수 있을까요? 묵자는 다음과 같이 말합니다.

> 윗사람이 옳으면 반드시 모두 옳다고 하고, 그르면 반드시 모두 그르다고 말해야 한다. 윗사람에게 잘못이 있으면 고치라고 충고하고, 아랫사람이 착한 일을 하면 반드시 추천해야 한다. 윗사람과 같아지고 아랫사람과 파당을 만들지 않으면 이는 위에서 상을 내리고 아래에서 칭송한다.[80]
>
> 上之所是, 必皆是之, 所非 必皆非之. 上有過 則規諫之, 下有善 則傍薦之. 上同而不下比者, 此上之所賞, 而下之所譽也.

일부 학자들은 상동(尙同)을 상동(上同)으로 국한하여 해석하면서 묵자가 윗사람에 대한 아랫사람의 무조건적 복종을 강요했다고 주장합니다. 그래서 그들은 묵자를 전제적(專制的)이며 전체주의적인 중앙집권자라고 폄하하기도 합니다. 특히 곽말약(郭沫若, 1892~1978)은 "묵자의 하느님이 지상왕의 반영이며, 왕권을 튼튼하게 구축하기 위해 그것을 터부로 만들어 사람들이 감히 침범하기 못하게 하여 그들의 정신을 지배했다"[81]라고 주장합니다. 그리하여 상동은 전제주의적 노예제도를 유지하는 도덕이라고 극단적으로 평가합니다. 이에 대해서는 나중에 다시 설명하겠습니다.

그러나 한대(漢代) 이후 2천 년 동안 중국의 역대 전제왕권은 묵가를 퇴출시키면서 유가와 법가에 더욱 친화적이었습니다. 때로는 유가에 의존하면서 때로는 법가를 따르기도 하고(半儒半法), 겉으로는 유가를 지지하면서 속으로는 법가를 실천하는(儒表法裏) 통치술을 발휘했지요. 이러한 면에서 저는 묵자의 전제성을 주장하는 학자들이 묵자에 대해 표피적으로만 이해한다고 생각하고 있습니다. 묵자는 다른 곳에서 이렇게 말합니다.

임금은 반드시 직언하는 신하를 가져야 하고, 윗사람은 반드시 자유롭게 말하는 아랫사람을 가져야 한다. 토론을 진지하게 하고 충고를 자유롭게 한다면 나라를 오래 보존할 수 있다.[82]

君必有弗弗之臣, 上必有詻詻之下. 分議者延延, 而支苟者詻詻, 焉可以長生保國.

오히려 윗사람에게 잘못이 있으면 간언해야 한다고 말하고 있지요. 나아가 윗사람은 백성의 실정을 알기 위해 아랫사람의 실정을 살펴야 하지만,[83] 아랫사람과 진지하게 토론하고 자유롭게 충고한다면 아랫사람이 파당을 만들 이유가 없어지겠지요. 지금도 결코 쉬운 일은 아니지만, 무조건적인 복종이 아니라 이와 같은 근대적 상하관계를 설정하고 있네요.

또한 상동의 실천방안으로 주목할 만한 주장을 펼칩니다. 묵자에 의하면 하부조직에서는 모든 정보를 상부에 보고해야 합니다. 좋은 일과 나쁜 일 모두 윗사람에게 보고하여[84] 상부조직에서 모든 정보를 가지고 판단할 수 있어야 한다는 의미이지요. 이러한 보고체계는 백성 → 이장 → 향장 → 제후 또는 국군 → 천자로 이루어지는데, 그렇게 해야만 천하의 의로움이 하나로 통일될 수 있다고 하네요. 그래야만 집중적 정보관리를 통해 공동체 이익에 기여한 사람, 즉 집안과 나라와 천하를 사랑하고 그들을 이롭게 한 사람에게 빠짐없이 상을 주어 선행을 권장할 수 있다고요. 동시에 공동체의 이익을 해치는 사람, 즉 집안과 나라와 천하를 미워하고 그들을 해치는 사람에게 벌을 내려 악행을 징계할 수 있다고도 말하지요.

모든 정보를 가지고 있으면 가지 않고도 볼 수 있으며, 가지 않고도

들을 수 있다[85]고 장담합니다. 소통과 정보의 중요성을 누구보다 먼저 간파하고 있었지요. 그래서 윗사람과 아랫사람의 원활하고 철저한 소통을 다음과 같이 강조하고 있는데, 너무 현대적이라고 생각되지 않나요?

> 보고 듣는 일을 돕는 사람이 많으면 멀리까지 보고 들을 수 있으며, 이야기하는 일을 돕는 사람이 많으면 덕성스러운 목소리가 널리 어루만져 보살필 수 있으며, 생각하는 일을 돕는 사람이 많으면 빨리 판단할 수 있으며, 움직이는 일을 돕는 사람이 많으면 빠르게 일을 성공시킬 수 있다.[86]
>
> 助之視聽者眾, 則其所聞見者遠矣; 助之言談者眾, 則其德音之所撫循者博矣; 助之思慮者眾, 則其談謀度速得矣; 助之動作者眾, 即其舉事速成矣.

마지막으로 모든 권력과 정보를 독점하고 있는 천자는 자의적으로 그것을 사용해서는 안 된다는 점을 강조합니다. 만일 천자가 독점한 정보로 백성을 통제하는 수단으로 악용할 경우 그들에게 엄청난 고통을 안겨줄 수 있다는 사실을 미리 숙지하고 있었다고 생각됩니다. 그래서 다음과 같이 말하지요.

> 천하가 잘 다스려지려면 천자는 천하의 의로움을 총괄하여 하늘과 같아져야 한다.[87]
>
> 天下既已治, 天子又總天下之義, 以尚同於天.

그래야만 자연적 재앙에서 벗어날 수 있다고 말합니다.

천하의 백성이 모두 천자와 같아졌다고 해도 하늘과 같아지지 않는다면 재앙은 떠나가지 않는다. 지금 회오리바람과 홍수가 자주 찾아오는 현상은 하늘이 자신과 같아지지 않는 백성을 벌하는 것이다.[88]

天下之百姓 皆上同於天子, 而不上同於天, 則菑猶未去也. 今若天飄風苦雨, 溱溱而至者, 此天之所以罰百姓之不上同於天者也.

여기에서 묵자는 자연현상을 신비화하고 그것을 인간사회에 억지로 결부시키는 오류를 범하고 있습니다. 자연적 재해를 천자와 백성의 탓으로 돌리는 우를 범하기도 하지만, 천자와 백성이 모두 하늘과 같아져야 하는 이유는 하늘의 뜻이 겸애(兼愛) 자체이기 때문입니다. 천자에 대한 유일한 협박(?)이자 마지막 제어장치이지요. 통치권자를 '세속의 신'으로 격상시키면서 전제군주에 대한 제어장치를 전혀 제시하지 않았던 홉스보다 한 걸음 더 나아가고 있다고 판단됩니다.

"국민의 평화와 안전, 공공의 복지 이외에 다른 목적을 위해 사용되지 못하도록 국가권력을 제한해야 한다"[89]라는 로크(J. Locke)의 생각과 맥을 같이하고 있습니다. 그럼에도 이 지점에서 묵자가 천자의 권력을 제어하는 기제로서 백성의 저항권에 대해 전혀 언급하지 않은 점은 대단히 아쉽다고 생각되네요. 최고권력을 제한하는 방법으로 로크는 시민의 자연권과 법률에 의한 통치를 제시한 반면, 묵자는 시대적 한계를 드러내긴 하지만 하늘의 뜻인 겸애를 따라야 한다고 주장했습니다.

이 부분에서 바로 이론적으로 「상동」이 「겸애」와 「천지」를 이어주는 매개항의 역할을 합니다. 결론적으로 현명한 순서대로 각 기관의 우두머리만 세운다고 모든 사람의 의로움을 통일시킬 수 없다고 묵자는 판단하면서 반드시 상동(尙同)의 원리가 관철되어야 한다고 주장한 것입니다. 그리하여 상동이 "정치의 기본이며 다스림의 핵심"[90]이라고까지 말합니다. 따라서 묵자는 세상 사람들의 다양한 이해관계를 통일시키기 위해 상동의 정치를 강조하면서 그것을 실현하기 위해 백성을 사랑하는 데 힘쓰지 않으면 안 되고, 백성에게 신뢰와 희망을 주어야 한다고 설파했습니다.[91]

이상에서 살펴본 바와 같이 경험주의자로서 묵자는 유가나 법가와 달리 개인의 욕망과 욕구를 인정하면서 먼 옛날에는 개인의 이익은 불가피하게 서로 충돌했다고 사유합니다. 국가와 정치권력이 출현하는 필연성이 여기에 있으며, 따라서 국가는 그들의 이익 충돌을 중재하고 조정하는 임무를 가지게 되지요. 또한 이장-향장-국군-천자로 이어지는 정치지도자가 공정하게 이익을 중재하고 조정하기 위해서는 하늘과 같아져야 하고, 따라서 하늘의 뜻인 겸애를 실천하지 않으면 안 된다고 강조했습니다. 이런 면에서 상동이 국가의 조직원리라고 한다면 다음에 이야기할 겸애는 통치의 기본원칙에 해당합니다. 상동과 겸애가 동전의 앞면과 뒷면에 비유되는 이유이기도 합니다.

누가 현명한 사람인가?

묵자는 혈연에 의해 세습되는 신분제를 거부했지만, 수직적 사회질서를 부정하지는 않았습니다. 따라서 한 나라가 잘 다스려지려면 지배층의 역할이 중요하다고 강조했지요. 그래서 현명한 선비를 발굴하여 등용하고 그들을 존중해야 한다고 말합니다. 당시 사(士) 계급이 급격하게 성장하면서 매우 제한적이었지만 서민(庶民)이 정치무대로 오를 수 있는 사다리가 형성되었습니다. 따라서 현명한 사람을 존중하고 그들을 등용하라는 요구는 공자는 물론 묵자에게도 필연적이었습니다. 용이 용을 낳고 봉황이 봉황을 낳는다는 혈연주의와 정실주의가 인류역사상 처음으로 부정되기 시작하는 장면이지요.

중국에서는 춘추시대, 아니 그 이전부터 손문(孫文)에 이르기까지 현명한 사람이 통치해야 한다는 현자지배(賢者支配) 사상이 뿌리 깊게 자리하고 있습니다. 현명한 사람이 통치하고 고위직을 담당하는 데 반대하는 사람은 별로 없겠지요. 그런데 과연 어떤 사람이 현명한 사람일까요? 현명함의 내용이 중요한 문제가 되지 않을 수 없습니다.

유가에서는 옛것을 배우고 자신의 인격을 수양한 사람을 현명한 군자라고 말하지요. 자신의 인격을 수양한 후에야 남을 편안하게 한다는 수기안인(修己安人) 또는 자신을 수양한 후에 남을 다스려야 한다는 수기치인(修己治人)의 정신이 바로 그것입니다. 그런데 어떤 사람이 인격을 수양했는지 아닌지 어떻게 판단할까요? 그리고 어느 정도 수양해야 현명하다고 말할 수 있으며, 누가 그들을 판단해야 할까요? 인격 수양에 대한 기준을 제시하지 못하고 있을 뿐 아니라 제시하더라도 너무 추상적입니다. 기준 설정 자체가 불가능에 가깝습니다. 그래서 '관념적'이라는 평가를 받을 수밖에 없어요.

그런데 묵자는 현명한 사람을 등용하는 일은 하느님의 뜻[92]이라고 주장하면서 아주 구체적으로 현명한 사람이 갖추어야 할 품성에 대해 다음과 같이 말하고 있습니다.

> 장차 어찌해야 현명해지는가? 힘이 있으면 재빠르게 남을 돕고, 재산이 있으면 꾸준히 남에게 나누어주고, 도리를 알면 권하여 남을 가르쳐야 한다. 이와 같이 한다면 배고픈 자는 먹을 수 있고, 추위에 떠는 자는 입을 수 있고, 어지러운 자는 다스려질 수 있다. 그렇게 되면 편안한 삶을 살 수 있다.[93]
>
> 為賢之道將柰何? 曰 有力者疾以助人, 有財者勉以分人, 有道者勸以教人. 若此 則飢者得食, 寒者得衣, 亂者得治. 若飢則得食, 寒則得衣, 亂則得治, 此安生生.

묵자는 증명할 수 있는 현명함의 기준을 제시하고 있습니다. 힘이 있으면 남을 돕고, 재산이 있으면 남에게 나누어주고, 도리를 알면 남에게 가르쳐주는 행위는 그 사람이 살아온 궤적을 살펴보면 누구나 알 수 있지요. 이렇게 진정성 있는 사람들이 많지는 않으나 종종 만나게 됩니다. 사람의 행동 하나하나가 모여 그 사람의 정체성을 구성한다는 말이지요. 이러한 현명함은 학문이나 글공부와는 그리 큰 관계가 없을 뿐 아니라 혈연과는 더더욱 관련이 없겠지요. 묵자는 이런 사람이 정치와 행정을 담당해야 한다고 말합니다. 이제까지 스스로 현명하다고 했던 사람이 현명하지 못한 자가 되고, 가치 없는 자가 가치 있는 사람이 되는 새로운 세계를 열었다고 평가할 수 있습니다. 그렇다고 묵자가 학문이나 글공부를 무시하거나 개인적 수양을 폄하하지는 않습니다.[94] 오히려 여기저기에서 독서와 교육의 중요성을 강조하지요.

다른 측면을 살펴볼까요? 공자는 자신의 이익을 추구하지 않는 군자의 모습을 다음과 같이 제시합니다.

> 군자는 의에 밝고, 소인은 이익에 밝다.[95]
>
> 君子喻於義, 小人喻於利.

> 군자는 덕을 마음에 품고, 소인은 땅을 마음에 품는다.[96]
>
> 君子懷德, 小人懷土.

> 군자는 도를 추구하지 먹을 것을 추구하지 않는다.[97]
>
> 君子謀道, 不謀食.

여기에서는 먹고사는 문제를 비루하고 천하다고 생각하고 있네요. 이와는 대조적으로 묵자는 "일찍 조정에 나아가 늦게 퇴근"[98]하는 근면함을 강조합니다. 그 외에도 언변이 논리적이어야 하고 술수에도 해박해야 한다며 현명한 선비가 갖추어야 할 능력을 다음과 같이 말합니다.

> 하물며 현명하고 훌륭한 선비는 덕과 행실이 두텁고, 언변이 논리적이며, 도리와 술수에 해박하므로 더더욱 그러하다. 이들은 본래 나라의 보배이며, 사직의 보좌역이다. 반드시 그들을 부유하게 하고 귀하게 여기며 공경하고 명예롭게 해야 한다. 그런 후에야 나라의 어질고 좋은 선비를 얻을 수 있고 그들이 많아진다.[99]
>
> 況又有賢良之士 厚乎德行, 辯乎言談, 博乎道術者乎, 此固國家之珍, 而社稷之佐也, 亦必且富之, 貴之, 敬之, 譽之, 然后國之良士, 亦將可得而衆也.

여러분 생각은 어떤가요? 공자보다 묵자가 훨씬 더 구체적이고 현실적이지 않은가요? 한 가지 더 살펴보지요. 공자는 군주, 대부, 사(士)로 구성되는 지배층이 스스로 변화하기를 희망했습니다. 현대적 표현을 빌리면 기득권을 가진 집단에 기득권을 포기하라고 권유하는 셈인데, 그다지 현명한 생각은 아닌 것 같네요. 기득권을 가진 개인이 그것을 자발적으로 포기하는 감동적인 경우는 가끔 볼 수 있지만, 집단으로서 또는 계급으로서 기득권을 포기하는 경우는 역사에서 매우 희귀하지요. 아니 없다고 해도 과언이 아닙니다. 이런 면에서 공자는 여전히 인품 있는 훌륭하고 어진 사람이 될 수 있을지언정 사회를 개혁하는 사회사상가로서는 좋은 점수를 주기가 어렵습니다.

그런데 현실 세계에서 공자나 묵자가 말하는 현명한 사람은 흔하지 않고 매우 드물지요. 나라가 잘 다스려지고 모든 백성이 편안하게 살려면 그들이 제시하는 현명한 사람의 수를 늘려야 하지 않을까요? 여기에 대해서도 묵자는 실질적으로 그 방법을 대안으로 제시합니다.

> 비유하여 말하면, 나라에 활을 잘 쏘고 말을 잘 모는 병사를 늘리고 싶으면 반드시 그들을 부유하고 귀하게 대접하고, 공경하고 명예롭게 해주어야 한다. 그런 후에야 활을 잘 쏘고 말을 잘 모는 병사를 얻을 수 있고 늘릴 수 있다.[100]

현명한 선비를 등용하는 일도 중요하지만, 그들을 부유하고 귀하게 대접하고 공경하고 명예롭게 해주어야 한다고 하네요. 물질적 · 정신적 인센티브를 동시에 주라고 하네요. 그런데 묵자는 혈연에 의해 세습되는 신분제가 타파되기를 희망했습니다. 그래서 품성과 능력을 갖춘 선비를 등용하되 귀천(貴賤)은 세습되지 않아야 한다고 주장합니다. 따라서 묵자는 비록 농부나 공인, 상인일지라도 능력이 있으면 등용하여 높은 지위와 많은 녹봉을 주라[101]고 말합니다. 여기에서 묵자는 현명하고 능력 있는 관리를 늘리기 위해, 그리고 백성을 편안하게 살 수 있도록 다스리기 위해 관리에게 특권적 부귀와 명예를 허용하고 있네요. 훗날 묵자가 계층 간의 빈부격차를 용인하고 착취제도를 옹호했다는 교조적 사회주의자들의 비판을 받는 이유가 여기에 있습니다. 그러나 이러한 비판은 임금도 일반 백성과 같이 농사를 지어야 하고, 손수 밥을 지어 먹어야 한다는 주장만큼이나 몽상적 역사 인식에 근거한 비판이라고 말할 수밖에 없지요.

또한 신분 타파의 정당성을 확보하기 위해 천인 계급 출신으로 재상이 되어 선정을 베푼 이윤(伊尹)과 부열(傅說)의 사례를 종종 말합니다. 이윤과 부열에 대해서는 앞에서도 말씀드렸지요. 두 사람은 신화에 가까운 역사적 인물이지만, 모두 천민 출신으로 선정을 베풀어 성인의 반열에 오른 사람들이지요. 그래서 묵자는 출신성분보다는 능력을 중시하여 다음과 같이 말합니다.

> 이때에는 능력에 따라 관직을 주고, 관직에 따라 복무했으며, 수고에 따라 상을 내렸다. 업적을 계산하여 녹봉을 나누었다. 그리하여 관리는 항상 귀한 사람이 아니었고, 백성도 죽을 때까지 천한 사람이 아니었다. 능력이 있으면 등용되고, 능력이 없으면 물러났다. 공적인 의로움을 내걸고 사적인 원한을 물리치라는 것은 바로 이를 두고 하는 말이다.[102]
>
> 故當是時, 以德就列, 以官服事, 以勞殿賞, 量功而分祿. 故官無常貴, 而民無終賤, 有能則舉之, 無能則下之, 舉公義, 辟私怨, 此若言之謂也.

관리는 귀하고 백성은 천하다는 생각이 전제되어 있지만, 귀천은 세습되거나 고정되어 있지 않다고 말하네요. 관리는 항상 귀하지 않고 백성도 죽을 때까지 천하지 않다는 말은 혈연에 의한 세습을 부정한다는 의미로 읽힙니다. 다시 말하면 사람의 귀천은 출신에 의해서가 아니라 능력과 행위에 따라 결정되어야 한다는 의미입니다. 이는 부처의 가르침이기도 하지요. 묵자의 이러한 사고는 당시 급격한 사회경제의 발전으로 등장하는 신흥계급의 정치적 요구를 반영하기도 했지만, 자유로운 신분 이동을 보장하며 하층민의 신분 상승을 가능하게 만드는 혁명적 발상이기도 하지요.

혈연에 의한 세습을 부정하는 일은 당시 봉건귀족에 대한 정면 도전일 수밖에 없었겠지요. 이러한 도전은 한편으로는 봉건귀족에 대한 불만이 컸던 법가에 의해 계승되기도 합니다. 법가는 부국강병을 이루기 위해 왕권을 강화했고, 왕권을 강화하기 위해 봉건귀족의 권한을 축소할 필요가 있었지요. 그리하여 세습을 부정하는 묵자의 사상을 차용했다고 생각됩니다. 물론 법가는 농업과 전쟁에 대한 업적에 치중하여 군주와 국가의 이해타산에 초점이 맞추어져 있다는 면에서 묵자와는 크게 달랐습니다만.

다른 한편에서 묵자의 세습 부정은 농민의 봉기에도 영향을 주었습니다. 훗날 통일제국 진(秦)나라에 반기를 든 진승(陳勝, ?~B.C. 208)과 오광(吳廣, ?~B.C. 209)이 농민반란을 일으켰습니다. 이들의 봉기는 중국 역사상 최초의 농민전쟁이었을 뿐 아니라 진나라를 몰락시키는 계기가 되는데, 이때 농민 지도자 진승은 "왕후장상의 씨가 어찌 따로 있겠는가!(王侯將相寧有種乎!)"라고 외칩니다. 당시에 묵가의 후예들이 진나라에서 숨죽여 살고 있었다는 점을 고려하면 이러한 구호는 묵자의 영향이라고 생각됩니다. 우리나라에서도 1천 년이 훨씬 더 지난 고려시대에 만적(萬積, ?~1198)의 난에서 이 구호가 다시 살아나지요. 묵가가 일찍이 자취를 감추었지만, 그 정신은 면면히 역사에 녹아 있다가 부활하고 있다는 생각이 듭니다.

녹봉도 업적에 따라 정해진다고 하네요. 지금 식으로 말하자면 성과급이지요. 그런데 묵자는 업적을 "백성을 이롭게 하는 것"[103]이라고 정의하고 있습니다. 백성을 크게 이롭게 하면 녹봉을 많이 주고, 그렇지 않으면 자리에서 내려와야 한다는 의미이지요. 그리고 공적인 의로움[公

義]을 말하네요. 지금 식으로 말하면 공공성이지요. 특정한 계급이 아닌 모두의 행복을 지향하는 정치공동체라는 의미로 사용했다면 서양의 코먼웰스(common wealth)에 해당하는 말입니다. 코먼웰스는 지금은 그 의미가 많이 확대되었지만, 유럽 근대의 여명기에 처음 사용하기 시작한 용어입니다. 능력이 있으면 등용하고 능력이 없으면 물러나게 하고, 등용하면 업적에 따라 녹봉을 정하고, 물질적 · 정신적 인센티브를 제공한다면 이는 근대적인 기업의 인사정책에 해당합니다. 이것이 상현(尙賢)의 실행 프로그램이지요. 묵자의 사고가 근대적이며 자본주의적이라고 생각되지 않는가요?

그래서 순자와 달리 묵자는 이렇게 말합니다.

> (지위의) 높고 낮음은 일을 잘하고 못하는 능력으로 헤아려야 하니, 산과 연못과 같지 않다. 아래에 처함이 위에 처함보다 잘하면 아랫사람이 윗자리를 요청해야 한다.[104]
>
> 高下以善不善為度, 不若山澤. 處下善於處上, 下所請上也.

제가 보기에 사회적 관계는 자연법칙처럼 정해져 있지 않다고 강변하는 것으로 보입니다. 자연의 세계에서는 일반적으로 산이 높고 연못은 낮지만, 이와 달리 사회적 관계는 능력이 증명되면 윗자리에 천거되어야 한다고 묵자는 생각했지요. 이처럼 행정과 재판을 담당하는 관리는 현명하고 진정성을 가져야 할 뿐 아니라 능력이 있어야 한다고 강조합니다. 요즘 세상에서와 마찬가지로 너무 과도하게 능력만 강조하고 있지만, 그 능력은 업적으로 평가되고, 업적은 백성에게 얼마나 이로움을 주느냐에 따라 결정됩니다. 혈연에 의한 신분제도를 자연법칙으로 인정하지 않고 이를 타파함으로써 백성의 편안한 삶[安生生]이 보장될 수 있다고 판단했습니다.

IV

천하에 남이란 없다

- 서로 사랑하고 서로 이익을 주라
- 하늘과 귀신, 그리고 인간

•

서로 사랑하고 서로 이익을 주라

—

앞에서 살펴본 묵자의 생각을 정리해봅시다. 태초에 모든 인간은 자신의 이익을 추구하는데, 이익이 충돌하는 상황에서 지도자가 없으면 금수의 세계 같은 혼란이 일어난다. 그래서 현명한 사람을 지도자로 선발하고, 그들에게 직위와 권한을 주어 국가기구를 만들고, 현명한 지도자가 많은 사람의 다양한 이해관계를 조정하면 혼란을 해소할 수 있다. 그러면서 어떤 사람이 현명하고, 직위는 어찌 운영되어야 하는지, 관리들은 어떤 관계를 유지해야 하는지에 대해서도 자세하게 설명하고 있지요. 그럼에도 묵자는 그것만으로는 시스템이 완비되지 않았다고 생각했나 봅니다. 아니, 좀 더 정확하게 말하면 현실 세계는 묵자가 제시한 시스템을 따라가지 못하고 엄청난 혼란에 빠져 있었지요.

그래서 묵자는 의사가 병을 고치기 위해서는 병의 원인을 알아야 하듯이 세상의 혼란을 제거하기 위해서는 혼란의 근원을 알아야 한다고 강조합니다. 그리고 현실을 분석한 후 다음과 같은 진단을 내립니다.

천하의 혼란은 여기에 있을 뿐이다. 이것이 어디에서 일어나는지 살펴보면 모두 서로 사랑하지 않는 데 있다.[105]
天下之亂物具此而已矣. 察此何自起, 皆起不相愛.

천하의 재앙과 찬탄, 원망과 한탄이 생기는 이유는 서로 사랑하지 않기 때문이다.[106]
凡天下禍簒怨恨, 其所以起者, 以不相愛生也.

잠시 이렇게 많은 해로움이 생긴 연유를 따져보자. 이것은 어디에서 생겨나는가? 이것은 다른 사람을 사랑하고 이롭게 함에서 생겨났는가? 결코 그렇지 않다. 반드시 다른 사람을 미워하고 해치는 데서 생겨났다고 말할 수 있다.[107]
姑嘗本原若衆害之所自生, 此胡自生? 此自愛人利人生與? 即必曰非然也, 必曰 從惡人賊人生.

서로 사랑하지 않고 미워하기 때문에 세상의 모든 혼란이 생긴다고 하네요. 그래서 겸애(兼愛)를 들고나옵니다. 묵자 하면 겸애, 겸애 하면 묵자를 떠올릴 만큼 상징적인 말이지요.

겸(兼)은 '전체'라는 의미와 '더불어' 또는 '무차별'이라는 의미를 동시에 가지고 있습니다. 그러니 겸애는 모든 사람을 더불어 무차별적으로 사랑한다는 뜻으로 읽히네요. 그래서 종종 공자의 인(仁), 부처의 자비, 예수의 사랑과도 비교되곤 하지요. 그런데 묵자의 겸애는 무조건적인 사랑이라고 보기는 어렵고, 대단히 정치적이고 목적이 있는 사랑이라고 생각됩니다. 세상 사람들에게 해로움은 혼란이며, 혼란은 서로 사랑하지 않기 때문이라고 진단합니다. 그러니 혼란을 극복하려면 서로 사랑해야 한다고 말하기에 겸애가 합목적적인 정치적 성격을 가지고 있다고 말할 수밖에 없어요. 묵자에게 겸애의 목적은 혼란을 극복하여 세상 사람들에게 이익을 주는 데 있으며, 따라서 겸애는 세상의 혼란을 제거하기 위한 강력한 처방전이지요.

그러면서 혼란의 구체적인 상황을 열거합니다. 신하와 자식이 임금과 어버이에게 충성하고 효도하지 않으면 혼란이 생긴다고 합니다. 또한 임금과 어버이가 신하와 자식을 사랑하지 않으면 이 또한 혼란이라고 말합니다.[108] 나라의 우두머리인 제후들끼리, 그리고 집안의 우두머리인 대부들끼리 서로 사랑하지 않아도 혼란이라고 말합니다. 위에서 아래를 억압하고, 아래에서 위로 대들어도 혼란이 생기며, 같은 지위에 있는 사람들끼리도 자신의 이익만을 탐하면 혼란이라고 이야기하지요. 그래서 다른 나라를 자기 나라와 같이 사랑하고, 다른 집안을 자기 집안같이 사랑하고, 남의 부모와 자식을 자기 부모와 자식처럼 사랑하고, 다른 사람의 몸을 자기 몸과 같이 사랑하라고 권유합니다. 그러면서 겸애가 주는 효용을 다음과 같이 강조하지요.

> 임금과 신하가 서로 사랑하면 은혜를 베풀고 충성하며, 아비와 자식이 서로 사랑하면 자애롭고 효도하며, 형제가 서로 사랑하면 화합하여 어울리게 된다.[109]
>
> 君臣相愛則惠忠, 父子相愛則慈孝, 兄弟相愛則和調.

> 제후가 서로 사랑하면 벌판에서 싸우지 않고, 가장이 서로 사랑하면 서로 빼앗지 아니하고, 사람과 사람이 서로 사랑하면 서로

해치지 아니한다.[110]

是故諸侯相愛 則不野戰, 家主相愛 則不相簒, 人與人相愛 則不相賊.

이리하여 아내와 자식이 없는 늙은이는 부양받아 수명을 다할 수 있고, 부모가 없는 어리고 약한 고아는 기대고 의지할 곳이 있어 성장할 수 있다. 이제 겸애를 올바름으로 삼으면 이와 같은 이로움이 생긴다.[111]

是以老而無妻子者, 有所侍養以終其壽. 幼弱孤童之無父母者, 有所放依以長其身. 今唯毋以兼為正, 即若其利也.

서로 사랑하면 모든 사람이 화합하게 되고, 전쟁과 도둑이 사라진다고 하네요. 그리고 능력을 그토록 강조했고 '노동에 의한 소유'를 주장했던 묵자도 노동력을 상실하거나 능력이 부족한 과부와 홀아비, 고아에 대해서도 기본적인 생활을 할 수 있도록 하려면 겸애해야 한다고 하네요. 이처럼 묵자 사상의 상징처럼 알려진 겸애는 추상적인 숭고하고 도덕적인 사랑이 아니라 혼란을 잘 다스리고 천하의 해로움을 제거하려는 명확한 목적을 가진 사랑으로 보아야 합니다. 그런 의미에서 겸애는 합목적적이며, 따라서 개인의 윤리적 도덕률이라기보다는 통치 원리에 해당한다고 볼 수 있지요.

맹자는 이런 점을 전혀 이해하지 못하고 "남의 부모를 나의 부모와 같이 사랑하라"라고 말했다는 이유로 묵자를 '애비도 없는 놈' 또는 '애비를 없앤 놈(無父)'이라고 비판합니다. 이는 결국 모든 선행 중에서 효(孝)가 으뜸이라는 유가의 사고를 반영하고 있습니다. 그러나 묵자는 자신이 죽은 후에 유가에서 자신을 후레자식으로 취급하리라 예상(?)했다는 듯이 이렇게 말합니다.

잠시 효자가 어버이를 위해 헤아리는 것을 근본적으로 생각해보자. 어버이를 위해 효자가 헤아리는 것을 잘 모르겠으나, 다른 사람들이 자기 어버이를 사랑하고 이롭게 하기를 원할까 아니면 자기 어버이를 미워하고 해치기를 원할까? 이치로 보자면 사람들이 자기 어버이를 사랑하고 이롭게 하기를 원한다. 그러면 내가 어찌해야 이렇게 될 수 있는가? (…) 반드시 내가 먼저 다른 사람의 어버이를 사랑하고 이롭게 한 후에 다른 사람이 나의 어버이를 사랑하고 이롭게 함으로써 나에게 보답하는 것이다. 그런즉 서로 효자 노릇 함이 부득이하다.[112]

그러면 겸애가 이루어지는 사회는 어떤 사회일까요? 묵자는 다음과 같이 결론 짓습니다.

천하의 사람들이 모두 서로 사랑하면 강자는 약자를 억누르지 않고, 다수가 소수를 겁박하지 않으며, 부자가 가난한 사람을 모욕하지 않으며, 귀한 사람이 천한 사람을 업신여기지 않고, 영악한 사람이 어리석은 사람을 속이지 않는다. 천하의 재앙과 찬탈, 원망과 한탄이 생기지 않게 하려면 서로 사랑해야 한다.[113]

天下之人皆相愛, 強不執弱, 眾不劫寡, 富不侮貧, 貴不敖賤, 詐不欺愚. 凡天下禍簒怨恨可使毋起者, 以相愛生也.

결국 혼란이 일상화되면 가장 피해를 보는 사람은 정치적 · 경제적 · 사회적 약자라는 사실을 묵자는 누구보다 잘 알고 있었습니다. 그러니 강자, 다수, 부자, 귀한 계급, 영악한 자들이 겸애의 모범을 보여야 한다고 주장하는 셈이지요. 당시에 겸애 자체가 불가능하고 어렵다는 비판이 쏟아졌기 때문에 묵자는 기득권을 가진 사람들은 물론 일반 백성을 설득해야만 효과를 발휘할 수 있다고 생각했습니다. 그래서 논리적으로 그리고 현실적인 겸애의 확산 프로그램을 제시하지요.

묵자에 따르면 겸(兼)과 반대되는 개념은 '부분'이라는 의미의 체(體)와 '차별'이라는 의미의 별(別)로 구분되지요. 그래서 겸애와 상대되는 개념은 별애(別愛)입니다. 겸애는 사회조직의 구성원에 대한 무차별적인 사랑이고, 별애는 차별적인 사랑을 의미합니다. 그러면서 묵자는 어떤 사람의 다른 사람에 대한 감정을 사랑과 미움으로 대비시키지 않고, 겸애와 별애에서 논리를 전개하기 시작합니다. 그러나 자신의 몸, 자신의 가족, 자신의 마을, 자신의 나라를 우선하는 차별적 사랑은 현실에서는 미움을 재생산한다고 하지요. 즉 서로 사랑하지 않는 관계[不相愛]는 차별적 사랑에서 나오고, 거기에서 미움이 발생하게 된다는 이론입니다. 미움의 근원이 별애이며, 미움이나 증오가 근원적인 또는 1차적인 인간의 본성이 아니라는 뜻으로 읽히네요.

여기에서도 묵자는 유가를 비판하고 있습니다. 그는 유가의 사랑이 가까운 이를 가까이 하고[親親], 높은 이를 높이는[尊尊] 종법제도를 정당화한다고 생각했습니다. 다시 말하면 유가의 인애는 가까운 사람에 대한 사랑이며, 귀한 자에 대한 존중을 핵심 내용으로 하고 있다는 의미이지요. 그리하여 백성을 부려 노역하는 위치에 붙들어 매는 역할을 유감없이 발휘한다고 생각했지요. 공자의 다음과 같은 말이 이를 뒷받침하고 있습니다.

군자가 도를 배우면 사람을 사랑하고, 소인이 도를 배우면 부리기 쉽다.[114]

君子學道 則愛人, 小人學道 則易使也.

윗사람이 예를 좋아하면 백성을 부리기 쉽다.[115]

上好禮 則民易使也.

친소(親疏) · 원근(遠近)에 따라 차등을 두는 유가의 관계적 질서가 바로 별애(別愛)이며, 그것의 구체적인 모습이 바로 예악(禮樂)이라는 것이지요. 따라서 겸애의 이론은 유가의 인의(仁義)를 정면으로 비판할 뿐 아니라 거기에 기초한 신분적 등급제도의 정당성을 공격하고 있는 셈이지요. 그래서 앞에서 본 맹자의 신경질적인 반응은 어찌 보면 당연하다고도 할 수 있습니다.

최근 세계 여기저기에서 일어나고 있는 외국인에 대한 혐오도 그 근원을 살펴보면 차별에서 나오지요. 생각해보면 세상에 똑같이 생긴 사람은 하나도 없습니다. 외모도 다르고 성격도 다르고 능력도 모두 다르지요. 자연계의 모든 사물도 마찬가지입니다. 삼라만상의 모든 존재가 다름을 가지고 있는데 이를 차이라고 한다면, 이러한 차이는 자연법칙이지요. 그런데 이런 차이가 사회에서는 편견에 기초하여 차별적 대우로 바뀌어버립니다. 피부 색깔과 종교의 차이 그리고 문화의 차이가 차별과 편견을 낳고, 거기에서 근거 없는 혐오가 발생하게 되지요. 이러한 차별과 편견은 때로는 다수의 횡포이며, 때로는 가진 자의 오만으로 나타나지요.

코로나19 팬데믹으로 마스크를 쓴 사람들에 대한 편견과 인종에 대한 차별이 더해져 외국인 혐오를 정당화하기도 하지요. 제2차 세계대전 중 게르만족의 근거 없는 우월성이 수백만의 유태인을 학살하는 만행을 가능하게 했지요. 이 모든 것이 결국 별애에서 나오는 편견과 혐오의 확대재생산이라고 말할 수 있습니다. 겸애가 없다면 문명화된 사회에서도 기회만 있으면 언제든지 야만으로 돌아가려는 경향이 존재하지요.

여기에 또 하나의 문제를 제기할 수 있습니다. 이기심을 버리고 남을 사랑하라거나 전체를 위해 자신을 희생하라는 멸사봉공(滅私奉公)의 도덕률입니다. 나이가 많이 든 사람이라면 어렸을 때부터 종종 들어왔고 교육받았던 미덕이지요. 이는 개인의 자유를 존중하는 자유주의적 사고가 척박한 시대에는 설득력이 있었겠지만, 사실 이는 '부분은 전체를 위해 존재하지만, 전체는 부분을 위해 존재하지 않는다'라는 철학적 명제와 일맥상통하지요. 이것은 명백한 전체주의적 철학입니다. 묵자의 겸애를 이러한 도덕률의 범주로 인식하는 사람들이 있습니다. 그래서 그들은 묵자를 전체주의자로 규정하지만, 정작 묵자는 겸애야말로 개인의 사랑과 이익을 실현하는 조건이 된다고 말하지요.

남을 위하는 일은 자기 자신을 위하는 것과 같다.[116]

爲彼猶爲己也.

차별에 의거한 타인에 대한 혐오가 결국 자신에게 돌아온다는 사실을 알았을까요? 아무튼 그는 타인의 이익과 나의 이익을 동일시하여 사회 전체의 이익을 도모하고 있습니다. 결코 전체를 위해 부분을 희생하라는 의미도 아니며, 국가를 위해 개인이 희생되어야 한다는 의미도 아니지요. '같아짐을 존중'하여 다양한 이해관계의 조화와 통일을 추구하라는 상동(尙同)의 국가이론과 맥을 같이하고 있습니다. 타인에 대한 사랑은 자기에 대한 사랑(self-love)을 배제하지 않고 포괄하고 있는 셈이지요. 그래서 다음과 같이 말합니다.

> 사람을 후하게 대하는 일은 자신을 배제하지 않으니, 사랑에는 두텁고 엷음이 없다.[117]
> 厚不外己 愛無厚薄.

> 다른 사람을 사랑하는 것은 자기를 배제하지 않으니, 자기 자신은 사랑받는 사람 속에 있게 된다. 자신이 사랑받는 곳에 있으니 사랑이 자신에게 보태진다. 자신을 사랑하는 것과 남을 사랑하는 것은 함께 나란히 있다.[118]
> 愛人不外己, 己在所愛之中. 己在所愛, 愛加於己. 倫列之愛己愛人也.

그런데 사랑을 말하면서 왜 이익이 나올까요? 유가에서는 이익에 대해 언급하는 것을 몹시 꺼렸습니다. 이익을 마음에 품거나 말하면 군자가 아니기 때문이지요.

유가와 달리 묵자에게 사랑과 이익은 거의 같은 의미로 사용됩니다. 충(忠)은 임금을 이롭고 강하게 하는 행위[119]로, 효(孝)는 어버이를 이롭게 하는 행위[120]로 정의하지요. 여기에서 미루어볼 때 이익은 반드시 경제적·물질적 이익으로만 한정할 수 없으며, 사회적·정치적 이익을 포함하는 것으로 보아야 한다고 생각됩니다. 현명한 사람은 힘이 있으면 남을 지체없이 도와준다고 했지요. 그 도움이 경제적 · 물질적 도움으로 환원될 수도 있지만 그렇지 않은 경우도 많기 때문입니다. 아무튼 묵자에게는 "서로 이익을 주는 것이 사랑(交相利 兼相愛)"입니다. 『묵자』 원문에서도 "두루 사랑하고 두루 이익을 준다(兼而愛之/兼而利之)"거나 "두루 서로 사랑하고 서로 이롭게 한다(兼相愛/交相利)", 또는 "남을 사랑하고 이롭게 한다(愛人利人)", "서로 이로움을 주고 서로 사랑한다(相利相愛)", "사랑하고 이롭게 한다(愛利)"와 같이 사랑과 이익이 관용어처럼 대부분 붙어 다닙니다. 묵자에게 사랑과 이익은 모든 사람을 더 나은 상태에서 살 수 있게 하는 정치적 · 경제적 · 사회적 행동지침이지요.

묵자 연구자들 사이에서도 겸상애와 교상리의 관계를 여러 각도에서 분석합니다. 어떤 이는 사랑을 원인으로, 이익을 결과로 파악합니다. 겸애하면 그 결과 모두가 서로에게 이익을 준다는 의미겠지요. 또 어떤 이는 이익이 사랑을 지탱하는 기초라고 파악합니다. '이익'이라는 토대가 없다면 겸애는 마치 부평초처럼 흔들린다고 생각하지요. 얻어서 기쁘면 이익이고, 얻어서 싫으면 손해[121]라는 공리 위에서 겸애가 유지될 수 있다는 의미로 읽힙니다. 양자의 관계가 원인-결과이든 아니면 토대-상부구조이든 사회구성원이 상호관계 속에서 모두 윈윈(win-win)할 수 있다는 점은 동의합니다.

그리하여 묵자는 다른 사람을 사랑하는 행위는 나를 사랑하는 것이며, 다른 사람에게 이익을 주는 행위는 나를 이롭게 하는 것이라는 결론에 도달하게 됩니다. 즉 겸애는 타인의 이익에 대한 배려이면서 동시에 자신의 이익에 대한 침해를 막는 안전장치라고 볼 수도 있습니다. 결국 공동의 이익을 창출하는 행위를 겸애로 보는 것이지요. 그래서 개인과 개인 간의 상호작용을 말합니다.

> 남을 사랑하는 사람은 반드시 사랑을 보고, 남을 미워하는 사람은 반드시 미움을 본다.[122]
> 愛人者必見愛也, 而惡人者必見惡也.

> 그래서 남을 사랑하면 남도 반드시 나를 사랑하고, 남을 이롭게 하면 남도 반드시 나를 이롭게 한다. 마찬가지로 남을 미워하면 남도 나를 미워하고, 남을 해치면 남도 반드시 나를 해친다.[123]
> 夫愛人者, 人必從而愛之. 利人者, 人必從而利之. 惡人者, 人必從而惡之. 害人者, 人必從而害之.

묵자는 나부터 스스로 겸애를 실천하면 다른 사람도 좋은 일을 따라 한다고 생각했습니다. 그렇다고 사랑과 이익을 주는 만큼 받고 받는 만큼 주는 맞교환은 아니라고 생각되네요. 풍족한 쪽을 덜어 부족한 쪽을 보충한다는 의미겠지요. 그래야 앞에서 말씀드린 바와 같이 과부, 홀아비, 고아 같은 사회적 약자가 살아가는 데 최소한의 보장이라도 받을 수 있으니까요. 그런데 묵자 사후에 맹자와 순자 같은 유학자들이 겸애에 대해 비판했지만, 그가 살아있을 때도 유가는 의문을 제기했지요. 이에 대해 묵자는 겸애하는 자세를 차례대로 제시합니다.

첫째, 모두를 두루 사랑해야 한다면 도둑마저 사랑해야 하는가? 이에 대한 묵자의 대답은 다음과 같습니다.

> 이 세상에 도둑이 있음을 알지만, 이 세상을 다 사랑한다. 이 집

안에 도둑이 있음을 알지만, 이 집안을 다 미워하지 않는다. 한 사람이 도둑인 줄 알지만, 두 사람을 다 미워하지 않는다. 비록 한 사람이 도둑이지만, 진실로 그가 있는 곳을 알지 못하는데 모두 미워하는 것은 (겸애하는 마음이) 약하기 때문이다.[124]

智是之世之有盜也, 盡愛是世. 智是室之有盜也, 不盡是室也. 智其一人之盜也, 不盡是二人. 雖其一人之盜, 苟不智其所在, 盡惡其弱也.

마치 도둑의 행위를 미워하는 일은 세상에 보탬이 되지만, 도둑을 미워하는 일은 세상에 보탬이 되지 않는 것과 같다.[125]

若惡盜之為加於天下, 而惡盜不加於天下.

세상에 도둑이 있지만 그래도 세상 사람들을 사랑하라고 하네요. 세상에 도둑이 있다고 세상 사람들이 모두 도둑은 아니라는 설명이네요. 너무도 당연한 말이지요. 그런데 최근 우리 사회에는 뇌물을 즐기는 부패한 공무원이 있다고 공무원을 다 그렇게 생각하는 경향이 있습니다. 예수를 팔아 돈벌이를 하는 목사가 있다고 모든 목사가 그런 짓을 하는 건 아니지요. 공무원과 목사를 싫어하는 사람들은 그렇게 말합니다. 어떤 주부가 난폭하게 운전하는 것을 보고 여성차별주의자는 여자들이 싸가지(?) 없이 운전한다고 일반화하기도 하지요. 이러한 성급한 일반화는 묵자의 말처럼 별애(別愛)가 그 밑바탕에 자리하고 있기 때문에 진실에 크게 어긋나게 되지요.

이처럼 미움과 증오가 사회적 불안과 혼란을 확대재생산한다는 사실을 묵자는 너무도 정확하게 지적하고 있습니다. 현대에도 인종차별,

외국인에 대한 혐오, 다른 종교에 대한 적대감이 만연해 있고, 그것들이 사회의 불안을 야기한다는 점을 생각하면 겸애가 왜 필요한지 새삼 느끼게 됩니다. 도둑질을 미워하되 도둑을 미워하지 말라는 주장은 죄는 미워해도 사람을 미워하지 말라는 주장과 같지요. 결국 겸애는 타자에 대한 공감과 존중을 의미하는 셈이지요. 그래서 영국의 종교철학자 카렌 암스트롱(Karen Armstrong)은 묵자의 겸애를 급진적인 공감의 사상[126]이라고 평가했습니다.

둘째, 겸애는 과연 가능한가? 당시 유가의 선비들이 "겸애는 좋은 일이지만 태산을 손에 들고 황하를 건너는 일과 같이 어렵다"라며 공격했지요. 이에 대해 묵자는 옛날의 성왕들은 겸애를 실행했다고 대답하고, 역사적 사실을 열거하면서 겸애는 어렵지도 않으며(!) 지도자가 원하면 모든 사람이 자연스럽게 따라간다고 다음과 같이 말합니다.

> 태산을 손에 들고 황하를 건넌 일은 옛날부터 지금까지 백성이 생긴 이래 일찍이 없었다. 그러나 널리 서로 사랑하고 서로 이롭게 하는 일은 돌아가신 여섯 명의 성왕이 친히 행했다.[127]

> 이제 두루 서로 사랑하고, 서로 이롭게 하는 것은 이로움이 있고, 게다가 행하기 쉬우며, (이로움은) 이루 다 계산할 수 없다. 내가 생각하기에 임금이 그것을 좋아하지 않을 뿐이다. 진실로 임금이 그것을 좋아하여 상과 칭찬으로 그것을 권장하고 형벌로써 두려워하게 하면, 내 생각에 사람들이 서로 사랑하고 서로 이롭게 하는 일에 매진할 것이다. 비유하여 말하면 불은 위로 올라가고, 물은 아래로 흘러가듯이 천하에 막을 수 없다.[128]

묵자는 겸애를 실행하기가 어렵지 않다고 큰소리쳤지만, 그의 대답으로 보아 마음속으로는 겸애의 실행이 절대 쉽지 않다는 사실을 잘 알고 있다고 추측되네요. 그럼에도 남의 부모를 내 부모와 같이 생각하고 남의 몸을 내 몸과 같이 사랑하라는 겸애의 실천이 태산을 끼고 황하를 건너는 일처럼 어려운 일은 아닌 듯합니다. 자신의 부모나 자식을 살해하거나 학대하는 사건이 종종 일어나는 오늘날 남의 부모와 자식을 자기 부모와 자식처럼 사랑할 수 있을까요? 물신주의(物神主義)가 극도로 확대된 현대사회에서 완벽하게 겸애를 실천하기야 어렵겠지만, 주변에서 작은 일부터 겸애를 몸소 실천하는 사람을 자주 볼 수 있습니다. 묵자가 현명한 사람으로 인정하는 사람들, 즉 힘이 있으면 재빨리 남을 돕고, 재산이 있으면 남에게 나누어주고, 아는 것을 남에게 가르쳐주는 사람들이야말로 겸애를 행하는 사람들이라고 생각합니다. 아니, 묵자 역시 이런 행위야말로 겸애의 실행 매뉴얼이라고 생각했습니다.

다른 사람의 시선을 의식해서가 아니라 자발적으로 마음속에서 우러나와 지하철에서 어르신에게 자리를 양보하는 행동은 남의 부모를 내 부모와 같이 여기는 일이 아닐는지요? 무거운 짐을 옮기는 데 힘을 보태주는 일은 남의 몸을 내 몸과 같이 여기는 실마리가 되지 않을까요? 자신의 소득 중 일부를 공제하여 구호단체나 사회단체, 아니면 주위에 사는 어려운 이웃에게 정기적(!)으로 기부한다면 이 역시 겸애를 실천한다고 보아야 하지 않을까요? 지적재산을 독점하지 않고 다른 사람들과 무상으로 공유한다면 이 또한 겸애이지요. 이런 사람들이 많으면 많을수록 더불어 사는 사회에 더욱 가까워지리라고 생각합니다. 따뜻한 포용적 사회는 완성된 형태가 아니라 추구해야 할 방향이니까요. 그렇게 되면 묵자가 상정하는 사회구성원들의 이익 전반이 증대되지 않을 수 없습니다.

당시에 모든 사람을 사랑하라는 묵자에 대해 시비를 위한 시비를 거는 사람도 있었습니다. '사람의 수가 얼마나 되는지도 모르는데 어찌 다 사랑할 수 있는가?' 또는 '어디에 사는지도 모르는데 사람들을 두루 사랑하는 것이 가능한가?' 이에 대해서도 묵자는 친절하게 대답합니다.

> 일일이 물어보면 묻는 사람을 모두 사랑할 수 있으며, 그 수를 알지 못해도 모두 사랑할 수 있음을 아는 것은 어렵지 않다.[129]
>
> 盡問人 則盡愛其所問. 若不智其數 而智愛之盡文也, 無難.

> 죽은 아들이 어디에 있는지 알지 못해도 사랑하는 데는 방해가 되지 않는다.[130]
>
> 不知其所處, 不害愛之. 說在喪子者.

자, 이제 묵자의 사상체계에서 겸애의 이론적 역할을 살펴봐야겠습니다. 묵자는 백성을 사랑하지 않으면 그들을 움직일 수 없다고 강조했지만, 당시의 통치자들은 그러하지 못했지요. 그래서 묵자는 추상적인 상동(尙同)의 정치를 실현하기 위해 당시의 혼란을 좀 더 구체적으로 분석하면서 종적으로는 군신, 부자, 형제가 서로 사랑하지 않으며, 횡적으로는 제후와 제후, 대부와 대부, 개인과 개인이 서로 사랑하지 않는 데 혼란의 원인이 있다고 진단합니다. 따라서 혼란을 제거하기 위해 나와 남, 나의 어버이와 남의 어버이, 나의 나라와 남의 나라를 구별하지 않고 사랑하는 겸애가 별애를 대체해야 한다고[131] 대안을 제시합니다. 천하의 백성은 모두 하느님의 자식이기 때문이며, 천하에 남이란 없기(天下無人) 때문입니다. 즉, 모든 종적 · 횡적 관계가 서로 두루 사랑하고 서로 이익을 주는 관계로 바뀌어야 모두에게 이익이라고 주장한 셈이지요. 앞에서 말한 바와 같이 묵자는 겸애를 타인의 이익에 대한 배려의 논리이자 자신의 이익에 대한 침해를 막을 수 있는 안전장치라고 생각했습니다.

또한 겸애는 '만인에 대한 만인의 투쟁'에서 '만인에 대한 만인의 사랑'으로 전환하는 매개이지만, 그 목적은 천하의 해로움을 제거하여 사회구성원 모두의 이익을 증가시키는 데 있습니다. 나아가 부수적(?)으로 사회적 약자들이 살아갈 수 있도록 최소한의 보장을 마련할 수 있지요. 혼란의 시기에 가장 크게 피해를 보는 사람들은 다름 아닌 사회적 약자이기 때문입니다. 사회적 · 경제적 약자일수록 자연적 재난과 사회적 혼란에 더 큰 피해를 본다는 사실은 예나 지금이나 마찬가지입니다. 묵자는 모든 사람이 노동해야 한다고 강조하면서도 노동력을 상실한 노인과 과부, 고아에 대해서도 배려하고 있음을 알 수 있지요. 이런 면에서 항상 하층민에 대한 배려를 최우선으로 하면서 구성원이 소외되지 않는 공동체를 지향하는 묵자의 면모를 엿볼 수 있습니다. 그들에 대한 배려가 사회 전체의 이익을 보장해주기 때문이라고 생각했겠지요.

여기에서 우리는 유가의 전유물이라고 알려진 '대동사회(大同社會)'를 살펴보아야 할 필요가 있습니다. 공자는 『예기(禮記)』「예운(禮運)」편에서 제자 자유(子遊)에게 이상사회를 다음과 같이 설명합니다.

> 큰 도가 행해지면 천하가 공평해져 어진 사람과 능력 있는 사람이 나아가게 되며, 신의가 존중되고 화목이 이루어진다. 그리하여 사람들은 자기 부모만을 섬기지 아니하고 자기 자식만을 자식으로 여기지 않는다. 노인은 여생을 마치고, 젊은이는 일하고, 어린아이는 성장할 수 있다. 홀아비와 과부, 부모 없는 고아와 자

식 없는 노인, 그리고 병든 사람 모두 부양받을 수 있다. 남자는 일이 있고 여자는 시집갈 곳이 있다. 재물이 땅에 버려지는 것을 미워하지만 자신을 위해 줍지 않고, 힘이 몸에서 나오지 않는 것을 미워하지만 자신을 위해 쓰지 않는다. 이런 이유로 음모는 일어나지 않고 남의 것을 훔치거나 남을 해치지 않는다. 그래서 바깥문을 닫지 않는다. 이를 일러 '대동'이라 한다.[132]

大道之行也, 天下爲公, 進賢與能, 講信修睦. 故人不獨親其親, 不獨子其子. 使老有所終, 壯有所用, 幼有所長. 矜寡孤獨廢疾者皆有所養. 男有分, 女有歸. 貨惡其棄於地也, 不必藏於己, 力惡其不出於身也, 不必爲己. 是故謀閉而不興, 盜竊亂賊而不作, 故外戶而不閉. 是謂大同.

여러분은 대동사회에 대한 설명을 보면서 어떻게 느끼십니까? 저는 묵자의 생각을 유가의 언어로 표현하지 않았나 의심합니다. 내용적으로 보면 「상현(尙賢)」과 「겸애」를 그대로 옮겨 쓰고 있습니다. 그리고 도가의 영향을 받은 흔적도 느낄 수 있습니다. 논쟁의 여지는 많지만, 묵가의 영향을 많이 받은 공자의 후학들이 『예기』를 저술했거나 아니면 끼워 넣었다고 생각됩니다. 현재 전해지고 있는 이 책의 원본이 한(漢)나라 말에 정리되었다는 사실에서 이러한 의심을 가능하게 합니다. 사회사상적 맥락에서 보면 중국 근대화에 영향을 준 대동사회론은 한대 이후 여러 학파의 견해를 절충하여 종합했고, 사상체계의 정합성 측면에서 보아도 공자보다는 묵자에 더 가깝다고 평가하는 편이 객관적이라고 생각되네요.

그런데 이와는 정반대로 한비자는 이렇게 말합니다.

만일 군주가 부자에게서 세금을 거두어 가난한 집에 베푼다면, 이는 노력하고 검소한 사람에게 빼앗아 사치스럽고 게으른 자에게 주는 것이 된다. 그러면 백성이 힘써 일하고 절약해 쓰기를 구하려 해도 할 수 없을 것이다.[133]

今上徵歛於富人以布施於貧家, 是奪力儉而與侈惰也, 而欲索民之疾作而節用, 不可得也.

어디서 많이 들어본 말 같지 않나요? 부자는 노력하고 검소한 사람이고, 빈곤의 원인은 사치와 게으름이라고 하네요. 일 년 내내 일해도 먹을 수 없고 입을 수 없으며 쉴 수도 없는 사람들을 사치하고 게으르다고 하네요. 지금 우리나라에서도 이렇게 생각하는 정치지도자와 언론이 상당히 많이 있습니다. 그런데 이런 생각을 가진 사람들은 기업이 어려울 때 정부가 적극적으로 지원해야 기업이 살아나고, 그래야 고용도 증가한다고 주장하지요. 그러면서 스스로 '시장주의자'라고 말합니다. 자신이 보고 싶은 것만 보고, 듣고 싶은 것만 듣고, 믿고 싶은 것만 믿는 사람들이지요. 묵자가 살아 돌아온다면 얼마나 기가 막힐까요?

겸애는 목적이나 대가가 없는 무조건적 사랑이 아니라 공정하고 공평한 이익의 분배를 조정하는 통치의 기본원리라고 보면 무난하다고 생각되네요. 상동(尙同)이 국가구성의 기본원리라면, 겸애는 개인적 덕성이 아니라 공동의 이익을 위해 모두가 받아들여야 할 사회적 규범이자 통치의 기본원리입니다. 그런 면에서 양자는 동전의 앞면과 뒷면에 해당한다고 볼 수 있지요. 겸애의 주체는 모든 사람이지만, 현실적으로 모든 사람이 겸애할 수 없다면 현명한 지도자가 겸애를 솔선수범하는 일이 매우 중요하다고 강조합니다. 여기에 국가구성의 기본원리인 상동과 통치의 기본원리인 겸애가 묘하게 결합됩니다.

여기에서 저는 이미 우리의 기억에서 흐려진 노르웨이의 스톨텐부르그 총리의 연설이 떠오릅니다. 2011년 7월 평화의 나라 노르웨이에서 이슬람 이민정책에 반감을 가졌던 브레이비크라는 극우 청년이 우토야 섬에서 무차별 총격을 가하여 100명 가까운 사람을 살해한 사건이 있었습니다. 작은 살인사건만 나도 신문 1면 톱을 장식하는 나라에서 말입니다. 당연히 노르웨이 국민은 엄청난 충격과 분노에 빠졌겠지요. 테러로 숨진 희생자를 기리는 오슬로 대성당 추모 연설에서 스톨텐부르그 총리는 "테러리즘에 대한 우리의 대답은 더 많은 민주주의, 더 많은 개방성, 더 많은 인류애입니다"라고 말합니다. 우리에게는 이명박 대통령을 만나고 싶다고 말해 널리 회자되었던 극악한 범죄자에 대해 더 많은 사랑으로 복수하겠다는 의미로 읽히지요. 당시 노동당 청년캠프에 참석하여 현장에 있었던 한 소녀는 CNN 방송과의 인터뷰에서 "만약 한 사람이 그렇게 많은 증오를 만들어낼 수 있다면, 우리 모두가 만들어낼 수 있는 사랑은 얼마나 클지 상상해보세요"라고 말했습니다.[134] 단순히 품격 있는 총리와 시민을 훨씬 넘어서서 포용적 사회의 모범을 보여주고 있지요. 그들이 묵자를 읽지는 않았겠지만, 겸애사상을 잘 이해하고 몸으로 실천하고 있다고 생각됩니다.

천자가 겸애하면 제후 또는 국군(國君)이 겸애할 수 있고, 제후 또는 국군이 겸애하면 향장(鄕長)이 겸애할 수 있으며, 향장이 겸애하면 이장(里長)이 겸애할 수 있으며, 이장이 겸애하면 마을 사람들이 서로 더불어 사랑할 수 있게 되지요. 이와 같이 상동의 원리가 아래로부터 위로 진행되는 과정이라면, 겸애는 위에서 아래로 발현되는 결과를 가져오게 된다고 묵자는 생각했습니다. 그래서 천자가 겸애를 실천하면 모두 따라간다고 하지요. 강자와 약자, 다수와 소수, 부자와 빈자, 귀한 자와 천한 자, 똑똑한 자와 어리숙한 자의 관계에서 전자가 후자를 사랑해야 한다고도 합니다. 묵자는 이를 실천하는 지도자를 '겸군(兼君)', '겸사(兼士)'라고 불렀고, 그렇지 못한 사람들을 '별군(別君)', '별사(別士)'라고 했습니다. 즉 겸애는 위로, 아래로, 그리고 옆으로 모든 인간관계에 적용되지만, 상동과는 반대 방향으로 '내리사랑'을 강조하고 있습니다. 혹시 묵자는 윗사람에 대한 복종과 아랫사람에 대한 겸애가 서로 주고받는 사회적 계약이라고 생각한 건 아닐까요? 윗사람은 아랫사람을 겸애하고, 그 대신 아랫사람은 윗사람과 같아져야 한다고 말입니다. 정말 그리 생각했다면 중국에서 묵자는 참으로 독특한 사상가라고 할 수 있지요.

하늘과 귀신, 그리고 인간

지금까지 말씀드린 바와 같이 묵자는 천하의 혼란을 제거하는 방법으로 겸애를 제안했는데, 그러면 겸애는 어디에서 나올까요? 묵자는 그 논리적 근거를 하늘에서 찾고 있습니다. 상동(尙同)의 위계질서의 맨 꼭대기에 하늘이 있듯이 겸애의 최종 행위자도 하늘이라고 말하지요. 아니, 오히려 하늘은 '겸애 그 자체'라고 말하는 편이 더 정확합니다. 양계초가 묵자를 '작은 예수[小基督]'에 비유한 이후[135] 대부분 학자들은 겸애와 천지가 묵자의 종교관이라고 설명하지만, 그가 살았던 당시의 불합리한 사회를 개혁하기 위해 '하늘의 뜻'을 도입하지 않을 수 없었다고 생각됩니다.

중국 고대에서 하늘은 다양한 의미를 가지고 있습니다. 풍우란(馮友蘭)은 이를 다섯 가지로 나누었습니다. 땅과 상대되는 개념으로서 물질로서의 하늘(物質之天), 상제(上帝) 개념으로서 세상사를 주재하는 하늘(主宰之天), 인간의 힘으로 어쩔 수 없는 운명으로서의 하늘(運命之天), 자연의 운행을 지칭하는 자연법칙으로서의 하늘(自然之天), 세상의 원리인 의리로서의 하늘(義理之天)[136]이 바로 그것입니다. 고대의 사상가들이 하늘을 말할 때 위의 다섯 가지 개념이 중첩되기도 하지만, 묵자의 하늘은 주재지천의 성격이 가장 강합니다.

묵자 이전에 중국에는 하(夏) · 은(殷) · 주(周) 삼대의 왕조가 있었습니다. 일반적으로 하나라는 신화의 영역이며, 은나라 이후를 역사시대라고 인정하고 있습니다. 은대에는 태양, 달, 구름, 별, 바람 등 자연을 숭배하는 사상이 주류를 이루었는데, 이를 총괄하는 '제(帝)' 또는 '상제(上帝)'라는 지상신(至上神)도 등장합니다. 상제는 자연과 인간사를 관장하는 절대적인 능력을 가진 주재자라고 믿었습니다. 당시 사람들은 상제의 뜻은 절대 변하지 않지만, 알기 어려운 '그 무엇'으로 생각했지요. 그래서 그 뜻을 헤아리기 위해 중요한 결정을 할 때마다 거북의 등껍질을 이용하여 점을 쳤습니다. 이것이 바로 갑골문자(甲骨文字)지요. 점을 통해 상제의 명을 받아 통치하고 전쟁을 치르면서 왕의 권한을 확대하고 정당화했지요. 그런 은나라가 무(武)왕의 공격으로 몰락하고 주(周)나라가 건국됩니다.

상제의 뜻에 따르던 은나라가 멸망하니 상제의 지위가 추락할 수밖에 없었겠지요. 그러면서 상제의 자리에 '하늘'이 대신 들어섭니다. 그런데 하늘의 명령은 영원불멸한 것이 아니라 바뀔 수 있다고 생각하게 되지요. 은나라 폭군은 하늘의 버림을 받았고, 덕을 쌓은 무왕이 천명을 받아 주나라를 세웠다고 선전하게 되지요. 그 후 주나라에서는 자신들의 왕을 '하늘의 자식(天子)'이라고 불렀습니다. 이때부터 천명은 덕이 있는 사람에게 내려진다고 하여 통치자의 도덕성을 자각하기 시작합니다. 그리하여 하늘에는 인격신이라는 의미에 도덕의 원천이라는 의미가 보태지지요. 그러나 앞에서 말씀드린 바와 같이 주나라가 쇠퇴하면서 전쟁이 계속 이어지고 백성의 삶이 어려워지는 춘추시대에 이르러 하늘은 '도덕성 자체'로 해석되는 경향이 강해집니다. 그리하여 하늘은 종교적 숭배의 대상이라기보다는 공경의 대상으로 서서히 바뀌게 되지요.

이러한 과도기적 시대에 살았던 공자는 하늘을 어떻게 생각했을까요? 『논어』에는 '제(帝)' 또는 '상제'라는 용어는 나타나지 않지만, 공자가 하늘을 의인화된 인격신으로 생각한 흔적들이 다음과 같은 문장에서 보입니다.

> 하늘에 죄를 지으면 기도할 곳이 없어진다.[137]
>
> 獲罪於天, 無所禱也.

> 내가 잘못한 것이 있다면 하늘이 싫어할 것이다.[138]
>
> 予所否者, 天厭之, 天厭之!

> 하늘이 나에게 덕을 주셨으니 환퇴(桓魋)가 나를 어찌하겠느냐?[139]
>
> 天生德於予, 桓魋其如予何!

> 아아! 하늘이 나를 버리는구나! 하늘이 나를 버리는구나![140]
>
> 噫! 天喪予! 天喪予!

하늘은 좋아하기도 싫어하기도 합니다. 주기도 하고 받기도 합니다. 그리고 용서하기도 하고 버리기도 한다고 하네요. 그러나 공자의 의인화된 인격신은 종교적 숭배의 대상이라는 성격보다는 도덕성의 원천이라는 의미로 읽힙니다. 그렇다고 공자의 다음과 같은 말을 들으면 종교적 색채를 완전히 탈피하지는 못했다는 생각이 드네요.

귀신을 공경하되 멀리하면 가히 지혜롭다고 할 수 있다.[141]
敬鬼神而遠之, 可謂知矣.

귀신에게 제사를 지낼 때는 귀신이 앞에 있는 듯이 지내라.[142]
祭神如在神.

그러나 공자의 천명사상은 주나라 초기의 그것과는 다른 성격을 갖습니다. 하늘은 덕(德)이 있는 사람에게 천명을 내린다고 했는데, 덕의 성격도 변화하게 되지요. 덕은 원래 '능력'이라는 의미였지요. 주나라 초기에 덕은 지배력을 가진 특정 집단의 대표자들에게만 있는 종교적 신력 또는 정치적 · 군사적 실력이었지만, 이것이 점차 도덕적 의미로 바뀌고 많은 사람이 수양을 통해 쌓을 수 있는 것으로 여겼습니다.[143] 그래서 학문과 수양을 통해 인간 내부에 잠재해 있는 도덕률을 성취해나가야 한다고 말하지요. 인간 외부가 아니라 인간 내부에서 도덕의 근거를 찾는다는 의미입니다. 따라서 공자의 하늘은 많은 사람이 도덕적 상징으로 떠받들면서 조심스레 공경하는 존재이지요.

그런데 묵자는 공자에 의해 부정된 상제(上帝) 신앙을 복원하여 자연으로서의 하늘을 인격화된 지상신으로 생각했습니다. 『묵자』 전체에 걸쳐 인용되는 『시경』과 『서경』에는 천(天)과 제(帝)를 자주 언급하고 있는데, 이는 대부분 인격화된 신, 즉 하느님을 지칭하지요. 그래서 묵자에게 하늘은 많은 경우 하느님과 같은 의미로 사용되며, 모든 사람이 본받아야 할 대상입니다. 이런 의미에서 하늘은 모든 사물을 저울질하는 표준이지요. 묵자는 "천하에 부모는 많지만 어진 부모는 드물고, 천하에 스승은 많지만 어진 스승은 드물며, 천하에 임금은 많지만 어진 임금은 드물다"[144]라고 말합니다. 군사부일체(君師父一體)를 주장하는 유가와는 많이 다르지요. 그래서 부모, 스승, 임금보다는 항상 어진 하늘을 본받아야 한다고 주장합니다. 그러면서 그 이유를 다음과 같이 제시하네요.

> 하늘의 움직임은 넓고 사사롭지 아니하다. 두텁게 베풀고 보답을 바라지 않으니 그 밝음이 오래가도 쇠하지 않는다. 그래서 성왕은 하늘을 본받는다.[145]
>
> 天之行廣而無私, 其施厚而不德, 其明久而不衰, 故聖王法之.

성왕들은 백성을 겸애하면서 나라가 잘 다스려지는 보답을 원하는데, 하늘은 보답을 바라지 않는다고 하네요. 하느님이 요(堯) · 순(舜) · 우(禹) · 탕(湯) 같은 성왕들보다 겸애에서 한 수 위이니 그들도 하늘을 본받는다고 하지요. 그래서 하늘을 법도로 삼아야 할 근거를 제시합니다.

> (하늘은) 사람들을 두루 사랑하고 두루 이롭게 하며, 그들을 두루 존재하게 하며 두루 먹여준다.[146]
>
> 以其兼而愛之, 兼而利之也. 以其兼而有之, 兼而食之也.

하늘은, 다시 말해 하느님은 '겸애 그 자체'라는 의미이지요. 하늘은 최고의 표준이면서 동시에 최후의 행위자입니다.

또한 하느님은 하늘이 인격화되었기 때문에 좋아하고 싫어하는 감정도 있으며, 자신을 따르거나 거역함에 따라 상을 주기도 하고 벌을 주기도 합니다. 그리고 지상신이면서 만물을 주재하기 때문에 "하늘은 가장 귀하고 가장 지혜롭다"[147]라고 하지요. 그러면 하늘은 무엇을 좋아하고 무엇을 싫어할까요?

> 하늘은 의로움을 원하고 불의(不義)를 미워한다. 그래서 천하의 백성을 이끌고 의로움에 종사하면 내가 곧 하늘이 원하는 일을 행하는 셈이다. 내가 하늘이 원하는 일을 행하면 하늘 역시 내가 원하는 일을 해준다. 그러면 나는 무엇을 원하고 무엇을 미워하는가? 나는 복과 봉록을 원하고, 재난과 재앙을 미워한다. 만일 내가 하늘이 원하는 일을 하지 않고 하늘이 원하지 않는 일을 행한다면, (그것은) 내가 천하의 백성을 이끌고 재난과 재앙에 종사하는 셈이 된다.
>
> 그러면 하늘이 의로움을 원하고 불의를 미워한다는 사실을 어떻게 아는가? 천하에 의로움이 있으면 살고, 없으면 죽는다. 의로움이 있으면 부유해지고, 없으면 가난해진다. 의로움이 있으면 잘 다스려지고, 없으면 혼란스러워진다. 그래서 하늘은 살기를 원하며 죽음을 미워하고, 부유함을 원하고 가난함을 미워하며, 잘 다스려짐을 원하고 혼란을 미워한다. 하늘이 의로움을 원하고 불의를 미워한다는 사실을 내가 알게 된 이유가 여기에 있다.[148]

결국 묵자의 하느님은 의로움과 삶, 부유함과 안정된 정치를 원하며, 사람들이 서로 사랑하고 서로 이익을 주는 사회를 원합니다. 반면 불의와 죽음, 가난함과 혼란을 싫어하며, 사람들이 서로 미워하고 해치는 사회를 미워합니다. 그러나 인간은 하늘의 뜻을 따를 수도 있고 거역할 수도 있지요. 여기에서도 묵자는 인간의 자유의지를 인정합니다. 하늘의 뜻을 따르면 상을 받고, 하늘의 뜻을 거부하면 벌을 받는다고 확신합니다. 하느님을 믿으면 천당에 가고 믿지 않으면 지옥으로 간다는 기독교의 논리와 비슷하지요. 천당과 지옥은 사후의 일이지만, 상과 벌은 살아 생전에 이루어진다는 차이는 있지만요. 현실과는 다소 동떨어진 사유이기는 하지만, 묵자는 그렇게 확신합니다. 그러면 하느님의 나라는 어떻게 생겨먹었고, 하느님의 역할은 무엇일까요? 이에 대해 묵자는 다음과 같이 말합니다.

> 하늘의 뜻을 따르는 것은 두루 아우름이고, 하늘의 뜻에 거스르는 것은 차별이다. 두루 아우름으로 이끄는 것은 의로운 정치이고, 차별로 이끄는 것은 힘의 정치다.[149]
> 順天之意者, 兼也. 反天之意者, 別也. 兼之為道也, 義正. 別之為道也, 力正.

> 하늘의 뜻에 따르는 사람은 두루 서로 사랑하고 서로 이롭게 하니 반드시 상을 받는다. 하늘의 뜻에 거스르는 사람은 차별하여 서로 미워하고 서로 해치니 반드시 벌을 받는다.[150]
> 順天意者, 兼相愛 交相利, 必得賞. 反天意者, 別相惡 交相賊, 必得罰.

묵자는 하늘에 순응=겸애=의로운 정치, 하늘에 역행=차별적 사랑=힘의 정치라는 단순한 배중률의 논리를 전개합니다. 말이 배중률의 논리이지 어찌 보면 이것 아니면 저것이라는 흑백논리와도 비슷하지요. 아마 당시의 사람들을 쉽게 설득하기 위해 이런 논리를 펼치지 않았나 싶기도 하네요. 결국 임금이나 정치지도자가 하늘의 뜻을 헤아려 겸애하라는 의미이지요. 마치 묵자가 "바보야, 문제는 정치야!"라고 말하는 듯합니다. 묵자가 이루고자 하는 사회는 바로 이와 같은 하늘의 뜻이 관철되는 하느님의 나라였습니다.

그런데 현실 세계에서 하느님의 역할이 고작 상이나 벌을 주는 것인가요? 네, 그렇습니다. 묵자의 하느님은 신 중에 최고인 지상신이지만, 만물을 창조하신 창조주가 아닙니다. 아마도 중국에서는 서양과 달리 창조 사상이 없었나 봅니다. 중국에도 천지를 창조했다는 반고(盤古)신화와 여왜(女媧)신화가 있기는 하지만, 사상으로까지 발전하지는 못했습니다. 그러니 묵자의 하늘은 예수의 하느님보다 한 끗발 아래라고 할 수 있겠네요. 하느님이 세상 사람들을 존재하게 하고 그들을 두루 먹여 살리지만, 못된 인간이 정치를 함에 하늘의 뜻을 거역한다고 생각합니다. 이때 하느님이 할 수 있는 일은 이 못된 인간을 벌주는 것에 불과하지요. 여기에서 하느님과 더불어 또는 하느님을 대신하여 인간의 행위를 판단하고 상벌을 내리는 귀신이 등장합니다.

중국 고대에서는 '제신(諸神)', '백신(百神)', '군신(群神)' 등의 용어에서 보듯이 원래 신은 다신(多神)을 의미합니다. 내용적으로 보면 태양의 신[日神], 달의 신[月神], 구름의 신[雲神], 별의 신[星神], 바람의 신[風神] 같은 자연신이 대종을 이루었지요. 그런데 조상신을 모신 전통이 강하여 사람이 죽은 뒤에 귀(鬼)가 된다는 믿음과 결합하면서 귀(鬼)와 신(神)은 대부분 붙어 다니게 됩니다. 이러한 귀신은 하느님을 의미하는 '제(帝)'나 '상제'보다 사람들에게 더 친밀하게 다가갈 수 있었겠지요. 그래서 귀신은 항상 점복(占卜)이나 제사와 불가분의 관계에 있다고 말할 수 있습니다. 묵자의 하느님은 귀신을 총괄하는 주재신이지요.

그러면 공자는 귀신을 어떻게 생각했을까요? 앞에서도 잠깐 말씀드렸다시피 그는 모호한 태도로 조심스럽게 접근하면서도 귀신의 존재나 예언 같은 초자연적인 현상을 부정하는 경향이 강합니다. 그래서 제자들은 이렇게 말하지요.

> 선생님께서는 괴이한 힘과 어지러운 귀신에 대해서는 말씀하시지 않으셨다.[151]
>
> 子不語 怪力亂神.

또한 제자 계로(季路)가 귀신을 섬기는 일에 대해 묻자 분명히 대답합니다.

> 사람도 아직 섬기지 못하는데, 어떻게 귀신을 섬기느냐?[152]
>
> 未能事人, 焉能事鬼?

공자는 귀신에 대해 모호한 입장에서 현명하게 대처하고 있는 데 반해, 묵자는 확신을 가지고 하느님-귀신-사람을 위계질서로 파악하고 있습니다. "귀신은 성인(聖人)보다 지혜롭다"[153]라고 하여 귀신의 지혜가 천자나 성왕의 그것보다 우위에 있다고 생각합니다. 또한 귀신을 세 종류로 구분하여 천귀(天鬼), 산수귀(山水鬼), 인귀(人鬼)를 제시합니다. 이들 사이에 위계질서가 있는지는 알 수 없지만, 그들의 역할은 상과 벌을 주는 것입니다. 따라서 묵자에게 귀신은 '아무리 커도 벌하지 않는 일이 없는' 능력과 '아무리 작아도 상 주지 않는 일이 없는' 능력을 갖춘 공평

무사하고 용감하고 지혜로운 집행자이지요.

중국의 민간신앙에서 귀신은 인간에게 벌과 재앙만을 주지만, 묵자의 귀신은 벌뿐만 아니라 하느님의 뜻에 따라 상과 이익을 줄 수 있는 존재로 승화되어 인간사회의 질서를 유지하는 인격신으로 자리 잡게 되지요. 이런 면에서 묵자의 귀신은 종래 중국의 고대 신앙과도 차별성을 가지며, 그것을 계승하여 발전시켰다고 평가할 수 있습니다.

그럼에도 그의 귀신 이론에는 몇 가지 문제점이 있습니다. 원래 「명귀(明鬼)」 편은 상 · 중 · 하 세 편으로 구성되어 있는데, 상편과 중편이 소실되어 하편만 전해지고 있습니다. 그래서 그런지 귀신의 존재를 증명하는 방식이 조금 유치하다고 생각될 정도입니다. 『묵자』 전체에 일관되게 유지되는 묵가 특유의 논리정연함이 좀 흐트러진다는 의미이지요. 묵자는 귀신을 보고 들은 백성이 있으며, 백성의 경험을 믿을 수 없다고 하더라도 성왕들이 귀신이 존재를 믿었기 때문에 귀신은 존재한다고 말합니다. 그리고 여러 가지 근거를 제시하지만, 그 근거는 대부분 하 · 은 · 주 삼대의 역사서에 의존합니다. 그런데 그 자료들은 신화에 가까운 전설이라고 판단됩니다. 그가 제시한 자료에 의하면 '구망(句芒)'이라는 귀신은 인간의 생명을 연장해주는 상을 내리고, 억울하게 죽은 인귀는 복수하여 사람을 죽이는 벌을 내리지요. 구망은 사람의 얼굴과 새의 몸을 가진[人面鳥身] 전설 속의 천신(天神)입니다. 당시 민간신앙을 엿볼 수 있기는 하지만, 귀신의 존재를 증명하는 데는 묵자답지 않게 신화의 역사화라는 오류를 범하고 있습니다.

노동을 존중하고 운명론을 비판하는 묵자가 귀신의 존재와 역할을 언급하는 것은 석연치 않은 점이 있습니다. 그래서 양계초는 "「천지」 외에 「명귀」를 추가한 것은 군더더기이며, 귀신의 존재 유무를 증명할 때 묵자는 학문적인 답안을 찾은 게 아니라 극히 천박한 경험론에서 답안을 찾고자 했다"[154]라고 비판하지요. 진위인(陳爲人)도 묵자의 증명방식이 고사라는 점에서 생동감 있고 흥미롭긴 하지만, 사실 측면에서 보면 황당하고 가소로운 수준[155]이라고 평가합니다. 이와 같은 유치한 논증에도 영국의 묵자 연구가인 그래함(A. C. Graham)은 이것이 중국에서 합리적 논의의 시작이었으며, 그로부터 100년 안에 묵가는 고대 중국 사상가 가운데 가장 정교한 학파로 발전했다고 평가합니다.[156]

아무튼 묵자는 귀신의 존재를 확신했고, 귀신의 초능력을 빌려 인간사회의 정의를 실현하고자 했습니다. 그래서 정결하게 음식을 만들어 공경하고, 신중하게 제사를 지내야 한다고 주장하지요. 그러면서 제사의 유용성을 제시하네요.

> 귀신이 존재한다면 돌아가신 부모가 제사음식을 먹고 마시니 크게 이롭고, 귀신이 없다면 일가친척과 마을 사람들이 음식을 먹고 마시며 친목을 도모할 수 있다.[157]

오히려 이 부분은 설득력이 있네요. 결론적으로 귀신의 존재를 믿고 제사를 지내면 사람들이 더 착하게 행동하며, 어느 경우이건 사람들에게 유익하다고 말하지요. 귀신과 제사를 부정하는 사람들을 설득하려는 현실주의자 그리고 경험주의자로서의 묵자의 실용적 면모를 또다시 보여줍니다.

귀신은 하느님과 인간을 연결하는 매개체이자 하느님을 보좌하는 역할을 합니다. 유가에서는 하늘의 명령을 아는 것이 중요하지만, 묵가에서는 누구나 명백하게 알고 있듯이 하늘의 뜻은 겸애이니 이를 실천하는 일이 중요하지요. 그래서 묵자는 다음과 같이 말합니다.

> 내가 하늘의 뜻을 따르는 것은 수레바퀴를 만드는 기술자가 그림쇠(컴퍼스)를 가지고, 목수가 곱자(ㄱ자)를 가진 것에 비유할 수 있다.[158]
>
> 我有天志, 譬若輪人之有規, 匠人之有矩.

목수가 그림쇠와 곱자에 의존하여 일하듯이 사람은 하늘을 본받아 하늘의 뜻에 따라 살아가야 한다는 말이지요. 서투른 목수라도 그림쇠와 곱자가 있으면 수레바퀴를 만들 수 있듯이, 어리숙한 백성도 하늘의 뜻을 따르면 죄를 짓지 않고 잘 살아갈 수 있다는 뜻이 담겨 있다고 보입니다. 여기에 윤리와 도덕의 기준으로서의 하늘이라는 묵자의 생각이 엿보입니다. '사람은 나이와 귀천에 관계없이 모두 하느님의 신하'라는 규정은 혈연중심의 신분체제를 부정하며 하늘 아래 모든 사람은 평등하다고 선언한 셈인데요, 묵자는 하늘에 대한 믿음이 쇠퇴하기 시작하는 시기에 하층민에게 존재하던 하늘에 대한 신앙을 복원하여 정교하게 가다듬어 종교에 국한하지 않고 사회개혁과 연동시키려 했습니다.

중국 고대의 전통에서 볼 때 하늘과 귀신은 기득권층과 통치자의 도구로 사용되었지만, 묵자는 하느님과 귀신을 하층민인 백성을 보호하는 안전판으로 만들었지요. 이런 의미에서 천자가 하느님과 상동해야 한다는 그의 주장은 하늘이야말로 천자를 통제할 수 있는 마지막 수단이라는 의미이지요. 따라서 묵자의 하느님과 귀신은 어느 정도 도구적 성격을 가지고 있다고 할 수 있습니다. 하느님이 도구적 성격을 가지고 있다고 하여 묵자가 사이비 교주라는 말은 절대로 아닙니다. 오히려 하느님의 존재가 묵자에게 실천의 원동력이 되었다고 생각합니다.

이론적으로 연역해보면 묵자가 말하는 하느님의 뜻은 하층민의 의사가 투영되어 만들어진 결정체입니다. 묵자가 관용어처럼 하는 말이 하나 더 있습니다.

> 위로는 하느님에게 이롭고, 가운데로는 귀신에게 이롭고, 아래로는 사람에게 이롭다.[159]
>
> 上利乎天, 中利乎鬼, 下利乎人.

또 이렇게 말합니다.

> 모든 말과 행동은 하느님과 귀신과 백성에게 이로우면 행하고, 하느님과 귀신과 백성에게 해로우면 버려야 한다.[160]
>
> 凡言凡動 利於天鬼百姓者 爲之, 凡言凡動 害於天鬼百姓者 舍之.

이 말은 하늘의 뜻에 따라 겸애하며 의로운 정치를 펼치면 이롭지 않은 곳이 없고, 하늘의 뜻에 거슬러 차별적으로 사랑하여 힘의 정치를 펼치면 이로운 곳이 없다는 의미입니다. 이로움을 주는 대상이 하느님과 귀신과 사람입니다. 이는 하느님-귀신-사람으로 이어지는 위계질서 속에서 이해관계가 서로 일치한다는 의미인데, 현실주의자 묵자는 사람의 이로움에 방점을 찍고 있으며, 사람은 역시 하층민인 백성을 의미하지요. 그런 의미에서 하느님의 뜻[天志]은 백성의 뜻[民志]이며, 피와 땀 그리고 눈물이 밴 그들의 염원이라고 볼 수 있습니다.

자, 지금까지의 설명을 정리하면 다음과 같습니다. 하느님의 뜻은 겸애이며, 국가는 하느님의 뜻을 실현하는 대행자에 불과합니다. 앞에서 언급한 바와 같이 상동(尙同)은 국가 조직에 관한 이론이며, 겸애는 국가 통치의 원리이며, 하늘의 뜻은 겸애를 정당화하는 사회적 · 종교적 근거라고 말할 수 있지요. 그리고 묵자는 이 땅에 하느님의 나라를 실현하려고 노력했습니다. 그리하여 상동-겸애-천지의 기본원리 위에 구체적인 정책대안을 제시하는데, 공격전쟁 비판[非攻], 근검절약[節用], 장례 간소화[節葬], 음악 비판[非樂], 운명론 비판[非命]이 겸애를 실천하는 정책강령이지요. 그런데 이 5대 강령은 모두 당시 유가의 입장과 대치되는 지점에 있었기 때문에 대안 제시는 곧 유가 비판과 일맥상통합니다. 다음 장에서 하나씩 살펴보기로 하지요.

V

겸애를 실천하는 다섯 가지 강령

- 묵자의 방법론
- 공격전쟁 비판[非攻]
- 근검절약[節用]
- 장례 간소화[節葬]
- 음악 비판[非樂]
- 운명론 비판[非命]

•

묵자의 방법론

—

『묵자』를 읽다 보면 어디에서나 관철되는 원칙이 있습니다. 그 원칙은 그가 '삼표(三表)' 또는 '삼법(三法)'이라고 부르는 방법론입니다. 어떤 원칙을 주장하거나 아니면 다른 주장을 판단할 때도 적용되는 기준이라고 말할 수 있습니다. 그래서 묵자는 "천하의 진실과 거짓은 알기 어렵다"라고 하면서 "말을 하거나 글을 쓴다면 우선 기준을 세우지 않으면 안 된다"[161]라고 하지요. 가짜뉴스가 판을 치는 지금과 마찬가지로 아마 당시에도 진실과 거짓을 구별하기 어려웠나 봅니다. 그러고는 다음과 같이 세 가지 기준을 제시합니다.

세 가지 기준은 무엇인가? 근본[本] 되는 것이 있어야 하고, 근원[原] 되는 것이 있어야 하며, 쓰임[用] 되는 것이 있어야 한다. 어디에 근본을 두어야 하는가? 위로는 옛날 성왕들의 업적에 근본을 두어야 한다. 무엇에 근원해야 하는가? 아래로는 백성이 보고 듣는 실정을 살피는 데 근원해야 한다. 무엇에 쓰여야 하는가? 형벌과 정치에 드러나고, 나라와 백성의 이익에 부합하는지 살

피는 데 쓰여야 한다. 이것이 내가 말하는 세 가지 기준이다.[162]

何謂三表? 有本之者, 有原之者, 有用之者.

於何本之? 上本之於古者聖王之事.

於何原之? 下原察百姓耳目之實.

於何用之? 廢以為刑政, 觀其中國家百姓人民之利. 此所謂言有三表也.

우선 성왕들의 업적에 근본을 두어야 한다고 말하네요. 여기에서 성왕은 요(堯)·순(舜)·우(禹)·탕(湯)·문(文)·무(武)를 말합니다. 요·순은 하(夏)나라 이전 오제(五帝)시대의 마지막을 장식한 전설적인 황제이고, 우·탕은 하(夏)나라와 은(殷)나라를 세운 선왕이며, 문·무는 주(周)나라를 건국하여 기틀을 세운 선왕들이지요. 그래서 지금도 태평성대의 이상향을 말할 때 요순시대라고 말합니다. 신화에 기초한 그들의 행적은 주로 『시경』과 『서경』에 기록되어 있습니다. 이 책들은 당시 유가의 교과서였지만, 묵자도 상당히 자주 인용합니다.

그런데 성왕들에 대한 인식의 차이가 존재하네요. 공자가 성왕들을 자기수양에 철저했던 인격적인 사람이었다는 데 방점을 두고 있다면,[163] 묵자는 그들의 업적이 겸애를 통해 세상 사람들에게 이익을 가져다주었다는 점을 강조하지요. 이들의 행적을 모범으로 삼는 것은 아마 이상사회를 추구하는 사상가들이 자신의 주장에 대한 역사적 근거를 제시하면서 정당성을 확보하고자 하는 의도이지요. 이런 식으로 공자와 묵자는 같은 책을 읽으면서도 다르게 해석하는 부분이 많이 있습니다. 앞에서 말씀드린 바와 같이 묵자는 『시경』과 『서경』에 나오는 하느님과 귀신을 적극적으로 받아들이면서 재구성하고 이론화하는 데 비해 공자는 하늘을 인정하면서도 알 수 없는 존재로 괴력(怪力)과 난신(亂神)에 대해 말하지 않았습니다.

두 번째로 백성이 보고 들은 실정을 살펴야 한다고 말하네요. 이 말은 백성의 입장과 처지를 객관적으로 이해하기 위해 백성과 끊임없이 소통하라는 의미로 읽힙니다. 일반적으로 지배층은 피지배계급의 입장을 이해하려고 하지도 않고 이해하지도 못하지요. 백성이 무엇을 생각하고, 무엇을 간절히 원하는지, 그리고 어떻게 살아가는지 알아야 한다는 말입니다. 물론 묵자의 겸애에는 이러한 소통의 필요성이 녹아 들어가 있지만, 백성의 입장과 처지를 이해하는 일은 결코 쉬운 일이 아니지요. 그렇다고 요즘 말로 대중의 의견을 무조건 따라가는 대중추수주의(大衆追隨主義)나 인기에만 영합하는 포퓰리즘은 아닙니다.

성왕들의 업적이 간접경험이라면 백성이 보고 들은 실정은 직접경험에 해당한다고 말할 수 있지요. 간접경험과 직접경험을 종합해야 판단의 기준이 좀 더 객관적이 되지 않을까요? 성왕들의 업적이 과거라면 백성이 보고 들은 실정은 현재입니다. 과거와 현재를 살펴야 미래로 갈 수 있지 않겠습니까? 그래서 묵자는 당연하지만 의미심장한 말을 하지요.

> 일을 도모하다가 성공하지 못하면 과거를 거울삼아 미래를 알아야 하고, 드러난 일을 보고 숨겨진 것을 알아야 한다. 이와 같이 일을 도모하면 성공할 수 있다.[164]
>
> 謀而不得, 則以往知來, 以見知隱. 謀若此, 可得而知矣.

결국 근본[本]과 근원[原]은 과거와 현재를 아우르는 경험의 총체입니다. 이를 철저하게 연구하고 소통하여 쓰임[用]을 판단하자는 말입니다.

마지막으로 쓰임의 내용으로 형벌과 정치를 통해 백성의 이익에 부합하는지 살펴야 한다고 하네요. 성인들의 업적과 백성의 실정을 알고, 그 앎이 재판과 정치에 반영되어 백성의 이익에 부합하면 행하고, 그들의 이익에 반하면 행하지 말아야 한다는 의미입니다. 백성의 이익 여부가 가장 중요한 기준입니다. 앞에서 말한 두 기준의 존재근거가 세 번째 기준에 있듯이, 재판과 정치의 존재이유가 백성의 이익을 늘리는 데 있답니다. 묵자는 관용어처럼 "천하의 이익을 일으키고, 천하의 해로움을 제거해야 한다"라고 말합니다. 여기서 천하는 세상 사람들을 의미하지요. 그는 이 명제를 논증이 필요 없는 명백한 진리이며, 다른 주장의 전제가 되는 공리(公理)로 생각하고 있지요. 그래서 모든 주장이나 정책은 하나로 통하는데, 그것이 바로 백성의 이익 여부입니다. 바로 이런 이유로 묵자는 제자백가 중에서 하층민의 이익을 대변하는 유일한 사람으로 꼽히지요. 여기에서 우리는 묵자가 경험주의자이면서 동시에 실용주의자라는 사실을 다시 한번 확인하게 됩니다. 자, 이제 겸애의 실천 강령을 하나씩 살펴보도록 하겠습니다.

공격전쟁 비판[非攻]

—

춘추시대에는 '오패(五霸)'가 있었고, 전국시대에는 '칠웅(七雄)'이 있었다고 했지요. 이들의 등장은 모두 수많은 약소국을 침략하여 점령한 결과이지요. 묵자는 춘추시대와 전국시대에 걸쳐 살았습니다. 후세의 역사가들이 '싸우는 나라들의 시대'라고 이름을 붙였을 만큼 전쟁이 빈번하게 일어난 시대였지요. 그러나 춘추시대와 비교해보면 전국시대에는 전투의 발생빈도는 줄어든 대신 동원된 군사의 수는 엄청나게 증가하고 전쟁이 장기화하는 특징을 가집니다. 앞에서도 설명한 바와 같이 춘추시대의 전쟁은 전차전(戰車戰)이 중심이었고, 2~3만 명의 보병이 동원되어 단기간에 승부를 결정지었습니다. 하루나 이틀 만에 전쟁이 끝나는 경우도 많았지요. 그러나 전국시대에 들어서면 전쟁의 양상이 보병전으로 바뀌고, 20만 명 이상의 군대가 동원되는 일이 흔하게 일어나지요. 그리고 전쟁 기간도 수개월에서 수년으로 장기화됩니다. 그러니 전쟁의 피해는 춘추시대와 비교할 수 없을 정도로 참혹할 수밖에 없었습니다. 맹자도 이 점에 동의하면서 다음과 같이 묘사합니다.

땅을 뺏기 위해 전쟁을 일으켜 시체가 들판을 채우고, 성을 뺏기 위해 전쟁을 일으켜 시체가 성을 채운다.[165]

爭地以戰 殺人盈野. 爭城以戰 殺人盈城.

백성은 굶주린 기색이 역력하고, 들에는 굶어 죽은 시신이 널렸다.[166]

民有飢色 野有餓莩.

얼마나 잔혹했는지 장평(長平)전투의 예를 들어보겠습니다. 이 전투는 진(秦)나라가 천하통일로 가는 데 반드시 거쳐야 할 관문으로, 조(趙)나라와 약 2년간 지속된 전쟁입니다. 중국 드라마에서도 종종 등장할 만큼 유명한 사건이지요. 진나라 장수 백기(白起)가 조나라 군대를 크게 격파하여 40만 명에 달하는 포로를 사로잡아 생매장했다고 알려져 있습니다. 백기는 죽을 때까지 한 번도 전쟁에서 패하지 않아 '전쟁의 신'으로 불렸는데, 그가 30년 동안 전쟁에서 160만 명의 적군을 몰살했다는 기록도 있습니다. 장평전투에서 매장된 유골이 일부 발견되어 거짓 역사는 아니지만, 중국인의 과장 역시 엄청 심하지요. 백기 장군을 영웅으로 만들기 위해 10배로 뻥 튀겼다고 해도 한 번의 전투에서 4만 명이나 죽은 셈이지요. 이처럼 전국시대의 전쟁은 참혹했습니다.

이런 전쟁이 일상화되면서 백성의 생활이 처참하게 추락했으니 묵자는 당연히 전쟁에 반대하는 입장을 취했겠지요. 그렇다고 모든 전쟁을 반대한 것은 아닙니다. 큰 나라가 작은 나라를 공격할 때 작은 나라를 방어하는 일에는 스스로 참여하기도 합니다. 초(楚)나라가 구름사다리차라는 신형 무기를 만들어 송(宋)나라를 공격하려고 할 때, 성을 방어하는 전문가인 묵자는 제자 300명을 송나라로 보내 미리 방어하게 하고 초나라 왕을 만나 전쟁에서 초나라가 이길 수 없다고 설득하여 전쟁을 중단시켰다는 기록이 있습니다.[167] 또한 노양문군(魯陽文君)이 정(鄭)나라를 공격할 때도 전쟁의 부당성을 역설했으며, 제(齊)나라가 노(魯)나라를 침공할 때 제나라 대왕과 그의 장수 항자우(項子牛)를 찾아가 전쟁을 만류하지요.[168] 당시 묵자는 꽤 알려진 유명인사이기는 했지만, 천민 출신인 그의 이러한 행동은 목숨을 걸지 않고는 감히 상상할 수도 없는 일이었지요. 반전평화주의자로서, 그리고 자기 생각을 실천하는 혁명가로서 묵자의 면모를 볼 수 있습니다.

그러면 묵자는 어떤 논리로 전쟁을 반대했을까요? 그가 전쟁을 반대하는 이유는 전쟁이 의롭지도 못하고 이롭지도 않기 때문이었습니다. 다른 사람의 과수원이나 마구간에 들어가 과실이나 가축을 훔치면 의롭지 못하다고 하면서, 왜 많은 사람을 죽이고 남의 나라를 훔치는 일은 의롭다고 하는지 의문을 제기하지요. 그러면서 의롭지 못한 전쟁을 의롭다고 주장하는 당시 권력자들과 그들을 옹호하는 위선적인 군자의 이데올로기를 날카롭게 비판하면서 다음과 같이 말합니다.

> 한 사람을 죽이면 불의이며, 반드시 한 번의 죽을죄가 있다고 말한다. 이와 같이 말하면 열 사람을 죽이면 불의가 열 배이며 반드시 열 번의 죽을죄가 있고, 백 사람을 죽이면 불의가 백 배이며 반드시 백 번의 죽을죄가 있는 셈이다. 이런 일에 대해 천하의 군자들은 그것을 알고 비난하여 '불의(不義)'라고 부른다. 그러나 남의 나라를 공격하는 불의가 크게 행해지면, 그것이 그르다는 사실을 모르고, 그것을 따르고 칭송하여 '의로움'이라고 말한다.[169]

사실 이와 같은 이데올로기는 20세기에도, 지금도 종종 나타나고 있습니다. 제국주의는 합리적이고 도덕적인 서양 국가들이 비합리적이고 도덕적으로 타락한 동양의 나라들을 문명화시키기 위해 지배한다는 논리로 식민지 침략전쟁을 정당화해왔지요. 이러한 과정에서 다윈의 진화론이나 개발경제학의 근대화론을 왜곡하여 그 근거를 제공하면서 말이죠. 일본의 대동아공영(大東亞共榮)도 마찬가지입니다. 동아시아 국가들이 일본을 중심으로 뭉쳐 서양 열강의 식민 지배를 몰아내고 아시아 평화와 번영을 누려야 한다고 주장하면서 만주와 조선을 침략하고 태평양전쟁을 일으킵니다. 유럽과 일본의 제국주의는 자신들의 침략과 전쟁이 정의롭다고 명분을 세웁니다. 춘추시대의 오패(五霸)나 전국시대의 칠웅(七雄)도 똑같은 논리를 펼치지요.

국제관계에서만 아니라 한 나라 내에서도 이러한 전도된 이데올로기가 나타납니다. 어느 개인이 회사 공금 1천만 원을 훔치면 '횡령'이라고 말합니다. 그런데 회사가 장부 조작을 통해 몇십억 또는 몇백억 원을 횡령하면 그때는 '관행'이라고 이야기하지요. 회사를 살리기 위한 의로운 행동으로 포장하는 경우도 종종 있습니다. "작은 도둑은 감옥에 갇히는 형벌을 받지만, 큰 도둑은 제후가 된다"[170]라는 장자의 빈정거림과 일맥상통하지요. 쿠데타를 일으켜 수백 명을 학살한 후 정권을 장악하고 나서 '정의사회를 구현하기 위해서'라고 말하는 것과 마찬가지입니다. 그런데 아직까지 이러한 엉터리 주장에 수긍하는 사람들이 있다는 사실을 보면 "인간의 어리석음을 너무 과소평가하지 말라"라는 어느 철학자의 말이 가슴에 와닿습니다. 예나 지금이나 이런 이데올로기의 전도현상은 지배층이 만들고 그들에게 봉사하는 지식인이 전파하지요.

묵자는 하느님의 백성을 징발하여 하느님의 도읍을 공격하고 하느님의 백성을 찔러 죽이는 전쟁은 결코 하느님의 뜻이 아니라고 생각했습니다. 따라서 차별적 사랑이 초래하는 전쟁은 극단적인 힘의 정치이기 때문에 절대 의롭지 않다고 주장합니다. 전쟁에 나가 죽은 백성이 산과 들을 뒤덮어도 전쟁을 합리화하는 지배층의 이중성을 통렬하게 비판하지요. 여기에 그치지 않고 묵자답게 이익의 관점을 도입하여 전쟁에 대한 사회경제적 분석을 시도하면서 전쟁은 이롭지도 않다고 주장합니다. 우선 전쟁이 시작되면 생산이 중단되어 백성의 삶이 어려워진다고 강조하지요.

> 이제 큰 나라가 작은 나라를 침공하면, 공격받는 나라에서는 농부가 밭을 갈 수 없고 부녀자는 베를 짤 수 없으니 수비만 일삼게 된다. (또한) 공격하는 나라에서도 농부가 밭을 갈지 못하며 부녀자가 베를 짜지 못하니 공격만 일삼게 된다.[171]
>
> 大國之攻小國也, 攻者 農夫不得耕, 婦人不得織, 以守為事; 攻人者, 亦農夫不得耕, 婦人不得織, 以攻為事.

> 군사를 일으킬 때 겨울에 움직이면 추위가 두렵고, 여름에 움직이면 더위가 무섭다. 그래서 겨울과 여름에는 움직이기 어렵다. 봄이면 백성이 밭 갈고 씨 뿌리는 일을 포기해야 하고, 가을이면 추수를 포기해야 한다. 오늘날 오직 한 계절만 포기하더라도 백성은 굶주리고 추위에 얼어 죽는 자가 이루 다 셀 수 없다.[172]
>
> 今師徒唯毋興起, 冬行恐寒, 夏行恐暑, 此不可以冬夏為者也. 春則廢民耕稼樹藝, 秋則廢民穫斂. 今唯毋廢一時, 則百姓飢寒凍餒 而死者 不可勝數.

(전쟁은) 길면 수년 짧으면 수개월 걸린다. 이렇게 되면 임금은 정치를 할 겨를이 없고, 선비는 관청을 다스릴 겨를이 없으며, 농부는 농사지을 겨를이 없고, 아녀자는 길쌈하고 베를 짤 겨를이 없다. 즉 나라는 근본을 잃게 되고, 백성은 본업을 바꾸게 된다.[173]
久者數歲, 速者數月, 是上不暇聽治, 士不暇治其官府, 農夫不暇稼穡, 婦人不暇紡績織紝, 則是國家失卒, 而百姓易務也.

결국 전쟁은 공격하는 나라와 수비하는 나라 모두에 심각한 사회경제적 피해를 준다는 말이네요. 그 피해 내용은 사회적 분업의 교란이지요. 재판과 정치가 실종하고, 경제의 두 축인 농업과 수공업이 파괴된다고 하네요. 그러고는 백성이 사용할 수 있는 재화가 고갈되어 그들의 삶이 파괴된다며 전쟁에 드는 비용을 구체적으로 열거합니다.

(전쟁의) 비용을 계산하면 삶의 근본을 해친다. 천하의 백성이 사용할 재화를 고갈하는 일이 셀 수 없이 많다.[174]
又計其費, 此為周生之本, 竭天下百姓之財用, 不可勝數也.

잠시 군사가 출동하는 데 드는 비용을 계산해보자. 대나무로 만든 화살, 깃털을 단 깃발, 장막, 갑옷과 방패, 그리고 뗏목이 전쟁터로 가서 망가지고 썩어 문드러져 돌아오지 못한 것이 셀 수 없이 많다. 또한 창, 칼 그리고 수레가 줄지어 갔다가 부서지고 부러지고 망가져 돌아오지 못한 것이 이루 다 셀 수 없고, 소와 말은 살쪄서 갔다가 여위어 돌아오고, 가서 죽어 돌아오지 못한 것도 이루 다 셀 수 없다. 길이 멀어 식량이 멈추어 끊기고 계속되지 않아 죽는 백성도 다 셀 수 없다. 거처가 불안하여 밥 먹는 시간도 때에 맞지 아니하고, 굶었다가 과식하는 등 절도가 없어 길에서 병들어 죽는 백성도 셀 수 없이 많다. 죽은 병사를 많이 잃은 경우도 셀 수 없이 많고, 전멸하여 모두 잃은 경우도 셀 수 없이 많다면, 귀신에게 제사를 지낼 자손을 잃는 경우 역시 셀 수 없이 많아진다.[175]

마지막으로 전쟁으로 인한 손익을 비교하면서 전쟁에서 승리해도 경제적으로 이익이 없다며 다음과 같이 말합니다.

승리하여 얻은 바를 헤아려도 쓸 만한 것이 없으며, 얻은 이익을 헤아려도 잃은 것만 못하다.[176]

計其所自勝, 無所可用也 計其所得 反不如所喪者之多.

사람은 부족하고 땅은 남는데, 지금 땅을 차지하려고 다투기 때문에 도리어 서로를 해친다. 그래서 전쟁은 부족한 사람을 잃고 남아도는 땅을 중히 여기는 일이다.[177]

是人不足而地有餘也, 今又以爭地之故, 而反相賊也. 然則 是虧不足, 而重有餘也.

전쟁을 반대하는 이유가 너무 깔끔하고도 명백하지 않나요? 살아 있는 노동을 전쟁에 희생시켜 재생산구조를 파괴하여 백성의 생산을 중단시킨다고 하네요. 그리고 백성이 사용할 재화를, 그들이 피땀으로 만든 재화를 전쟁으로 소모하여 고갈시킨다고 하네요. 결국 전쟁은 백성에게 죽음과 기아의 공포를 안겨주며, 그들에게 가장 큰 피해를 초래한다는 지극히 상식적이고 합리적인 결론을 도출합니다. 비록 전쟁에 승리해도 부족한 사람을 잃고, 남아도는 땅을 얻으니 경제적 이익이 없음을 증명하고 있는 셈이지요. 결국 그토록 전쟁에 반대한 이유는 전쟁으로 인한 피해가 전적으로 하층민인 백성에게 돌아가기 때문입니다. 지배자들의 전도된 이데올로기가 백성을 죽음으로 몰아가고 있다고 생각했습니다.

그러고는 천하를 이롭게 하는 제후들의 행동 요령을 말합니다.

> 큰 나라가 의롭지 않으면 작은 나라를 걱정해주고, 큰 나라가 작은 나라를 공격하면 같이 구해주고, 작은 나라의 성곽이 온전치 않으면 같이 보수해주고, 옷과 곡식이 떨어지면 그것을 제공하고, 비단과 예물이 부족하면 그것을 공급해야 한다.[178]
> 大國之不義也, 則同憂之; 大國之攻小國也, 則同救之; 小國城郭之不全也, 必使修之; 布粟之絕, 則委之; 幣帛不足, 則共之.

당시의 사회질서를 감안하면 낭만적인 처방이지만, 겸애의 원리와 일맥상통한다고 생각됩니다. 그러고는 군사를 일으키는 비용으로 다른 나라 제후들의 피폐함을 구제하면 그 이익이 더 크다고 일반화합니다. 남의 나라를 내 나라처럼 생각하라고 평화공존의 지침을 제시하지요. 그러나 불행하게도 당시 천하통일이라는 명분을 내걸고 전쟁에 전념했던 강국의 지배자들을 설득하지는 못했습니다. 설득하기는커녕 그들로부터 완전히 배제당하지요. 진(秦)나라의 중국통일 이후 묵가가 사라지는 것도 이와 무관하지 않습니다.

그런데 어떤 이는 전쟁이 제후들의 소유권을 침범하는 행위이므로 전쟁을 반대하는 비공이야말로 세습귀족의 사유권을 승인한다고 비판합니다.[179] 이런 식으로 보면 인류 역사에 등장한 반전평화주의자들은 모두 기득권층의 사유권을 옹호하는 세력이 되지요. 전쟁은 항상 강자의 이익을 보장하는 극단적인 정치적 행위라는 사실을 너무도 쉽게 간과하고 있네요. 그러나 묵자는 수미일관 약소국과 피지배층의 입장에서 그들을 옹호하지요.

이상에서 살펴본 바와 같이 묵자는 전쟁에 반대하는 이유를 경제, 즉 생산의 문제로 환원하여 그 논거를 제시하고 있습니다. 무력에 의존하여 천하통일을 이루고자 하는 정치를 '패도정치'라고 비난하면서, "전쟁을 잘하는 사람을 제일 중한 형벌로 다스려야 한다"[180]라는 맹자의 관념적 분석과는 너무도 대조적이네요. 손익을 계산하고 있다는 점에서 유물론적이며 동시에 근대적이라고 평가할 수 있지요. 그렇다고 하부구조에만 매몰되어 있지 않고 상부구조인 이데올로기의 비판을 곁들이고 있으니 묵자야말로 중국 사상사에서 매우 특이한 존재라고 말할 수 있습니다.

근검절약[節用]

묵자는 사치와 낭비가 나라를 망치는 원인이 된다고 지적하면서 평상시에도 근검하고 절약하여 재물의 낭비를 경계했습니다. 한 나라의 부(富)를 두 배로 증가시키는 방법은 다른 나라의 영토를 점령하여 탈취하는 것이 아니라 쓸데없는 낭비를 없앰으로써 가능하다고 힘주어 강조하지요. 재물을 사용함에 낭비가 없어지면 백성이 혹사되지 않아 이익이 많이 생긴다면서 국가의 이익을 백성의 이익으로 환원시킵니다. 그리고 성왕이라 할지라도 자연재해는 막을 수 없어 우(禹)왕 때 7년간 홍수가 있었고, 탕(湯)왕 때도 5년간 가뭄이 있었다고 하네요. 이때 흉년이 들었음에도 얼어 죽거나 굶어 죽은 사람이 없었던 이유는 재화를 절약해서 썼기 때문이라고 말합니다.[181] 여기서도 근검절약은 오로지 백성을 위한 대책으로 이해됩니다. 한 나라의 부는 전적으로 백성이 만들어내는 것이니까요. 이와 같은 근검절약은 말할 필요도 없이 상류사회를 이루는 지배층이 담당해야 몫이지요. 일반백성은 사치와 낭비를 하고 싶어도 할 수 없는 존재이니까요.

당시의 지배층은 살아서는 높은 누각을 짓고 죽어서는 분묘를 치장했습니다. 그래서 밖에서는 백성이 고생하고 안에서는 나라의 창고가 비워졌으며, 위에서는 쾌락을 싫증 내지 않고 아래에서는 고생을 감당하지 못했다고 합니다.[182] 지배층의 호화로운 생활을 보면서 묵자는 성왕들이 근검하고 절약하는 모습을 집과 음식과 옷, 장례의식, 배와 수레의 생산을 하나씩 예로 들어 설명하면서 백성을 위해 과도한 사치와 낭비를 경계하라고 다음과 같이 조언하지요.

> 옛날 백성이 아직 집을 짓지 못할 때 언덕에 굴을 파고 살았는데, 아래가 젖고 축축하여 백성을 상하게 했다. 그리하여 성왕이 집과 방을 지었다. 집과 방을 짓는 방식은 집터의 높이는 습기를 막으면 족하고, 사방의 벽은 바람과 추위를 막으면 족하고, 지붕은 눈과 서리, 비와 이슬을 막으면 족했다. 담벼락의 높이는 남녀의 예를 구별할 수 있으면 충분했다. 이 정도에 그쳤다. 재물을 사용하고 힘을 써도 이로움이 추가되지 않으면 하지 않았다.[183]

> 옛날 사람들이 아직 옷을 만들지 못할 때 (동물의) 가죽을 걸치고 마른 풀을 엮어 허리띠로 삼았다. 겨울이면 가볍지도 따뜻하지도 않았으며, 여름에는 가볍지도 시원하지 않았다. 성왕은 사람들의 실정에 맞지 않는다고 생각했다. 그래서 부인들에게 명주실과 삼실을 꼬아 베와 명주 짜는 법을 가르쳐 백성이 옷을 입게 했고, 옷을 만드는 법도를 만들었다. 겨울에는 거친 비단을 입어 가볍고 따뜻하게 하고, 여름에는 칡베를 입어 가볍고 시원하게 했다. 이 정도에 그쳤다. 그리하여 성인은 옷을 만들 때 몸에 맞

고 피부와 조화를 이루면 만족할 뿐 눈과 귀를 호사시키거나 어리석은 백성에게 보여주고자 하지 않았다.[184]

옛날 사람들이 아직 음식 만드는 법을 모를 때 소박하게 먹고 흩어져 살았다. 그래서 성인은 남자들에게 밭을 갈고 나무 심는 것을 가르쳐 백성이 먹을 수 있게 했다. 먹는 것은 기운을 더하고, 허기를 채우며, 몸을 강하게 하고, 배를 채울 뿐이었다. 그래서 재물을 절약하여 사용하고 검소하게 살아서 백성은 부유하고 나라는 잘 다스려졌다.[185]

옛날 사람들이 아직 배와 수레를 만들지 못할 때 무거운 짐을 옮기지 못했고 먼 길을 갈 수 없었다. 그래서 성왕이 배와 수레를 만들어 백성의 일을 편하게 했다. 그 배와 수레는 견고하고 가볍고 편리하게 만들어져 무거운 짐을 싣고서 멀리까지 갈 수 있었다. 재물을 적게 사용하면서도 이로운 점이 많았다. 이리하여 백성이 즐겨 이용했다. 법령으로 다그치지 않아도 행해졌고, 백성이 고생하지 않아도 임금은 사용할 재물이 풍족했다. 그래서 백성은 돌아왔다.[186]

이를 정리 요약하여 다음과 같이 말합니다.

왜 옷을 만드는가? 겨울에 추위를 막고 여름에는 더위를 막기 위해 만든다. 옷을 만들어 입는 이치는 겨울에는 따뜻하게 하고 여름에는 시원하게 하는 데 있다. 아름답지만 구차하여 실용에 보탬이 되지 않는 것은 버린다.

왜 집을 짓는가? 겨울에는 바람과 추위를 막고, 여름에는 더위와 비를 막으며, 도적이 있어 단단하게 짓는다. 아름답지만 구차하여 실용에 보탬이 되지 않는 것은 버린다.

왜 갑옷과 방패, 그리고 무기를 만드는가? 외적과 도적을 막기 위해 만든다. 외적이 침입하고 도적이 해칠 경우 갑옷과 방패, 무기가 있으면 승리하고 없으면 이기지 못한다. 그래서 성인은 갑옷과 방패, 무기를 만든다. 가볍고 날카롭게 하며 단단하여 부러지기 어렵게 만든다. 아름답지만 구차하여 실용에 보탬이 되지 않는 것은 버린다.

왜 배와 수레를 만드는가? 수레로 언덕과 육지를 가고, 배로 강과 골짜기를 다녀 사방을 통할 수 있는 편리함 때문에 만든다. 배와 수레를 만드는 이치는 가볍고 편리하게 하는 데 있다. 아름답지만 구차하여 실용에 보탬이 없는 것은 버린다. 무릇 이와 같은 물건들을 만들 때 실용에 보탬이 되지 않는 일이 없게 한다. 그래서 재물을 사용함에 낭비하지 않고 백성은 혹사당하지 않아 많은 이익이 생긴다.[187]

묵자는 모든 재화는 본래의 기능만 충족시키면 그것으로 족하다고 생각했습니다. 본래의 기능인 유용함을 증가하는 일은 장려하지만, 과시를 위한 지출은 허용할 수 없다는 입장이네요. 이렇게 보면 묵자는 참으로 실용주의자입니다. 금욕주의적 성격도 어느 정도 보이네요. 재화의 양이 절대적으로 부족하고 생산력이 지극히 낮은 단계에서 나올 수 있는 생각이지요. 기능을 보완하거나 추가하여 사람에게 도움이 되면 행하지만, 백성에게 권위와 부를 과시하는 수단이 되는 것은 철저하게 거부합니다. 아름답지만 구차하여 실용에 보탬이 되지 않는 것을 버리는 이유는 백성을 고생시키지 않기 위해서입니다.

그런데 역사적으로 보면 의식주는 말할 것도 없고 많은 재화는 그것을 소비하는 사람들의 사회적 지위와 부의 차이를 반영합니다. 왕이 거주하는 왕궁과 그가 입는 옷은 사대부가 사는 저택이나 옷과 크게 구별되지요. 그리고 평민이 사는 집이나 옷과도 구분됩니다. 집은 크기와 모양에서 구별되고, 옷은 재질과 색깔로 구별됩니다. 심지어 모자나 신발도 사회적 신분에 따라 엄격하게 구별했습니다.

이러한 현상은 동서양을 불문하고, 시대적으로 고금에 관계없이, 그리고 지금도 변하지 않지요. 지금도 사는 집, 입는 옷, 몰고 다니는 차를 보면 그 사람의 사회적 · 경제적 지위를 대략 가늠할 수 있지요. 또한 예나 지금이나 부자들은 부자끼리 모여 살고 가난한 사람은 가난한 사람끼리 모여 살지 않나요? 묵자가 살았던 당시에 이미 부자들은 구슬과 옥, 새와 짐승, 개와 말을 모으는 취미를 가지고 있었으며, 다섯 가지의 맛과 향기의 조화를 지극하게 선호했다고 합니다. 사회적으로 쓸모가 별로 없지만 많은 비용이 들어가는 취미를 향유하는 사람들은 다른 사람들이 감히 접근할 수 없게 함으로써 자신의 사회적 지위와 부를 과시한다고 묵자는 생각했습니다. 약탈적 사회에서만 그런 것은 아니고 베블렌(T. Veblen, 1857~1929)이 지적한 바와 같이 근대사회에 들어와서도 별반 다르지 않지요.[188]

그러나 묵자의 기준은 항상 백성의 생활에 있었습니다. 묵자의 육성을 직접 들어볼까요?

> 백성이 사용하기에 충분하면 그쳐야 한다. 성왕들은 백성의 이익에 보탬이 되지 않으면서 비용이 더해지는 일을 행하지 않았다.[189]
> 凡足以奉給民用 則止. 諸可費不加于民利者. 聖人弗爲.

지배층에게 절용을 권유한 목적은 피지배층에게 이익을 가져다주고, 백성을 혹사하지 않고, 고아나 과부 같은 사회적 약자를 추위와 굶주림에서 구제하기 위해서지요.

근대에 와서 묵자의 절용은 보수우파의 소비원칙을 대표한다거나 진취적이지 못하며 보수적인 소비를 조장한다고 비판하는 중국의 학자들이 있습니다. "묵자가 낭비를 우려한 까닭은 왕을 위한 것이지 백성의 이익 때문이 아니며, 어떻게 백성이 좀 더 풍족하게 소비할 수 있는지 한 번도 생각한 적이 없다"[190]라고까지 매도합니다. 그들은 묵자가 백성의 생활도 지극히 검소한 단계로 제한하면서 굶어 죽지 않고 얼어 죽지 않기만을 원했다고 판단하여 그렇게 주장합니다. 이러한 비판은 당시 이데올로기 투쟁과 관련되어 있기도 하지만, 2천 년이라는 시간적 무게를 무시한 궤변이라고 생각됩니다. 백성이 굶어 죽지 않고 얼어 죽지 않아야 한다는 바람을 궁극적인 목표가 아니라 최소한의 지향점으로 본다면 이들의 궤변은 근거가 없어지지요. 오히려 묵자는 앞에서도 말씀드린 바와 같이 노동하지 않고 소유하는 불로소득을 범죄라고 생각했으며, 그로 인한 빈부 격차, 지금의 용어로 말하면 양극화를 매우 싫어했던 사상가입니다.

여기에서 주목할 점은 묵자가 비실용적인 낭비를 지배층의 과시로 보면서 동시에 가난한 백성이 감히 저항할 수 없도록 정신적으로 지배하는 수단으로 생각했다는 사실입니다. 그래서 많은 사람에게 그것을 고귀한 문화라고 착각하게 만드는 인류학적 전승의 비밀을 발견한 최초의 사상가[191]라고 말할 수 있습니다. 그리고 생산과정에서 맺어지는 관계가 모든 사회적 관계에 규정적인 역할을 한다고 주장하는 마르크스와 달리, 묵자는 소비관계에서 억압의 기제를 발견했다고 말할 수 있습니다. 앞에서 말씀드린 공격전쟁 반대에서도, 뒤에 말씀드릴 장례 간소화와 음악 비판에서도 소비에 대한 분석이 주종을 이루고 있습니다. 그렇다고 생산을 간과하고 있지는 않습니다. 오히려 농업과 수공업을 나라의 근본이라고 말하지요. 이런 면에서 묵자는 기존의 사회시스템을 완전히 부정하여 뒤집어엎기보다는 점진적인 문화혁명을 통해 하층민의 이익을 보장하는 절용문화로 개혁하기를 희망했다고 볼 수 있지요.

장례 간소화[節葬]

—

장례를 간소화해야 한다는 묵가의 주장은 절용(節用)에서 파생되었지만, 유가가 주장하는 '후한 장례와 오랜 초상(厚葬久喪)'이 당시 공격전쟁만큼이나 백성의 삶을 억압하기 때문에 따로 하나의 편으로 독립시켜 서술했다고 생각됩니다. 원래 유가는 제사와 의식을 집행하던 집단에서 출발했기 때문에 의식의 절차와 규칙을 정하여 체계화하고 그것을 '예(禮)'라고 불렀지요. 유가에서 효행은 인간이 살아가면서 지켜야 할 도덕의 으뜸이지요. 그래서 부모가 살아계실 때는 물질적 · 정신적으로 봉양하여 받들고, 돌아가신 후에는 후한 장례와 오랜 초상으로 떠받들었습니다.

그러나 유가에 입문한 묵자는 후한 장례로 재물을 낭비하고 오랜 초상으로 생업을 포기한다고 여겨 유가의 학설을 포기하게 되지요.[192] 그러하니 후한 장례와 오랜 초상에 대한 묵자의 비판은 필연적일 수밖에 없네요. 그는 우선 지나치게 번거로운 예의 가식적 성격을 비판합니다. 당시에 어버이가 죽으면 다시 살아나기를 기다리며 3일 동안 염을 하지 않았고,[193] 그러고는 지붕에 올라가 "망자여 돌아오라"라고 부르짖었다[194]고 합니다. 또한 죽은 사람을 찾는다고 우물을 들여다보고 쥐구멍을 쑤시고 빨래통을 뒤졌다고 하네요. 이에 대해 묵자는 다음과 같이 일갈하지요.

> 실제로 살아있다고 생각하면 매우 미련하고 어리석은 행동이며, 죽은 줄 알면서도 찾는다면 이 또한 커다란 거짓이다.[195]
> *以爲實在 則贛愚甚矣. 如其亡也 必求焉, 僞亦大矣!*

유가의 상례(喪禮)는 대단히 복잡하지만, 여기에서 간단하게 살펴보겠습니다. 잘 아시는 바와 같이 '오랜 초상'은 3년 동안 상복을 입어야 한다는 의미이지요. 공자는 제자 재아(宰我)와의 대화에서 자식은 태어난 지 3년이 지나야 부모의 품을 벗어날 수 있다면서 삼년상은 천하의 공통된 상례라고 주장했지요.[196] 그 후 맹자 때 삼년상을 선언하고, 기원전 3세기 중엽 순자와 그 학파가 매장과 상복(喪服)에 관한 의례를 규정하면서 삼년상은 부모가 사망했을 때 자식이 지켜야 할 의례로 일반화되었습니다.[197] 한 걸음 더 나아가 순자는 부모의 장례를 넘어 상례를 다음과 같이 국가적으로 체계화합니다. 순자의 주장은 앞에서도 말씀드린 나눔[分]과 의로움[義]을 구체적으로 제시하고 있네요. 이와 같은 나눔의 질서가 순자에게는 예의 본질이지요.

> 예(禮)는 태어남과 죽음을 엄격하게 다스린다. 태어남은 인생의 시작이고, 죽음은 인생의 끝이다. 시작과 끝이 다 좋아야 사람의 도리를 다한 것이다. 따라서 군자는 시작을 공경하고 끝을 삼간

다. (…) 그러므로 천자의 관곽은 일곱 겹, 제후는 다섯 겹, 대부는 세 겹, 사는 두 겹으로 한다. 그런 뒤에 모든 수의와 금침의 많고 적음, 두터움과 엷음의 규칙이 있고, 관의 장식과 무늬에 등급이 있어 공경하게 꾸며서 삶과 죽음, 처음과 마지막을 하나로 하는데, 이는 사람의 소원을 충분히 이룰 수 있다.[198]

이에 대해 실용주의자 묵자는 후한 장례와 오랜 초상 같은 제제도를 지켜야 하는지 버려야 하는지 결정하기 위하여 다음과 같이 세 가지 기준을 제시합니다. 가난한 사람을 부유하게 하는가? 인구를 늘리는가? 위기를 안정시키고 혼란을 바로잡을 수 있는가? 이 기준에 부합하면 권장해야 하고, 그렇지 못하면 비판하고 폐지해야 한다고 주장하면서 '후한 장례와 오랜 초상'의 부당함을 차례대로 증명하고 있습니다. 우선 '후한 장례'는 노동의 결과물인 값비싼 재물을 헛되이 땅속에 묻어버린다고 지적하네요.

왕공대인이 상을 당하면 관곽(내관과 외관)은 반드시 여러 겹으로 하고, 매장은 반드시 깊게 하고, 수의와 이불은 반드시 많게 하고, 무늬와 자수는 반드시 호화롭고, 봉분은 반드시 크게 한다. 평범한 사람과 천민이 죽으면 집안(의 재물)이 고갈된다. 제후가 죽으면 창고와 곳간을 비우게 된다. 그런 뒤에 금과 옥, 둥근 구슬과 모난 구슬로 몸(시체)을 치장하고, 굵은 실로 엮은 끈으로 마디를 묶고, 수레와 말을 무덤에 묻으며, 또한 반드시 천막과 휘장을 많이 만든다. 솥과 북, 안석과 자리, 병과 접시, 창과 칼, 깃털과 깃발, 상아와 가죽을 함께 묻어야 만족한다. 마치 (죽은 사람을) 이사하듯 보낸다. 천자가 죽으면 순장되는 사람이 많으면 수백 명이며 적으면 수십 명에 이른다. 장군과 대부가 죽으면 순장되는 사람이 많으면 수십 명이며 적으면 수 명이다.[199]

이어서 '오랜 초상'은 오랫동안 노동의 기회를 박탈하거나 노동의 잠재력을 약화시킨다고 다음과 같이 말합니다.

소리 내어 울어서 목소리가 가지런하지 못하고, 상복을 입고 삼베로 엮은 머리띠와 허리띠를 하고서 눈물을 흘리며, 쓰러져 가는 오두막에 기거하며 흙덩이를 베고 거적에서 자야 한다. 또한 먹지 않아 굶주리며, 얇은 옷을 입어 추위에 떨어야 한다. 얼굴과 눈은 야위고 파여야 하고, 얼굴색은 검게 변하고 눈과 귀는 맑고 밝지 못하고, 손발은 굳세지 못해 쓸 수 없어야 한다. 또한 훌륭한 선비는 상을 당하면 반드시 부축해야 일어날 수 있고, 지팡이를 짚어야 걸을 수 있다. 이렇게 3년을 한다. 이 말을 본받고 이 도(道=厚葬久喪)를 실행한다고 가정해보자. 왕공대인이 이렇게 하면 반드시 일찍 조회할 수 없으며, 관청을 다스릴 수 없고, 초목을 개간하여 창고와 곳간을 채울 수 없게 된다. 농부가 이렇게 하면 반드시 일찍 나가서 밤에 들어오지 못해 밭을 갈고 씨를 뿌리지 못하게 된다. 공인들이 이렇게 하면 반드시 배와 수레를 고칠 수 없고, 기구와 그릇을 만들지 못한다. 아녀자들이 이렇게 하면 반드시 일찍 일어나 밤에 잠들지 못해 실을 잣고 베를 짜지 못하게 된다. '후한 장례'를 자세히 계산하면 세금으로 받은 재물을 땅에 묻는 일이며, '오랜 초상'을 계산하면 오랫동안 일에 종사하

> 는 것을 금지하는 셈이다. 이미 만들어진 재물을 땅에 묻고, 뒤에 만들어질 것을 금지하면서 부를 구하려는 것은 비유해서 말하면 농사를 금지하면서 수확을 얻으려는 것과 같으니, (가난한 사람을) 부유하게 한다는 주장은 설득력이 없다.[200]

하층민인 백성은 죽어서도 차별받는다고 울분을 토할만한데, 묵자는 냉철하게 사회 각 부문의 생산적 활동에 미치는 영향을 분석하네요. 과거의 노동을 땅에 묻고 미래의 노동을 금지하는 결과를 가져오기 때문에 재생산구조가 파괴된다고 하지요. 그래서 살아있는 노동이 가장 피해를 보고, 그중에서 하층민의 생활은 더욱 어려워질 수밖에 없다는 사실을 논리적으로 증명하고 있습니다. 앞에서와 마찬가지로 묵자는 노동을 중심으로 재생산구조까지 언급하고 있습니다.

묵자는 인구의 증가를 사회가 발전하는 데 가장 중요한 기준의 하나로 설정했습니다. 이는 당시 생산을 담당하는 인구 수에 의해 국력이 결정되는 시대적 상황을 반영한다고 보입니다. 사실 오늘날에도 인구는 재생산과정에 매우 중요한 역할을 하지요. 생산가능인구의 비중에 따라 그 사회의 성장 잠재력이 결정적으로 영향을 받으니까요. 묵자가 사회적 노동력의 재생산이 국가의 지속적인 발전에 대단히 중요하다는 사실을 경험적으로 알고 있었다는 증거이기도 합니다. 인구 감소가 현실화되고 있는 한국의 상황에서 시사하는 바가 작지 않을 듯합니다.

옛날 성왕들은 법을 만들어 사내가 스무 살이 되면 감히 장가들지 않는 사람이 없고, 여자가 열다섯 살이면 시집가지 않는 사람이 없도록 했다[201]고 하면서 인구를 늘리기 위해 혼인 연령을 법으로 정하기를 적극적으로 권유하지요. 아마 이때 성왕은 제(齊)나라 환공(桓公)이 아닌가 싶네요.[202] 그리고 군주와 귀족은 축첩을 절제해야 한다고 주장합니다. 예전의 성왕들은 축첩했으나, 절제하여 궁에는 갇혀 있는 여자가 없었고 천하에는 홀아비가 없었다[203]고 말합니다. 묵자의 표현으로 당시 큰 나라에는 수천, 작은 나라에는 수백 명의 궁녀가 있었다고 하네요. 백제에도 삼천궁녀가 있었다고 하지요? 엄청 과장된 이야기이지만요.

그러고는 인구를 두 배로 늘리기는 어려운데, 공격전쟁과 쓸모없는 낭비가 인구를 감소시키는 결과를 초래한다고 비판하면서 '후한 장례와 오랜 초상' 역시 남녀의 교접을 방해하기 때문에 인구의 증가를 기대할 수 없다고 주장합니다.

> 이제 오직 '후한 장례와 오랜 초상'으로 정치를 한다고 가정해보자. 임금이 죽으면 삼년상을 치르고, 부모가 죽어도 3년간 초상을 지낸다. 부인과 장남이 죽어도 모두 3년간 초상을 지낸다. 그런 뒤 큰아버지와 작은아버지, 형과 아우, 서자는 일년상을 치른다. 가까운 친척은 다섯 달, 고모, 누이, 조카와 외삼촌은 모두 몇 달이다. 그러면 반드시 (몸이) 훼손되고 수척해지는데 얼굴과 눈은 야위고 파이며, 안색은 검게 변하고, 눈과 귀는 맑고 밝지 못하며, 손과 발은 굳세고 강하지 않아서 쓸 수 없다. 또한 "훌륭한 선비는 상을 당하면, 반드시 부축해야 일어설 수 있고, 지팡이를 짚어야 걸을 수 있다"고 말한다. 이렇게 3년을 한다. 만약 이 말을 본받고, 이 도(道=厚葬久喪)를 행하면 진실로 굶주림과 고생이 이와 같을 것이다. 그리하여 백성은 겨울에는 추위를 견디지 못하고 여름에는 더위를 견디지 못하여 병에 걸려 죽는 자가 이루 다 셀 수 없다. 이는 남자와 여자의 교접을 해치는 일이 많다.

이렇게 하면서 인구를 늘리는 방법은 비유하면 사람이 칼을 지고 다니면서 오래 살기를 바라는 것과 같다. 인구를 늘린다는 주장은 설득력이 없다.[204]

자, 마지막 기준인 위기와 혼란을 막을 수 있는가? 백성이 생업에 종사할 수 없으면 생활필수품이 부족해지고 사람들이 사나워지기 때문에 행정과 정치로 혼란을 다스릴 수 없다고 주장하지요.

오늘날 오로지 '후한 장례와 오랜 초상'으로 정치를 하면 나라는 반드시 가난해지고, 백성은 반드시 줄어들며, 형정(刑政)은 반드시 어지러워진다. 이 말을 본받아 이 도(道=厚葬久喪)를 행하면 윗사람은 잘 다스릴 수 없고, 아랫사람은 일에 종사할 수 없다. 윗사람이 잘 다스리지 못하면 형벌과 정치가 반드시 혼란스럽고, 아랫사람이 일에 종사하지 못하면 입고 먹을 재물이 반드시 부족해진다. (…) 이런 까닭으로 치우치고 넘치며 사악하게 행동하는 백성은 나갈 때 입을 옷이 없고, 들어와도 먹을 음식이 없다. (…) 이런 식으로 다스리는 것은 비유하면 다른 사람을 세 번을 (거절하여) 돌려보내면서 자신을 배반하지 말라는 것과 같다. 잘 다스린다는 주장은 설득력이 없다.[205]

결론적으로 이와 같이 과거의 노동을 땅에 묻고 미래의 노동 기회를 저지한다면 유가에 의해 뿌리내려진 '후한 장례와 오랜 초상'은 가난한 사람을 부유하게 만들지 못하며, 인구를 증대시키지도 못하고, 혼란을 바로잡지도 못한다고 묵자는 단언합니다. 그러면서 그에 대한 대안을 다음과 같이 제시합니다.

> 관은 세 치이면 뼈가 썩는 데 넉넉하고, 옷은 세 벌이면 살이 썩는 데 넉넉하다. 땅을 파는 깊이는 아래로 (물이) 스며들어 (시신이) 젖어지지 않도록 하고, 냄새가 위로 새나가지 않도록 하며, 봉분(의 높이)은 그 자리를 기억하기 넉넉하면 그친다. 오가며 곡을 하고 돌아와서는 입고 먹을 재화를 만드는 일에 종사하여 제사에 도움이 되도록 한다. 그렇게 하여 어버이에 대한 효를 이룬다.[206]

실용적인 매장으로 살아있는 사람들의 생활에 지장을 주어서는 안 된다고 말하고 있네요. 그런데 상복을 입어야 하는 초상 기간에 대해서는 구체적으로 제시하지 않아 약간의 논란이 있습니다. 『한비자』는 묵자가 3개월 초상을 지낸다고 지적한 바 있지만, 『묵자』 원문에서는 유자인 공맹자(公孟子)의 입을 빌려 묵자의 3일상(三日喪)을 언급하고 있습니다.[207] 묵자가 3일상을 주장했다면 지금의 일반적 관행과 놀랍도록 일치하네요. 그런데 묵자가 제시한 대안은 순자(荀子)에게는 일반 서인도 아닌 형벌을 받은 죄인의 장례 방식에 해당합니다.

> 형벌을 받은 죄인의 상은 일가나 마을 사람들이 모일 수 없으며, 오직 처자만이 참여한다. 그의 관은 세 치 두께이며, 옷과 이불은 세 벌이다. 관은 장식할 수 없고, 낮에 장사지낼 수도 없다. 저녁에 길 가다 죽은 사람처럼 평복을 입은 채로 가서 묻어준다. 돌아와서도 곡하고 우는 예절이 없으며, 삼베로 된 상복도 없고, 가깝고 먼 관계에 따라 복상하는 달 수의 등급도 없다. 각기 모두 평

상상태로 돌아가고 모두 처음 상태로 돌아가니, 장사를 지낸 다음에는 초상을 치르지 않았던 것처럼 될 뿐이다. 이를 일러 지극한 치욕이라고 한다.[208]

절장(節葬)이 얼마나 유가의 공격을 받았는지 추측하게 만드는 장면이지요. 또한 순자가 의도적으로 묵자를 겨냥하여 죄인에 비유했다는 느낌도 드네요. 아무튼 당시에는 후한 장례와 오랜 초상이 오랫동안 관습으로 정착되었고, 지배자들은 이를 '예(禮)'나 '문화'라고 부르며 자신들의 통치를 정당화하는 수단으로 이용했다고 묵자는 생각합니다. 그래서 간소한 장례로 바꾸어야 한다는 주장이지요.

그렇다고 묵자가 효를 무시하거나 친지의 죽음을 슬퍼하지 말아야 한다고는 전혀 생각하지 않았습니다. 『묵자』 전반에 걸쳐 어버이에 대한 효를 강조하지요. 다만 유가와는 방식이 다를 뿐입니다. 그래서 다음과 같이 말하지요.

초상에는 예가 있어야 하지만, 슬픔이 기본이 되어야 한다.[209]
喪雖有禮, 而哀爲本焉.

상례에서 사치스러운 장례와 오랜 초상 같은 번거로운 절차가 아니라 마음속에서 우러나오는 애도하는 마음이 더 중요하다는 의미입니다. 그래서 죽은 영혼을 위해 수많은 사람의 생활조건을 박탈하는 데는 반대했지요. 번거로운 규칙과 까다로운 예절의 폐해를 현실에서 너무 잘 알고 있었기에 요(堯)·순(舜)·우(禹) 같은 성왕의 사례를 들어[210] 간소한 장례를 그 대안으로 제시한 겁니다. 그래야 할 필요성을 백성의 노동과 생업을 기준으로 매우 구체적으로 판단하고 있다는 점에서 실용주의자로서 묵자의 당파성을 다시 확인할 수 있습니다. 후한 장례와 오랜 초상은 가난한 사람을 더욱 가난하게 만들고, 인구를 증가시키지도 못하고, 위기와 혼란을 가중시키기 때문이지요. '살아서는 절용, 죽어서는 절장', 이는 묵자의 삶과 죽음에 대한 태도이며, 실천해야 할 캠페인이었지요. 이런 의미에서 비공이나 절용과 마찬가지로 절장 역시 겸애를 실천하는 강령의 하나이지요.

음악 비판[非樂]

모든 민족의 음악사가 보여주는 바와 마찬가지로 중국의 음악도 독립적으로 발전한 것이 아니라 춤[舞]과 노랫말[詩]이 결합하여 종합예술로 발전했습니다. 이러한 음악은 일정한 단계에 이르면 정치, 종교, 도덕 같은 사회적 요인과 서로 영향을 주고받으며 다양한 이론이 성립하게 됩니다. 중국에서는 이를 '음악이론[樂論]'이라고 부르지요. 이미 하(夏)나라와 은(殷)나라에서도 음악이 존재했다고 알려져 있지만, 주(周)나라에 들어와서야 예악(禮樂)이 제정되는 등 어느 정도 체계가 잡히기 시작합니다.

예(禮)는 귀족과 평민을 나누고, 귀족은 귀족대로 평민은 평민대로 다시 여러 등급으로 나누는 역할을 합니다. 그리고 각 등급에 따라 관혼상제에서부터 의식주에 이르는 생활 전반에 대해 구별과 한계를 설정하지요. 그러고는 동시에 음악이 지니는 독특한 특성을 정치의 수단으로 활용했습니다. 음악이 지니는 화합의 기능을 이용하면서 예와 긴밀하게 결합하여 사회질서를 유지하고 왕조통치를 공고히 하는 수단으로 사용했지요. 그런 의미에서 중국의 고대 정치는 예악의 정치라고 할 수 있으며, 음악은 통치계급의 지배 수단에 대한 이론과 사상을 제공하고 있는 셈입니다. 따라서 음악은 지배계급의 업적이나 생활 내용, 나아가 그들의 조상이나 신에 대한 제사를 담을 수밖에 없었습니다. 이러한 주나라의 역사적 전통을 이어받은 공자는 음악의 중요성을 강조하고 다양하게 언급하지만, 음악이론에 대한 체계는 갖추지 못했습니다. 전국시대 말기의 순자에 이르러 유가의 악론이 완성되지요.

순자는 앞에서 말씀드린 바와 같이 성악설을 주장했다고 했지요. 그래서 성왕들이 제시한 예로써 제도를 정비하고 계층 간의 구별과 차등의 분별을 만들어 시행하면 본성을 교정할 수 있다고 했습니다. 그리고 구별과 차등으로 이루어진 사회를 음악으로 조화시켜 화합하게 만든다고 주장하지요. 그래서 음악과 예의 역할을 다음과 같이 명징하게 서술합니다.

> 음악은 모든 것을 화합하게 하지만, 예는 모든 것을 다르게 구별한다.[211]
>
> 樂合同, 禮別異.

예는 등급사회를 만들어 그 질서를 유지하는 기능을 하고, 음악은 질서 유지에 필요한 화합을 도모하는 기능을 한다는 의미이지요. 지금 식으로 말하면 예로써 만들어놓은 사회적 불평등을 음악으로 그에 대한 저항을 희석하자는 의미로 이해해도 무리가 없습니다.

공자는 노래를 잘 불렀을 뿐 아니라 악기도 잘 다루어 음악에 조예가 깊은 것으로 알려져있습니다. 순(舜)임금의 음악인 소(韶)를 듣고 석

달 동안 고기 맛을 잊었다는 일화[212]는 유명하지요. 그렇다고 모든 음악을 좋아하지는 않았습니다. 당시 정(鄭)나라와 위(衛)나라 음악을 몹시 싫어했지요. 이를 '정위지음(鄭衛之音)' 또는 '정위상간(鄭衛桑間)'이라고 하는데, 남녀관계의 원초적 본능을 다루었다고 해서 음란하다고 생각했나 봅니다. 그래서 망국의 음악으로 추방해야 한다[213]고 말합니다. 고려시대 민간에서 불리던 노래가 남녀의 사랑을 숨김없이 다루었다고 해서 조선의 유학자들은 '남녀상열지사(男女相悅之詞)'라고 비하했지요. '쌍화점(雙花店)'이나 '이상곡(履霜曲)' 같은 고려속요를 보면 인간의 순수한 감정을 느낄 수 있는데 말입니다. 아마 공자는 정위지음이 질서를 유지하고 화합하는 데 도움이 되지 않았다고 생각했겠지요. 순자도 사악한 음악은 나라를 위태롭게 하여 영토를 빼앗기고 모욕을 받는 원인이 된다고 말하지요.[214]

또한 공자는 음악에 대한 위계질서를 어긴 노(魯)나라의 대부 계(季) 씨를 다음과 같이 비난하기도 합니다.

> 뜰에서 팔일무(八佾舞)를 추니, 이를 감히 한다면 무슨 일이든 감히 못하겠는가?[215]
>
> 八佾舞於庭, 是可忍也, 孰不可忍也?

여기에서 '일(佾)'은 8명을 한 줄로 하여 춤추는 행렬입니다. 그러니 팔일(八佾)은 64명으로 이루어진 무악으로, 당시 천자만이 그것을 베풀 수 있었지요. 주례에 따르면 천자만이 8일을 쓰고, 제후는 6일, 대부는 4일, 사는 2일만 쓸 수 있었습니다. 공자는 대부인 계 씨가 팔일무를 베푸니 이를 하극상이라 생각하여 참을 수 없었나 봅니다. 이처럼 음악 자체가 신분적 위계질서에 종속되어 있었습니다. 공자 역시 그러한 위계질서를 지키려고 노력했고, 거기에 종속된 음악을 사랑했다고 평가할 수 있습니다. 그러니 음악이 아주 중요한 정치적 도구로 활용되었다고 생각할 수밖에 없습니다.

묵자도 공자만큼 음악에 깊은 이해가 있었다는 기록이 있습니다. 묵자는 초(楚)나라가 송(宋)나라를 공격하는 것을 막기 위해 혜왕(惠王)을 만났을 때 비단옷을 입고 관악기인 생황(笙簧)을 불었다[216]고 합니다. 임금 앞에서 악기를 연주할 정도이니 음악에 대한 깊은 이해가 없으면 불가능한 일이지요. 그럼에도 묵자는 당시 귀족들의 음악을 사치와 낭비로 규정하고, 백성의 이익을 해치기 때문에 음악을 즐기는 일은 잘못이라고 단호하게 거부합니다. 서양 근대에도 이와 비슷한 말을 한 사람이 있습니다. 제네바의 촌뜨기 장 자크 루소(J. J. Rousseau, 1712~1778)의 "학문과 예술이 인간의 도덕성을 타락시킨다"[217]라는 명제가 바로 그것입니다.

훗날 많은 비난을 받기도 하지만, 묵자는 음악이 비생산적인 악기 생산과 연주에 재물을 쏟아붓고 미래의 노동을 제약함으로써 사회적 분업을 훼손하고, 결과적으로 살아있는 백성의 생활을 억압한다고 판단했습니다. 그의 음악에 대한 비판은 「절장(節葬)」과 마찬가지로 유가가 그토록 중시하는 예악제도를 비판했다는 점에서 그들과 대척점에 서게 하는 결과를 초래합니다. 여기에서도 묵자가 제시하는 기준은 백성의 이익입니다. 악기의 생산과 연주 그리고 음악 소비가 가져오는 결과를 차례대로 언급합니다. 묵자가 음악을 반대하는 이유를 들어보시지요.

묵자 선생께서 음악을 비난하는 이유는 큰 종과 북, 거문고와 비파, 피리와 생황의 소리가 즐겁지 않아서가 아니고, 조각과 무늬의 색깔이 아름답지 않아서도 아니며, 졸이고 구운 고기의 맛이 달지 않아서도 아니며, 높은 누각과 정자, 큰 집에 거처함이 편안하지 않아서도 아니다. 비록 몸은 편안함을 알고, 입은 단맛을 알며, 눈은 아름다움을 알고, 귀가 즐거움을 알지라도 위로 생각하면 성왕의 도리에 부합하지 않고, 아래로 헤아리면 모든 백성의 이익에 맞지 않는다.[218]

묵자도 소리의 즐거움과 문양의 색, 음식의 단맛, 거처의 편안함을 부정하지는 않네요. 이들은 모두 인간이 추구하는 욕구이니까요. 그러나 이러한 욕망이 백성의 수탈 위에서만 가능하고 극히 일부의 귀족들만 향유할 수 있다는 점에서 공적인 이익[公義]을 해친다고 판단한 겁니다. 그에 의하면 음악은 사회적 분업을 교란하여 나라의 근본인 생산을 위축시킨다고 하지요. 왕공대인, 선비와 군자, 농부와 아녀자들은 각각 자신의 영역에서 담당해야 할 역할을 가지고 있는데, 음악을 탐닉하게 되면 자신의 역할을 제대로 수행하지 못하고, 그 결과 생활필수품의 부족을 초래하여 나라가 혼란스럽게 되며, 백성의 생활이 어렵게 된다고 다음과 같이 말합니다.

이제 왕공대인이 오로지 음악을 듣고 기뻐하면 반드시 일찍 조회하고 늦게 퇴근하면서 옥사를 듣고 잘 다스릴 수 없으니 나라는 어지럽고 사직은 위태로워진다. 선비와 군자가 오로지 음악을 듣고 기뻐하면 반드시 팔과 다리의 힘을 다하여 생각하고 사려하는 지혜를 도탑게 할 수 없으니 안으로는 관청을 다스리고,

> 밖으로는 관문과 시장, 산림, 연못과 교량의 이익을 거두어들여 창고를 채울 수 없다. 그리하여 창고가 부실하게 된다. 농부가 오로지 음악을 듣고 기뻐하면 반드시 일찍 나와서 늦게 들어가지 못하고, 밭을 갈아 농사짓고 나무 심고 가꾸어 많은 콩과 조를 모을 수 없게 된다. 그래서 곡식이 부족해진다. 아녀자가 오로지 음악을 듣고 기뻐하면 반드시 새벽에 일어나 밤에 잠들지 못하고, 길쌈하고 베를 짜서 삼실과 칡실을 만들지 못하며 베와 명주도 많이 짜지 못한다. 그래서 베와 명주가 부족해진다.[219]

묵자는 잉여생산물이 재생산과정에 생산적으로 재투자되거나 백성이 먹고 입고 쉬는 데 더 많이 사용되어야 한다고 생각했습니다. 절대적 빈곤이 일반화되었던 당시에 악기 제조에는 많은 재물을 쏟아부어야 했고, 대규모 음악 연주는 미래의 노동을 방해함으로써 하층민의 생활과 생업을 억압한다고 보았지요.

당시의 문헌에도 이러한 정황이 잘 나타나 있습니다. 제(齊)나라 선왕(宣王)은 사람을 시켜 피리를 불게 할 때 반드시 300명으로 했다[220]고 하네요. 그리하여 남쪽에 사는 수많은 사람이 왕을 위해 피리를 불겠다고 청원했답니다. 물론 왕과 제후, 그리고 대부들이 주최하는 연주에 동원되는 숫자는 달랐겠지만, 300명이 동시에 피리를 불었다는 사실도 놀랍고 그들이 합주하기 위해서는 그만큼의 피리를 생산하지 않을 수 없었겠지요. 또한 중국에서 출토되는 고대 종의 크기를 보면 엄청난 양의 구리와 인력이 소비되었음을 가늠해볼 수도 있습니다. 그래서 묵자는 다음과 같이 말합니다.

오늘날 왕공대인은 비록 악기를 만들고 연주하는 일이 국가의 중대사가 아니라고 생각하지만, (그것은) 고인 물을 퍼내거나 흙을 쪼개서 만드는 것이 아니다. 반드시 모든 백성으로부터 세금을 많이 거두어야 큰 종과 북, 거문고와 비파, 피리와 생황의 소리를 연주할 수 있다.[221]

今王公大人, 雖無造為樂器, 以為事乎國家, 非直掊潦水 折壤坦而為之也, 將必厚措斂乎萬民, 以為大鍾 鳴鼓 琴瑟 竽笙之聲.

여기에 지배층의 귀와 눈을 만족시키기 위해 노인과 굼뜬 사람을 시키지 않고 반드시 젊은 사람을 시키기 때문에 생산적 노동을 위축시킨다고 지적하면서 음악 연주자들의 비생산성을 지적하기도 하지요.

먹고 마시는 음식이 아름답지 않으면 얼굴과 안색이 보기에 좋지 않으며, 옷이 아름답지 않으면 몸과 거동이 추하고 여위어 보기에 좋지 않다고 말한다. 그래서 반드시 기장과 고기를 먹고 무늬를 수놓은 옷을 입었다. 이들은 항상 먹고 입는 재물을 만드는 데 종사하지 않으면서 항상 남의 것을 먹는다.[222]

曰 食飲不美, 面目顔色不足視也; 衣服不美, 身體從容醜羸, 不足觀也. 是以食必粱肉, 衣必文繡, 此掌不從事乎衣食之財, 而掌食乎人者也.

그리하여 음악은 사회적 분업의 혼란을 야기하고 생산적 노동을 위축시켜 백성의 생활을 궁핍하게 만들기 때문에 음악을 일삼는 행위를 금지해야 한다고 결론을 내립니다. 이에 대해 「비악」을 가장 체계적으로 비판한 사람은 순자입니다. 그는 음악이 사람의 착한 마음을 감동시키고 사악하고 더러운 기운이 가까이할 수 없도록 만들기 때문에 화합과 공경, 절제와 조화를 통해 사회를 안정시킨다고 주장합니다. 따라서 묵자가 음악을 부정하는 것은 천하를 혼란스럽게 만든다고 비판하지요.[223] 그러고는 순자는 묵자가 음악을 부정하고 비판했기 때문에 형벌을 받아야 마땅하지만, 명철한 임금이 없어져서 바로잡지 못하고 있다고 가슴을 칩니다. 묵자가 성왕들에 의거하여 음악을 비판하는데, 순자 역시 성왕들을 들먹이며 묵자를 비판하지요. 장자 역시 "노래해야 할 때 노래하지 않고, 곡해야 할 때 곡하지 않으며, 즐겨야 할 때 즐기지 않는다면 과연 인정에 가까운가?"[224]라고 의문을 제기하지만, 부인이 죽었을 때 곡을 하지 않고 항아리를 두드리고 노래를 불렀던 장자답지 못한 비판이지요.

그럼에도 묵자를 위해 변명한다면 묵자는 호화롭고 사치스러운 음악과 연주를 비판한 것이지 음악 자체를 거부하지 않았으며, 자연발생적인 서민의 노동요 같이 인간의 자연스러운 감정을 표출하는 음악을 반대하지는 않았다고 생각됩니다. 백성에게 도움이 되지 않으면서 귀족의 눈과 귀만 즐겁게 하는 과시적이며 소비적인 음악을 반대할 뿐이지요. 그래서 다음과 같이 말합니다.

> 악기가 이와 같이 도리어 백성의 이익에 부합한다면 나는 감히 (음악을) 비난하지 않을 것이다. 마땅히 악기의 연주가 성왕들이 배와 수레를 만드는 일과 같다면 나는 감히 비난하지 않을 것이다.[225]
> 然則 樂器反中民之利亦若此, 即我弗敢非也. 然則當用樂器 譬之若聖王之為舟車也, 即我弗敢非也.

모든 재화는 쓸모가 있는데, 그 쓸모는 몇몇 사람이 아닌 모든 사람의 쓸모여야 한다고 묵자는 생각했습니다. 배와 수레는 무겁고 큰 재화를 쉽고 빠르게 운송하는 데 도움이 되어 군자의 발과 서민의 어깨를 쉬게 해주는 쓸모가 있다고 말하지요. 그러나 음악은 이와 같은 쓸모가 없으며, 오로지 지배층인 귀족의 눈과 귀만 즐겁게 한다고 하지요. 현실적으로 많은 재물이 낭비되고, 소비물자의 생산을 축소시키고, 결과적으로 백성의 이익을 해치기 때문에 음악을 즐기는 것은 잘못이라고 주장합니다. 그래서 안자(晏子)의 말을 빌려 다음과 같이 공자와 유가를 비판하기도 하지요.

> 악기를 연주하며 노래하고 북을 치고 춤을 추어 사람을 모으고, (…) 노래와 음악을 성대하게 하여 어리석은 백성을 미혹시킨다.[226]
>
> 弦歌鼓舞以聚徒. (…) 盛爲聲樂以淫遇民.

나아가 묵자는 호화로운 음악이 문화라는 이름으로 귀족의 위세를 과시하여 백성을 억압하는 기제로 기능한다는 사실도 간파했습니다. "학문과 예술이 풍습과 도덕을 순화시키기는커녕 악덕과 굴종을 퍼뜨릴 뿐이며, 부의 세습을 위한 수단으로서 그리고 권력에 순종하는 국민을 만들기 위한 도구로 존재한다"[227]라는 루소의 생각과 유사하지 않나요? 이런 생각을 가진 사람이 20세기에도 있었습니다. 기독교 현실주의를 자처하는 라인홀드 니버(Reinhold Niebuhr, 1882~1971)인데요, 그는 문화와 예술을 가진 자의 전유물이라고 생각했습니다. 그래서 "생활비를 벌 필요가 없는 사람들의 권태로 촉진된 세련된 형태의 낭비"[228]라고 비난합니다.

여러분은 어떻게 생각하시나요? 예술을 너무 폄하하는 건 아닌가요? 너무 정치적 · 도구적으로만 파악한다고 비판할 수 있지만, 문학과 예술의 사회사에서 이와 같은 사고의 흐름이 넓게 자리 잡고 있으며 일정하게 시민권을 확보하고 있는 것도 사실입니다. 묵자가 인류역사상 최초로 그것을 간파했으니 2천 년을 앞선 그의 안목이지요. 아무튼 음악을 비판하는 데서도 철저한 실용주의자로서 묵자의 면모를 보여줍니다. 「비공」, 「절용」, 「절장」에서와 마찬가지로 하층민을 대변하면서 그들의 이익에 도움이 되는지 아닌지를 기준으로 두고 옳고 그름을 판단하고 있습니다.

운명론 비판[非命]

—

또한 묵자는 공자의 천명(天命)에 내재된 운명론이 그가 살았던 시대의 혼란을 크게 부추긴다고 판단하여 운명론을 단호하게 배격합니다. 공자는 자신의 제자가 중병에 걸렸을 때 하늘의 명이라고 했습니다. 이때 천명은 '도덕적으로 살아야 한다는 명령 또는 사명'이라는 의미보다는 '개인이 직면하는 어쩔 수 없는 운명'이라는 의미로 읽힙니다. 이러한 관념에 영향을 받은 유가의 선비들은 다음과 같이 생각하고 말했지요.

> 가난함과 부유함, 장수와 요절은 정확히 하늘에 달려있어서 빼거나 보탤 수 없다.[229]
> 貧富壽夭, 齰然在天, 不可損益.

> 부자가 될 운명이면 부자가 되고, 가난할 운명이면 가난해지고,
> (인구가) 늘어날 운명이면 늘어나고, 줄어들 운명이면 줄어들고,

잘 다스려질 운명이면 잘 다스려지고, 혼란할 운명이면 혼란해지고, 오래 살 운명이면 오래 살고, 요절할 운명이면 일찍 죽는다.[230]
命富則富, 命貧則貧, 命眾則眾, 命寡則寡, 命治則治, 命亂則亂, 命壽則壽, 命夭則夭.

그들의 주장은 인간의 합목적적인 노력이 가져오는 영향력을 부정하는 셈이네요. 이러한 주장에 대해 묵자는 앞에서 말씀드린 '삼표(三表)'라 불리는 세 가지 기준을 제시하면서 운명론의 오류를 증명하고 있습니다. 어느 기준으로 보아도 운명론은 설득력이 없으며 오히려 백성을 스스로 절망에 빠지게 한다고 주장하지요.

우선 성왕들의 업적을 살펴보고 그들의 노력을 칭찬합니다.

옛날 우(禹)·탕(湯)·문(文)·무(武)왕이 천하를 다스릴 때 "반드시 굶주린 사람을 먹여주고, 추위에 떠는 사람을 입혀주고, 일하는 사람을 쉬게 하고, 어지러운 사람을 잘 다스려야 한다"고 말했다. 그리하여 마침내 세상에서 빛나는 칭찬과 아름다운 소문을 들을 수 있었다. 어찌 운명이라고 할 수 있는가? 노력 때문이라고 생각한다. 오늘날 현명하고 좋은 사람은 현명한 이를 존중하고 도리와 정책으로 좋은 업적을 이루어 위로는 왕공대인의 상을 받고 아래로는 모든 백성의 칭찬을 듣는다. 그리하여 마침내 세상에서 빛나는 칭찬과 아름다운 소문을 듣는다. 이 또한 어찌 운명이라고 할 수 있는가? 이 또한 노력 때문이라고 생각한다.[231]
故昔者禹湯文武 方為政乎天下之時, 曰: 必使飢者得食, 寒者得衣, 勞者得息, 亂者得治. 遂得光譽令問於天下. 夫豈可以為命哉? 故以為其力也! 今賢良之人, 尊賢而好功道術, 故上得其王公大人之賞, 下得其萬民之譽. 遂得光譽令問於天下. 亦豈以為其命哉? 又以為力也!

성왕들이 겸애의 자세로 좋은 정치를 펼친 것은 운명이 아니라 그들의 노력 때문이라고 강조하면서 천하에 좋은 책은 셀 수 없이 많지만 어디에도 운명론은 찾을 수 없다고 말합니다. 운명론은 걸(桀)·주(紂)·유(幽)·여(厲) 같은 포악한 왕이 자신을 정당화하기 위해 만들어낸 이데올로기에 불과하며, 어리석고 소박한 백성을 현혹시킨다[232]고 주장하지요. 그리하여 운명론자는 백성의 근심을 즐기는 사람이라고까지 말합니다. 걸·주는 하나라와 은나라의 마지막 왕으로서 상고시대 폭군의 대명사입니다. 걸왕은 '주지육림(酒池肉林)'이라는 사자성어의 주인공이고, 주왕은 애첩 달기(妲己)에게 빠져 정사를 돌보지 않았다고 전해지고 있습니다. 유·여는 주나라의 국력을 결정적으로 쇠락하게 만든 폭군들로 서주(西周)시대를 마감하게 만든 포악한 임금들입니다. 『사기』에는 그들의 전설적인 이야기들이 소개되어 있지요.

그리고 선량한 백성은 운명의 실체를 보지도 못했고 운명의 목소리를 듣지도 못했기 때문에 운명론은 백성이 느끼는 실정에도 어긋난다고 다음과 같이 말합니다.

옛날 열사와 뛰어난 대부들은 신중하게 말하고 지혜롭게 행동했다. 이들은 위로는 임금에게 법도로써 충고하고, 아래로는 백성을 가르쳐 따르게 했다. 그리하여 위로는 임금의 상을 받고, 아래로는 백성의 칭송을 받았다. 그들의 명성은 없어지지 않고 오늘에 이르기까지 전해진다. 그리고 천하의 사람들은 모두 "그들의 노력이다"라고 말하지 "내가 운명을 보았다"라고 말하지 않는다.[233]

初之列士桀大夫, 愼言知行, 此上有以規諫其君長, 下有以教順其百姓, 故上得其君長之賞, 下得其百姓之譽. 列士桀大夫聲聞不廢, 流傳至今. 而天下皆曰 其力也, 必不能曰 我見命焉.

마지막으로 묵자는 백성의 이익을 따집니다. 운명론을 따르면 지배자는 인민을 위한 정치를 하지 않으며, 운명론을 따르는 백성은 스스로 노력하지 않게 된다고 하지요. 즉 운명론도 사회적 분업을 파괴하여 정치와 경제의 기본인 생산활동이 혼란스럽게 되고, 백성이 필요한 물자가 부족하게 되어 결과적으로 피지배층인 백성이 추위와 굶주림을 걱정할 수밖에 없다고 말합니다.

오늘날 왕공대인이 운명론을 믿고 그에 따라 행동하면 반드시 옥사와 정치를 게을리하고, 경과 대부들은 반드시 관청과 창고를 다스리는 일을 게을리하고, 농부는 반드시 농사짓고 나무 심는 일을 게을리하고, 아녀자는 반드시 실을 잣고 베를 짜는 일을 게을리하게 된다. 왕공대인이 옥사와 정치에 게으르고, 경과 대부들이 관청과 창고를 다스리는 일에 게으르면, 나는 천하가 어지럽다고 생각한다. 농부들이 농사짓고 나무 심는 일에 게으르고, 아녀자들이 실을 잣고 베 짜는 일에 게으르면, 나는 천하의 입고 먹을 재물이 장차 부족하게 될 것이라고 생각한다.[234]

今雖毋在乎王公大人, 蕢若信有命而致行之, 則必怠乎聽獄治政矣, 卿大夫必怠乎治官府矣, 農夫必怠乎耕稼樹藝矣, 婦人必怠乎紡績織紝矣. 王公大人怠乎聽獄治政, 卿大夫怠乎治官府, 則我以為天下必亂矣. 農夫怠乎耕稼樹藝, 婦人怠乎紡織績紝, 則我以為天下衣食之財將必不足矣.

묵자는 항상 왕공대인에서부터 일반 백성에 이르기까지 모든 사람이 열심히 노동해야 한다고 강조하지요. 인간의 게으를 권리(?)를 부정하고 있지만, 당시의 낮은 생산력 수준을 고려하면 이해할 만합니다. 그리고 생산량이 부족할 경우 결국 백성이 가장 고생한다는 사실을 알고 그들을 배려했다고 생각됩니다. 그리하여 묵자는 다음과 같이 단호하게 운명론을 배격해야 한다고 선언합니다.

오늘날 천하의 선비와 군자들이 진실로 천하가 부유해지기를 원하고 가난해지기를 싫어한다면, 천하가 잘 다스려지기를 원하고 혼란스러움을 미워한다면, 운명론자의 말을 비난하지 않으면 안 된다. 이것은 천하의 큰 해악이기 때문이다.[235]
今天下之士君子, 忠實欲天下之富而惡其貧, 欲天下之治而惡其亂, 執有命者之言, 不可不非. 此天下之大害也.

운명론을 받아들이면 백성은 지배계급의 폭정을 운명이라고 순응하게 되기 쉽고, 자신의 어려운 상황을 운명이라고 탓하며 생업을 영위하기 위한 노력을 게을리하게 되겠지요. 너무 단순하면서도 명백하지 않나요? 그래서 운명론을 신봉하면서 타락한 당대의 유자들을 다음과 같이 묘사합니다.

> 운명론을 앞세워 가난함을 편안하게 여기면서 허세를 부리고, 근본을 어겨 일하지 않으면서 게으르고 오만함에 만족한다. 음식을 탐하고 일에 게을러 굶주림과 추위에 빠진다. 얼어 죽고 굶어 죽을 위기에서도 그것을 벗어날 방법이 없다. (…) 그러면서 여름에는 보리와 벼를 구걸하고, 오곡이 추수되면 큰 초상집을 찾아간다. 자식들이 모두 따라가 물리도록 먹고 마신다. 몇 개의 초상을 마치면 지극히 만족한다. 다른 사람의 집에 기대어 윤이 나고, 다른 사람의 논밭에 의지하여 (스스로) 존귀하다고 생각한다. 부자가 초상이 나면 크게 기뻐하며 "이것이 내가 입고 먹는 원천이다"라고 즐겨 말한다.[236]

현대에도 이러한 운명론은 우리 주위에 남아서 절망과 체념을 먹으면서 잡초처럼 자라지요. 역사적으로 보아도 운명론은 피지배자에게 수동적인 태도를 강요하고 오로지 받아들일 것만을 요구합니다. 그리하여 지배자의 절대권력을 긍정하도록 유도하고 변화와 변혁을 부정하는 역할을 합니다.[237] 이와 같이 운명론은 필연성을 절대화하든 신비화하든 결국은 사람의 눈을 멀게 하여 이성을 잃게 만들지요.[238] 따라서 운명론은 혈연에 의한 세습을 합리화하는 지배계층이 백성에게 사회적 불만으로 스며들지 않도록 하려는 노력의 하나인 셈이지요.

하층계급의 이해를 대변했던 묵자로서는 이러한 운명론을 결코 받아들일 수 없었고, 그래서 있는 힘을 다하여(!) 비판합니다. 묵자가 추구했던 사회개혁을 위해서도 운명론은 가장 큰 장애물이었으리라 생각됩니다. 즉 '인간은 자신의 실존과 미래에 대해 자유롭게 선택할 수 있는가?'라는 물음에 "역사는 운명에 의해 만들어지지 않고 인간의 노력에 의해 만들어진다"라는 사실을 다시 한번 강조하지요. 묵자는 당시 지배 이데올로기였던 유가의 운명론을 배척하면서 '인간은 자신의 행위에 책임지는 삶의 주인'임을 천명한 셈이지요. 유가에서 말하는 천명에서 파생되는 특권적인 질서를 부정하면서 그 대안으로 누구나 쉽게 접근할 수 있고 이해할 수 있는 하느님의 뜻을 제시하는 이유도 바로 여기에 있습니다.

VI

배워야 세상을 구한다

- 수신과 겸애의 차이
- 농사짓는 법도 배워야
- 배움에는 귀천이 없다
- 피부까지 스며들어야

수신과 겸애의 차이

공자 이전의 교육은 극소수의 귀족 자제만을 대상으로 하는 관학(官學)이었습니다. 따라서 소수의 귀족만이 학문에 접근할 수 있었고, 나아가 그들이 관직을 독점적으로 세습하는 결과를 초래했지요. 다시 말해 교육은 관료가 되기 위한 수단이었고, 학교는 세습(!) 관료의 양성기관이었습니다. 이에 공자는 널리 제자를 모아 학파를 형성하고, 관학을 넘어 사학(私學)을 시도한 최초의 사교육업자라고 말할 수 있지요. 따라서 극소수에 의한 교육 기회의 독점을 타파하고 일반인에게까지 그 기회를 넓혔다는 점에서 공자의 업적은 역사적으로 긍정적인 평가를 받을 만하다고 말할 수 있습니다. 묵자도 젊은 시절 유가로부터 공자의 학술을 전수 받은 것으로 알려져 있지만,[239] 결국 유학과 결별하고 유가를 맹렬하게 비판하면서 새로운 학파를 만들게 됩니다. 이후 전국시대에는 유가와 묵가가 사학을 대표하게 되었다고 볼 수 있지요.

도가에서는 소규모의 분산적인 지적 교류가 있었을지언정 공자와 묵자같이 이렇다 할 학단(學團)을 형성하지 못했습니다. 이들은 현실에서 도피하거나 초월하려는 경향 때문에 대중적 기반이 없었기 때문이지요. 앞에서도 말씀드린 바와 같이 노자는 인간은 태어날 때 통나무와 같이 소박하지만 자라면서 욕망을 가진다고 생각했습니다. 그래서 마음을 비우고 욕심을 버리라고 하지요. 인간사회도 최초의 상태를 가장 이상적으로 보았습니다. 『노자』 거의 마지막 부분에는 이상향으로서 소국과민(小國寡民)을 이야기합니다. 나라는 작고 백성은 적어야 한다고 말이지요. 그러면서 많은 그릇이 있어도 사용하지 않고, 배와 수레가 있어도 타지 않고, 갑옷과 무기가 있어도 벌여놓지 않아야 한다고 말이지요. 그리고 옛날 방식대로 새끼줄을 묶어서 문자로 쓰게 하고, 이웃 나라가 마주 보아도 서로 오가지 말아야 한다고 말하지요.[240]

이와 같은 사회는 원시사회에 해당하며, 동족이 마을을 이루고 사는 씨족 마을공동체라고 생각됩니다. 장자는 이러한 상태를 좀 더 관념적으로 표현하여 '아무것도 없는 마을(無何有之鄕)', '한없이 넓은 들판(廣莫之野)'이라고 부릅니다.[241] 어떠한 제약도 받지 않은 채 정신적 · 육체적 자유를 무한히 누리는 그러한 사회를 갈망했지요. 이는 아마 그가 추구했던 허심(虛心)이나 좌망(坐忘)을 공간적으로 적용한 상상력의 산물이 아닌가 생각되네요.

그들은 사회발전의 필연적 추세를 알지 못했거나 알았더라도 인정하고 싶지 않았던 겁니다. 그들의 시공관(時空觀)에서 전쟁을 거부할 뿐 아니라 문명 비판을 넘어 문명 자체를 거부하는 역사 인식을 엿볼 수 있습니다. 그래서 극심한 사회적 혼란에 불만을 느껴 역사의 수레바퀴를 되돌려 정신적으로 스스로를 위안하는 퇴행적 역사관이라고 평가받지요. 그들은 오히려 반문명(反文明)주의를 표명하고 있어서 교육에 대해서도 부정적으로 인식했습니다. 그래서 "배움을 끊으면 걱정이 없어진다(絶學無憂)"라고 했지요. 또한 다음과 같이 말합니다.

> 총명함을 끊고 지혜를 버리면 백성의 이익이 백 배가 된다. 인(仁)을 끊고 의로움을 버리면 백성은 효와 자애로움으로 돌아간다. 기교를 끊고 이익을 버리면 도적이 없어진다. 이 세 가지는 문화로 삼기에 부족하다. 그러므로 백성에게 지켜야 할 바를 가지게 하라. 소박함을 드러내고 본성을 껴안고 사사로움을 적게 하고 욕망을 줄여라.[242]
>
> 絶聖棄智 民利百倍, 絶仁棄義 民復孝慈, 絶巧棄利 盜賊有無. 此三者 以爲文不足. 故令有所屬, 見素抱樸, 小私寡欲.

총명함과 지혜, 인과 의로움은 유가와 묵가가 추구하는 정신적 가치이며, 기교와 이익은 묵가와 법가가 추구하는 물질적 가치라고 생각됩니다. 이 세 가지는 모두 문명과 문화의 실체이지요. 이들을 버리고 과거로 돌아가 소박하게 살게 하면 백성이 훨씬 더 행복한 삶을 영위할 수 있다는 의미입니다. 문명 비판의 역사관을 분명하게 드러내고 있지요. 동시에 배움과 가르침을 거부한다는 면에서 우민정책이라고 지탄받는 시발점이기도 합니다. 그래서 급기야 다음과 같이 말합니다.

> 옛날 도를 잘 닦은 사람은 백성을 총명하게 만들지 않고 어리석게 만들었다. 백성을 다스리기 어려운 것은 그들이 지혜가 많기 때문이다. 그러므로 지혜로써 나라를 다스리는 것은 나라를 해치는 일이며, 지혜로써 나라를 다스리지 않는 것이 나라의 복이다. 이 두 가지를 아는 것이 (나라를 다스리는) 법도다.[243]

古之善爲道者 非以明民 將以愚之. 民之難治 以其智多. 故以智治國 國之賊, 不以智治國 國之福. 知此兩者 亦稽式.

노자를 옹호하는 사람들은 총명과 지혜를 세속적인 욕심으로 이해하고, 어리석음을 소박함으로 해석하려는 경향이 강합니다. 그러면서 지혜의 활용이나 인위(人爲)를 부정하는 것이지 요즘 우리가 말하는 우민정치는 아니라고 말합니다. 지식도 없애고 도덕도 없애며 모든 물질문명을 거부하며 무위자연(無爲自然)을 주장하는 노자로서는 억울할 수도 있겠습니다. 그러나 중국 역사에서 역대 왕조의 지배계층이 문자와 지식을 독점하면서 우민정책을 시행하고 백성을 착취하는 데 노자의 사상이 암묵적으로 이용되었다는 사실을 부정할 수는 없지요. 노자의 영향을 많이 받은 법가에서도 비슷한 견해를 가지고 있습니다. "백성의 지혜가 쓸모없는 것은 마치 어린아이들의 마음과 같다"[244]라고도 하지요.

도가나 법가와는 달리 유가와 묵가에서는 가르침과 배움을 대단히 중요하게 생각했습니다. 『논어』와 『묵자』는 공자와 묵자가 손수 집필하여 저술한 책이 아니라 제자들이 스승의 언행을 기록하여 편찬된 책입니다. 이는 배움과 가르침이라는 교육의 결과라고 말할 수 있겠지요. 『논어』를 자세히 살펴보면 대부분 배움과 가르침에 관한 이야기입니다. 그런 의미에서 공자는 타고난 학자이면서 교육자라고 평가할 수 있지요. 주제별로 제목을 붙인 『묵자』에서는 교육에 관한 주제로 체계적인 이론을 전개하고 있지는 않지만, 학문에 대한 탐구와 가르침에 대한 단편적인 언급이 자주 등장합니다. 여기에서 우리는 그의 교육사상을 추출하여 유가와 어떤 차이가 있는지, 어떤 공통점이 있는지 비교할 수 있다고 생각되네요.

그런데 배우고 가르치는 교육에 대해 공자와 묵자는 많은 공통점을 가지고 있습니다. 두 사람 모두 배우고 가르치는 일의 중요성을 크게 강조했고, 교육의 대상에 대해서도 신분과 직업의 귀천에 차별을 두지 않았을 뿐 아니라 사회적으로 소외되고 지탄받는 사람들마저 가르침의 대상에 포함했지요. 또한 천하를 돌아다니며 입으로는 자신의 신념과 철학을 전하며 몸으로는 그 뜻을 실천했다는 점[245]도 유사합니다.

그럼에도 교육의 목표와 내용 등에서는 명확한 차이를 보여주고 있습니다. 공자에게 학문과 교육의 목표는 수기(修己)를 통한 치인(治人)이었다고 말할 수 있지요. 자신의 인격을 수양하여 재덕을 겸비한 군자가 되고, 그들이 관료가 되어 정치를 하면 주(周)나라의 종법적(宗法的) 질서를 회복할 수 있다고 굳게 믿었습니다. 따라서 공자의 학문과 교육은 도덕과 윤리, 나아가 정치가 한 덩어리로 일체성을 가지고 있습니다. 이런 점에서 공자의 후예를 자처하는 맹자와 순자도 마찬가지입니다. 그들은 앞에서 말씀드린 인성론과 관련하여 교육의 목표를 설정합니다. 맹자는 선한 본성을 함양하고 발달시키는 데 교육의 초점을 두게 되고, 순자는 예악으로 악한 본성을 순화시켜 사회화하는 데 교육의 목표를 설정하지요. 인성론이 매우 정치적 논쟁이기에 교육 역시 정치적일 수밖에 없습니다.

묵자도 학문과 교육은 그의 정치사상과 따로 떨어져 존재하지 않으며, 그가 지향하는 국가와 사회를 건설하는 데 꼭 필요한 조건이었습니다. 묵자의 사상을 한마디로 요약하면 '겸애'입니다. 겸애는 하늘의 뜻이라고 말하지요. 겸애를 실천하는 임금을 '겸군(兼君)'이라 부르고, 이를 실천하는 선비를 '겸사(兼士)'라고 불렀지요. 묵자는 훌륭한 선비를 '인인(仁人)', '인자(仁者)', '군자(君子)', '지자(智者)', '고사(高士)', '현량지

사(賢良之士)'라고 불렀지만, 그의 관점을 가장 잘 드러내는 인격체는 겸군과 겸사라고 생각됩니다. 겸군과 겸사의 말과 행동에 대해 묵자는 이렇게 말합니다.

> 모든 백성을 살펴보고 굶주리면 먹여주고, 추우면 입혀주고, 병이 들면 보살펴주고, 죽으면 장례를 치르고 묻어준다.[246]
> 是故退睹其萬民, 飢卽食之, 寒卽衣之, 疾病待養之, 死喪葬埋之.

이들은 모두 '천하의 이로움을 일으키고 천하의 해로움을 제거하는 일'을 자신의 임무로 삼고 있다고도 하지요. 여기에서 '천하'란 세상 사람들을 의미합니다. 다시 말하면 세상 사람들을 이롭게 하는 행위를 의로움[義]이라고 정의합니다. 그런데 묵자는 가르치는 일도 배우는 일도 모두 의로움을 실행하는[爲義] 행위로 간주하고 있습니다. 즉, 가르침만이 남을 이롭게 하는 게 아니라 배움도 남을 이롭게 한다는 의미이지요. 묵자는 나 자신의 수양을 위해 또는 나의 출세를 위해서가 아니라 남을 위해 배운다고 생각했습니다.

또한 가르침을 먼저 주장한다는 의미의 '창(唱)'에, 배움을 응답한다는 의미의 '화(和)'에 비유하면서 "가르침과 배움은 같은 근심을 가진다(唱和同患)"라고 합니다. 같은 근심은 같은 목적이라 말할 수 있는데, 다시 말하면 가르침과 배움은 바로 백성을 이롭게 하는 데 목적이 있다는 의미로 읽히네요.[247] 그러면서 다음과 같이 가르침과 배움의 관계를 말합니다.

> 주장에 잘못이 없어도 두루 영향을 미치지 않으면 쓸모없는 돌

피와 같다. 응답에 잘못이 없어도 그렇게 되면 그칠 수 없다. 주장하지만 응답이 없으면 이는 배우지 않는 것이다. 지혜가 적은데 배우지 않으면 성과는 반드시 적다. 응답하지만 주장이 없으면 이는 가르치지 않는 것이다. 지혜는 있지만 가르치지 않으면 성과는 마침내 멈춘다.[248]

唱無過, 無所周, 若粺. 和無過, 使也, 不得已. 唱而不和, 是不學也. 智少而不學, 必寡. 和而不唱, 是不教也. 智而不教, 功適息.

묵자는 가르침과 배움의 유기적 상호관계를 언급하면서 그 목적을 명확하게 설정하고 있네요. 이처럼 교육의 사회적 가치는 겸사(兼士)를 배양하여 모든 사람을 이롭게 하는 공공선에 있다고 주장합니다. 그래서 대중 속으로 들어가 가르침과 배움을 실천해야 한다는 교육철학을 가지고 있었다고 평가되지요. 공자와 마찬가지로 묵자 역시 비록 사교육업자이지만 공공의 이익을 지향하는 셈이지요. 그래서 두 사람은 모두 사명감을 가지고 천하를 돌아다니며 유세하고 배움을 권유합니다.

묵가는 역사에서 일찍 자취를 감추었지만, 공자 이후 지금까지 유가의 현실적 교육목표는 입신양명이었지요. 다시 말하면 세상 속으로 들어가는 접화군생(接化群生)이 아니라 세상 밖으로 나가는 출세(出世)의 수단이었습니다. 공자와 묵자가 주장한 교육의 공공성은 균열되고, 역사적 현실 속에서는 사적 욕망과 강고하게 결합하면서 공공성이 희석되었지요. 우리나라에서도 과거제도는 음서제(蔭敍制)를 대체하는 긍정적 역할을 했으나 여전히 출세의 관문이 되어 양반과 상민의 질서를 유지하는 데 이바지하지요. 1948년 대한민국 정부수립 이후 교육은 널리 인간을 이롭게 한다는 홍익인간(弘益人間)을 목표로 설정했습니다. 묵자의 교육목표와 일치합니다. 이러한 목표 모두 교육의 공공성에 방점이 찍혀 있지요.

그러나 현실에서는 대학에 진학하기 위해, 아니 좀 더 좋은 대학에 입학하기 위한 교육이 실행되고 있지요. 대학에 진학해서는 취업하기 위해 배우고 취업시킬 목적으로 가르칩니다. 신자유주의가 진행되면서 이러한 현상은 더욱 심화되었습니다. 교육이 인간에 대한 예의도 없고 상식이 결여된 전문가만 양성하는 결과를 초래하는 이유가 여기에 있다고 생각됩니다. 그리하여 전문지식은 넘쳐나는데 건전한 상식이 실종되는 사회로 가고 있지 않나 하는 합리적인(!) 의심을 해봅니다. 이런 의미에서 공자와 묵자의 교육철학이 계승되지 못하고 있는 셈이지요. 교육이 철저하게 자본의 논리에 포섭되었다 하더라도 보편적 상식을 갖춘 건전한 시민을 배출할 수 있도록 교육의 공공성이 작동되어야 할 필요가 있다고 생각되는 지점입니다.

일부 학자들은 묵자에게 사랑과 이익이 불안한 동거를 한다고 평가하지만, 결국 겸애는 의로움이며 동시에 이로움입니다. 그래서 "의로움보다 더 귀중한 것은 없다"[249]라고 합니다. 묵자는 의로움을 행하는 이런 사람들을 현명하다고 말하면서 그들을 존중해야 한다고 말하지요. 앞에서도 말씀드린 바와 같이 현명하기 위해서는 힘이 있으면 재빠르게 남을 돕고, 재산이 있으면 꾸준히 남에게 나누어주고, 도리를 알면 권하여 남을 가르쳐야 한다고 합니다. 그러면서 "힘이 남아도 서로 돕지 않고, 남은 재산이 썩어도 서로 나누지 않으며, 좋은 방도가 있어도 감추며 서로 가르쳐주지 않으니 천하의 혼란은 마치 금수와 같다"[250]라고도 말합니다.

묵자가 제시한 세 가지 유형의 행위, 즉 남을 돕고 재산을 나누고 가르치는 행위는 겸애이자 의로움의 준거입니다. 세상 사람들이 모두 이를 실천한다면 서로 사랑하고 서로 이익을 주는 더불어 사는 사회에 좀 더 가까이 접근할 수 있다고 생각됩니다. 그래서 도리를 알면 권하여 남을 가르쳐야 한다고 강조하지요. 여기에서 도리는 겸애를 의미하니 교육의 목적은 겸애를 널리 전파하는 데 있겠네요. 그러면 어떻게 하느님의 뜻인 겸애를 배우고 가르칠까요? 묵자는 배우고 가르치는 것의 의미를 다음과 같이 말합니다.

> 저는 선왕의 도리를 암송하여 그 학설을 탐구하고, 성인의 말씀을 꿰뚫어 그 의미를 살피고, 위로는 왕공대인을 설득하고, 그다음에 보통 사람과 선비를 설득하는 편이 낫다고 생각합니다. 왕공대인이 내 말을 따르면 나라가 잘 다스려지고, 보통 사람과 선비들이 내 말을 따르면 행실이 잘 다스려집니다.[251]
>
> 翟以為不若誦先王之道 而求其說, 通聖人之言 而察其辭, 上說王公大人, 次匹夫徒步之士. 王公大人用吾言, 國必治; 匹夫徒步之士用吾言, 行必脩.

하늘을 쳐다본다거나 하늘에 제사를 지낸다고 하늘의 뜻을 터득하지는 못할 겁니다. 교회에 간다거나 기도한다고 모두 하느님의 뜻을 아는 것은 아니지요. 평일에는 하느님 없이 생활하다가 일요일에 보험에 가입하듯이 교회에서 기도한다고 예수를 따른다고는 할 수 없지요. 그래서 하늘의 뜻을 알고 겸애를 실천한 선왕의 도리나 성인의 말씀을 암송하고 탐구하고 살피자는 것입니다. 이런 맥락에서 경전을 학습하고 일관된 원칙을 발견하고자 했습니다. 그렇다고 묵자는 책으로만 진실을 추구하지 않았습니다. 온몸으로 하늘의 뜻을 찾아 나섰고, 모든 삶을 던져 그것을 실현하고자 했지요. 실천으로 검증되지 않는 지식은 무의미하다는 사실을 너무도 일찍 알아차렸다고 말할 수 있지요.

왕공대인과 선비, 그리고 보통 사람들은 가르침의 대상이지요. 그런데 그 가르침의 목표는 나라를 잘 다스리는 데 있습니다. 공자와 매우 유사한 목적을 가지고 있는 듯 보이지만, 문제는 그들이 지향하는 국가와 사회가 완전히 다르다는 사실입니다. 공자와 달리 묵자는 신분 질서가 세습되지 않는 하느님의 나라를 이 땅에 세우고 싶었습니다. 그래서 겸애를 실천할 수 있는 겸사를 배출하여 공적인 의로움[公義]을 이 땅에서 실현하고자 했지요.

여기에서 우리가 눈여겨봐야 할 부분이 있습니다. 우리는 보통 학문과 교육의 정치적 중립성을 이야기하지만, 애초에 그런 중립성은 공자 때부터 존재하지 않았습니다. 교육의 목표와 내용은 그것이 만들어지는 순간부터 의식했건 의식하지 않았건 정치적일 수밖에 없지요. 교육은 그 자체로만 성립될 수 없고, 모든 사회적 · 정치적 · 경제적 관계 속에서 이루어지기 때문입니다.

우리나라에서 학생들이 배우는 교과서 발행방식에는 국정, 검정, 인정, 자유 발행으로 나누어져 있는 사실을 아시나요? 어떤 방식으로 교과서를 발행하느냐는 매우 민감하고 정치적일 수밖에 없습니다. 발행방식에 따라 거기에 담길 내용도 달라질 수 있기 때문입니다. 국정교과서 파문을 생각하면 쉽게 이해할 수 있지요. 일본에서도 위안부 문제와 독도 문제를 역사 교과서에 포함하느냐 마느냐, 또는 포함한다면 어떻게 서술하는가는 정치적 의도와 깊게 관련되어 있습니다. 미국에서도 진화론과 창조론 중에서 어느 하나를 가르쳐야 하는가, 아니면 모두 가르쳐야 하는가는 학문과 교육의 문제라기보다는 정치의 영역에 속합니다. 학문의 자유와 교육의 자율성은 매우 중요하고 존중되어야 하지만, 학문과 교육의 중립성을 주장하는 일은 좀 허무한 일이지요.

농사짓는 법도 배워야

공자와 묵자는 추구하는 사회가 서로 달랐기 때문에 교육의 내용도 필연적으로 다를 수밖에 없었겠지요. 당시 유가는 주로 『시경』과 『서경』을 교재로 하여 성인을 본받아 자신을 수양해야 한다고 생각했습니다. 이들 교재는 문학과 역사, 그리고 철학의 총체로서 이해하고 암송해야 했습니다. 공자의 제자들의 표현을 빌리면, "선생님께서 평소 말씀하시는 바는 시(詩), 서(書), 예(禮)에 관한 것"[252]이었지요.

그런데 『논어』에는 다음과 같은 일화가 소개되어 있습니다. 제자인 번지(樊遲)가 논농사와 밭농사 짓는 법을 가르쳐 달라고 청하자 공자는 자신을 농사짓는 늙은이만 못하다고 하면서 다음과 같이 탄식합니다.

> 소인이구나, 번지는! 윗사람이 예를 좋아하면 백성이 감히 불경스럽게 하지 못하고, 윗사람이 의로움을 좋아하면 백성이 감히 복종하지 않을 수 없고, 윗사람이 신의를 좋아하면 백성이 감히 성의를 다하지 않을 수 없다. 이와 같으면 사방의 백성이 포대기에 자

식을 싸서 업고 올 것이다. 농사짓는 방법은 어디에 쓰겠는가?[253]

공자 자신이 알지 못하는 농사에 대해 가르칠 수 없다는 겸양의 자세가 아니지요. 오히려 농사 같은 생산적 노동을 통해 얻는 지식은 학문의 내용이 아니며, 따라서 교육내용에 포함되어서는 안 된다는 의미로 읽히네요. 예(禮)를 알고 의(義)를 좋아하면 그뿐 농사짓는 방법을 배우고자 하는 제자를 어리석다며 타박하고 있네요. 여기에는 지금도 그러하지만 생산적 노동을 천시하는 당시의 시대정신이 스며들어 있지요. 공자의 후예인 맹자도 '힘으로 일하는 사람(勞力者)'과 '마음으로 일하는 사람(勞心者)'으로 나누어 전자는 지배의 대상, 후자는 지배의 주체로 설정합니다. 아마 힘들여 농사짓는 사람은 스스로 수양할 수 없고, 그래서 군자가 될 수 없다고 생각한 모양입니다.

농업기술을 이렇게 무시했다면 농민보다 더 대접을 받지 못했던 수공업자의 기술은 더더욱 무시당했겠지요. 당시 유가는 기술을 물질에 탐닉해 뜻을 잃는 것이라 폄하하고 나랏일에 도움이 되지 않기에 하층민의 일로 치부했습니다. 그들의 경전인 『예기』에는 이렇게 쓰여 있습니다.

무릇 기능을 가지고 관직에 있는 자는 다른 일을 맡지 않으며, 벼슬을 옮기지도 않는다. 그리고 고향을 나가서는 선비와 교류하지 않으며, 대부의 집에서 벼슬하는 자도 감히 교류하지 못한다.[254]

유가만 그런 것이 아닙니다. 도가는 더욱 기술을 무시했지요. 장자는 놀랍게도 기술을 탐구하거나 심지어 두레박 같은 제품을 사용하는 일조차 인간의 정신이나 본성을 안정시키지 않는다고 주장합니다. 따라서

'도(道)'에 따르는 삶을 방해한다는 이유로 두레박 사용을 거부하지요.[255]

그러면 묵자는 어떨까요? 다음은 묵자가 오려(吳慮)라는 사람을 찾아가 대화하는 내용입니다. 여기에 등장하는 오려는 실존 인물이 아닌 가상의 인물일 수도 있고, 세상을 등지고 사는 도가라는 견해도 있고, 생산적 노동만을 유난히 강조하는 농가(農家)라는 견해도 있습니다.

> 묵자: 만약 세상 사람들이 농사짓는 법을 모른다고 한다면, 사람들에게 농사 짓는 법을 가르치는 일과 농사짓는 법을 가르치지 않고 혼자 농사짓는 것 중에 어느 쪽의 업적[功]이 많습니까?
>
> 오려: 농사짓는 법을 가르치는 것이 업적이 많습니다.
>
> (…)
>
> 묵자: 그래서 제가 비록 농사지어 배고픈 사람을 먹이지 않고, 베를 짜서 추위에 떠는 사람을 입히지 않아도 그 업적은 농사지어 먹이고 길쌈하여 입히는 사람보다 뛰어나다고 생각합니다. 따라서 저는 비록 농사와 길쌈을 하지 않아도 그 업적은 농사와 길쌈보다 뛰어나다고 생각합니다.[256]

여기에서 우리가 알 수 있는 것은 첫째로 묵자가 교육의 역할을 사회적으로 대단히 중요하다고 평가한다는 사실입니다. 묵자가 말하는 업적[功]은 앞에서도 말씀드린 바와 같이 백성을 얼마나 이롭게 하는가에 따라 결정됩니다. 농사를 짓거나 길쌈을 하여 그 결과물로 다른 사람을 먹이거나 따뜻하게 하는 업적보다는 농사짓는 법과 길쌈하는 법을 가르치는 업적이 남을 더욱 이롭게 하며 사회적으로 효과가 더욱 크다고 말합니다. 즉, 교육이 백성을 더 이롭게 한다는 의미이지요.

둘째로 공자와 달리 농사짓는 법과 길쌈하는 법도 교육의 대상이 된다는 사실입니다. 묵자가 성왕들을 존경하는 이유는 백성에게 유익한 집 짓는 법, 농사짓는 법, 옷 만드는 법을 가르쳤기 때문입니다.[257] 백성이 스스로 집을 지어 살고, 음식과 옷을 만들어 먹고 입을 수 있도록 교육했기에 그들을 칭송한다고 합니다. 이와 달리 공자는 성인이야말로 자기수양의 완성자이기 때문에 그들을 찬양합니다. 같은 책을 읽고도 공자와 묵자의 성인에 대한 평가기준이 이렇게 다르지요. 모두 자기주장의 정당성을 성인들에게서 찾고 있는 게지요.

나아가 묵자는 공자와 달리 병법도 교육 내용에 포함합니다. 위 영공(衛靈公)이 공자에게 진을 치는 법을 묻자, 공자는 다음과 같이 대답하고 다음날 떠난 일화가 있습니다.

> 제사 지내는 일은 일찍이 들은 바 있지만, 군대의 일은 배운 바 없습니다.[258]
>
> 俎豆之事 則嘗聞之矣, 軍旅之事, 未之學也.

공자는 군사에 관한 교육을 중요하게 생각하지 않았을 뿐 아니라 아마 해서도 안 된다고 생각한 듯합니다. 묵자는 공격전쟁에 반대했지만, 침략전쟁에 대한 저항으로서의 방어전쟁을 용인했지요. 이럴 경우 약소국의 백성을 보호하기 위해 군사교육이 필요했으며, 군사교육을 받은 제자들과 함께 몸소 방어전쟁에 참여하기도 합니다.

『묵자』 원문 중 「비성문(備城門)」에서 「잡수(雜守)」에 이르는 11편은 묵자가 수제자 금골리(禽滑釐)에게 적군이 침공해올 경우 성을 방어하는 기술을 전수하는 내용으로 이루어져 있습니다. 묵자에게 교육을 받고 전쟁에 참여하여 죽은 제자의 아버지가 묵자를 원망하는 일화[259]도 있습니다. 혹시 홍콩 출신 장지량(張之亮) 감독의 한 · 중 · 일 합작영화 「묵공(墨攻)」을 보셨나요? 묵가 출신의 전략가 혁리(革離)가 조그만 양성(梁城)을 지키기 위해 조나라 대군을 물리치는 이야기인데, 묵자의 탁월한 성 방어기술 일부가 소개되어 있습니다. 우리나라에서는 국민배우 안성기가 출연하는데, 심심풀이 땅콩으로 보기에 좋을 뿐만 아니라 『묵자』를 알고 보면 묵가의 고뇌까지 표현하고 있어서 재미를 더해줍니다. 이야기가 삼천포로 빠졌지만, 아무튼 전인적 인간을 배양하기 위해 시서(詩書)와 예악(禮樂)을 중시한 공자와 대조적으로 묵자는 침략당한 나라의 백성을 보호해야 한다며 군사교육을 중시했습니다.

묵자는 군사교육뿐만 아니라 과학기술도 매우 중요하게 생각했습니다. 앞에서도 말씀드린 바와 같이 『묵자』에는 「경(經)」과 「경설(經說)」 편이 있다고 했지요. 여기에서는 183개의 용어를 정의하는 사전식 서술방식으로 되어 있습니다. 예를 들면 "부분은 전체에서 나누어진 것이다(體, 分於兼也)" 또는 "원은 하나의 중심에서 같은 길이에 있는 것이다(圓, 一中同長也)" 이런 식으로 말입니다. 당시, 아니 근대에 이르기까지 중국에서 거의 존재하지 않았던 이러한 개념 정의의 목적은 무엇일까요? 많은 사람은 후학을 위한 교육용 교재이면서 동시에 묵가 학파 내부와 다른 학파와의 논쟁에서 논증과 토론을 위한 자료로 사용하기 위해 저술되었다고 주장합니다.

여기에 정의된 표제어를 보면 정치학과 언어학, 윤리학과 논리학에서부터 수학과 기하학, 광학과 역학, 철학과 일반 용어에 이르기까지 다양하게 망라되어 있습니다. 과학기술에 대해 구체적으로 말하면, 시간과 공간의 문제, 점 · 선 · 면에 대한 정의, 원과 사각형 등 도형, 힘과 중력의 관계, 오목거울, 볼록거울, 평면거울과 상(像)의 도립(倒立), 빛의 직진에 관한 관찰과 실험 결과를 서술하고 있지요. 이런 측면에서 보면 묵자는 일반 백성의 생활과 직접 또는 간접적으로 관련된 기술교육도 교과과정에 포함했으리라 쉽게 짐작할 수 있습니다. 묵가 구성원의 대부분이 생산활동에 종사했기에 이러한 형이하학적 교육내용은 그들의 생산활동에도 크게 도움을 주었겠지요.

자, 정리해봅시다. 묵자의 교육내용은 유가의 그것과 크게 다르다고 할 수 있습니다. 유가에서는 예(禮) · 악(樂) · 사(射-활쏘기) · 어(御-말타기) · 서(書) · 수(數)로 구성되는 육예(六藝)가 주요한 교육내용이었습니다. 재상이 되기 위해 예악을 배우고, 장군이 되기 위해 활쏘기와 말타기를 익히며, 관리가 되기 위해 서수를 공부했지요. 이와는 대조적으로 묵자는 담변(談辯), 설서(說書), 종사(從事)로 분업을 이루어 각자 맡은 역할에 따라 필요한 실용적인 지식을 가르쳤습니다. 농사짓는 법, 길쌈하는 법, 성을 방어하는 기술, 과학기술의 원리는 유가에서는 절대 배우거나 가르쳐서는 안 될 영역이었지만, 묵가에서는 백성에게 이익이 된다면 배우고 가르쳤지요. 지금 식으로 말하면 직업교육에 해당한다고 할 수도 있고, 실용교육이라고 평가할 수도 있겠네요. 그렇다고 교양교육을 등한시하지도 않았습니다.

배움에는 귀천이 없다

—

공자는 귀천에 구애받지 않고 제자를 받아들인 것으로 알려져 있는데, 묵자도 마찬가지입니다. 공자는 "속수(束脩) 이상의 예를 갖추면 일찍이 가르치지 않은 적 없다"[260]라고 말합니다. 여기에서 속수는 '말린 고기'를 의미합니다. 그 양이 얼마나 되는지는 알 수 없지만, 다산 정약용은 열 개 묶음이라고 주석을 달았지요. 속수가 입학금인지 또는 수업료인지 알 수 없으나 후세의 유가는 공자가 재물을 탐한다는 오해를 미리 방지하기 위해 최소한의 예의로 포장하기도 합니다. 아무튼 속수를 제공할 능력조차 없으면 공자의 가르침을 받을 수 없었겠네요. 또한 유가에서는 "예(禮)를 와서 배운다는 소리는 들었으나 가서 가르친다는 말은 들어보지 못했다"[261]라고 배움의 자발성을 중요하게 여기지요. 이러한 태도는 가르침의 적극성이 조금 후퇴하는 느낌을 주네요.

또한 공자가 위(衛)나라에 가서 인구가 많다고 감탄하면서 제자 염유(冉有)와 나눈 대화가 있습니다.

염유: 이미 사람이 많아졌으니 무엇을 더해야 합니까?

공자: 부유하게 해주어야 한다.

염유: 이미 부유하게 되었다면 무엇을 더해야 합니까?

공자: 가르쳐야 한다.[262]

배움보다 먹고사는 문제가 더욱 중요하다는 지적입니다. 지당한 말씀이지요. 그런데 이 말은 배움이 먹고사는 문제를 해결해주지 못한다는 뜻이기도 합니다. 그래서 개인적인 차원에서 생업에 종사하고 경제적 안정을 이룩한 후 배워야 한다고 해석할 수 있지요. 그런데 당시 생업에 종사하지 않고도 공부할 수 있는 여유가 있는 사람은 극히 일부의 귀족에 한정되어 있었습니다. 이런 상황은 근대에 이르기까지 계속됩니다. 교육격차를 해소하기 위한 의무교육이 20세기에 들어와서야 유럽에서 제도화된 배경에는 이러한 사정을 반영하고 있습니다.

군자와 소인, 빈부와 귀천을 가리지 않고 배움이 필요하다고 강조했음에도 『논어』에서 공자는 군자와 소인, 함께 말할 수 있는 사람과 말할 수 없는 사람, 중인 이상과 중인 이하로 사람들을 나누기도 하지요. 그래서 "최상층의 지혜로운 사람과 최하층의 어리석은 사람은 바뀌지 않는다"[263]라고 말하지요. 이러한 이분법만큼 공자는 교육대상을 무의식적으로 제한했다고 생각됩니다. 맹자도 "천하의 영재를 얻어 가르치는 일을 세 가지 즐거움의 하나"[264]라고 말했지요. 가르치는 대상이 영재가 아니면 그리 보람도 느끼지 못했던 모양입니다.

반면 묵가는 교육을 통해 빈곤의 문제를 해결할 수 있다고 확신했습니다. 농사를 짓거나 길쌈하여 그 생산물을 분배하는 방식보다 농사짓는 법과 길쌈하는 법을 가르쳐 그들이 스스로(!) 살아갈 수 있도록 가르치고 배워야 한다고 생각했지요. 그래야만 추위와 굶주림에서 벗어날 수 있다고 말입니다. 따라서 묵자의 교육은 구세활동의 일부였기 때문에 사람들이 '와서 배우기'도 했지만, 묵자가 직접 '가서 가르치기'도 했습니다. 사방을 다니며 유세하고 소수에게만 가르치는 것이 아니라 좀 더 많은 사람에게 도리를 알리려고 노력했지요. 그리고 묵자는 스스로 천민 출신임을 자처했으므로 제자를 받아들이는 데 공자보다 훨씬 더 개방적이었고 적극적이었습니다. 진실로 대중교육의 장을 펼쳤다고 말할 수 있지요. 찾아오는 사람에게 어떤 물질적 조건도 요구하지 않았을 뿐 아니라 낯선 사람에게 찾아가 가르침을 실천했으니까요. 「공맹(公孟)」 편에는 그런 일화가 심심치 않게 보입니다.

공맹자(公孟子)가 묵자에게 "다니면서 설교하는 것이 너무 고생스럽지 않은가?" 묻자 묵자는 다음과 같이 반문합니다.

> 돌아다니면서 사람들에게 유세하면 업적과 선행이 많아지는데
> 왜 다니면서 사람들을 설득하지 않겠나?[265]
> 行說人者, 其功善亦多, 何故不行說人也?

나아가 사람들이 입문하기를 기다리지 않고 쓸 만한 인재라고 판단하면 적극적으로 배우기를 권유하기도 했지요. 묵자 주변에 신체가 건강하고 생각이 잘 통하는 학생에게 벼슬살이를 하게 해주겠다고 배우기를 권유하는 일화[266]도 있습니다. 또한 자신의 친척 중에 배운 사람이 없다고 배우기를 거부하는 사람에게 배움을 권유하는 다음과 같은 대화가 있습니다.

묵자: 어찌 배우지 않는가?

제자: 우리 친척 중에는 배운 사람이 없습니다.

묵자: 그렇지 않다. 미인을 좋아하는 사람이 어찌 "우리 친척들이 미인을 좋아하지 않기 때문에 나는 미인을 좋아하지 않는다"라고 말할 수 있는가? 부귀를 바라는 사람이 어찌 "우리 친척들이 부귀를 바라지 않기 때문에 나는 부귀를 바라지 않는다"라고 말할 수 있는가? 미인을 좋아하고 부귀를 원하는 사람은 다른 사람을 쳐다보지 않고 오히려 그것을 얻으려고 애쓴다. 무릇 의로움은 천하의 큰 그릇이니 무엇 때문에 다른 사람을 바라보며 그것을 얻으려고 힘쓰겠는가?[267]

그래서 당대의 문헌에서도 묵자의 제자 중에는 여러 부류의 사람이 있었다고 증언하고 있습니다. 제(齊)나라 출신의 고하(高何)와 현자석(縣子碩)은 모든 사람이 두려워하는 유명한 폭도였으며, 색호참(索盧參)은 동방의 교활한 사람이었다고 하네요. 지금 식으로 말하면 조폭과 사기꾼 정도에 해당하겠지요. 그러나 모두 묵가의 가르침을 받아 현인이 되었으며, 죽을 때까지 왕공대인의 대우를 받았다[268]고 하네요. 교활하고 쓸모없다고 생각하는 사람들까지 교육하여 사회적으로 필요한 역할을 유감없이 발휘하도록 했지요. 그래서 『여씨춘추』는 "(묵자를) 따르는 무리는 가득 찼고 제자들도 많아 세상을 가득 채우니 왕공대인들이 그를 따르고 존중하여 자식들이 따르고 배우게 했다"라고 말하지요. 그러면서 "천하에 명예를 드높인 사람이 많아 이루 다 셀 수 없으며, (묵가에) 물든 사람은 모두 옳게 물들었다"[269]라고 평가합니다.

그러면 스승과 제자의 관계는 어땠을까요? 우리나라에는 '군사부일체(君師父一體)'라는 말이 있습니다. 임금과 어버이, 그리고 스승은 한 몸이니 모두 하나처럼 섬겨야 한다는 의미겠지요. 그러나 정작 중국에서 짜장면을 먹기 어렵듯이 중국 문헌에는 '군사부일체'라는 말을 찾을 수 없습니다. 그럼에도 유가에서는 부모에 대한 효도와 임금에 대한 충성의 반열에 맞먹게 스승의 지위를 높였다고 생각됩니다. 세상을 떠돌며 생사고락을 같이한 공자와 제자들의 관계는 아마 부자지간 또는 군신지간 이상의 애틋한 정을 가졌으리라고 생각됩니다.

공자 사후 자공(子貢)은 무덤가에 작은 움막을 짓고 6년 동안을 지켰다고 하니 부모나 임금 이상으로 공자를 존경하고 흠모했다고 보아야겠지요. 요절한 수제자 안연(顏淵)은 그가 살아있는 동안 공자를 임금 모시듯 했습니다. 문을 열고 스승이 들어가면 따라 들어가고, 식사할 때 두 손으로 받들었고, 차를 마실 땐 물의 온도를 손가락으로 가늠했지요. 잠자리에 들 때면 옷과 요대 그리고 신발까지 조심스럽게 벗겼습니다. 그러고는 잠들 때까지 기다리다가 코 고는 소리가 들리면 나갔다고 하네요. 참으로 대단한 의전이지요.

훗날 순자도 스승이 될 자격으로 다음과 같이 네 가지를 꼽았습니다.

> 스승으로서의 술법에는 네 가지가 있으나 박학다식은 포함되지 않는다. 존엄해야 하고, 남들이 두려워하면 스승이 될 수 있다. 나이가 많고 신뢰가 있다면 스승이 될 수 있다. 경전을 암송하고 설명하되 (그것을) 무시하지 않고 범하지 않으면 스승이 될 수 있다. 정미한 것을 알고 논할 수 있다면 스승이 될 수 있다.[270]
>
> 師術有四, 而博習不與焉. 尊嚴而憚, 可以爲師. 耆艾而信, 可以爲

師. 誦說而不陵不犯, 可以爲師. 知微而論, 可以爲師.

박학다식할 필요가 없다는 이야기는 깊이 알고 논리적이어야 한다는 의미로 학문적 수준을 내용적으로 설명하고 있네요. 그런데 외적으로 존엄해야 하고, 남들이 두려워해야 하며, 나이가 지긋해야 한다는 말은 여전히 봉건적 형식주의가 진하게 배어 있다는 느낌을 지울 수 없습니다. 이렇게 유가에서 스승의 이념형은 권위주의적으로 재구성됩니다. 권위주의적 스승의 모습이 항상 부정적으로 작용한다는 의미는 아니지만, 내용보다는 형식을 강조하고 있다는 점에서 말씀드리는 겁니다.

그러면 묵가에서는 어떨까요? 묵자는 "세상에 임금과 스승과 부모는 많지만, 어진 임금, 어진 스승, 어진 부모는 드물다"[271]라고 말합니다. 그래서 하늘을 법도로 삼고, 하늘의 뜻을 헤아리라고 말하지요. 그래서 스승의 존엄에 대한 묵가의 태도는 유가의 권위주의와는 결이 다른 평등의 의미가 전제되어 있다고 평가합니다.[272] 묵자에게 이런 일화가 있습니다. 묵자의 수제자이며 후계자인 금골리(禽滑釐)가 스승을 3년간 섬기자 손발에 굳은살이 생기고 얼굴이 검게 탔으나 몸을 바쳐 일할 뿐 감히 원하는 바를 묻지 못했다고 합니다. 묵자가 이를 측은하게 여겨 술과 마른고기를 마련하여 큰 산에 올라 풀을 뽑고 앉아 술을 권했다[273]고 하네요. 금골리가 감히 질문하지 못하자 묵자가 불러 술잔을 주고받으며 질문을 유도하고 성 방어기술을 빠짐없이 차근차근 설명해주는 장면입니다.

제자가 스승에게 감히 질문하지 못할 정도면 묵자가 지나치게 권위주의적인 게 아닌지 반론을 제기할 수도 있습니다. 그리고 묵자를 따르는 180명은 모두 불 속에 뛰어들고 칼날을 밟더라도 물러나지 않았다[274]

는 당대의 문헌에서도 보듯 묵자의 지도력이 권위주의적이라고 의심할 수도 있습니다. 그러나 묵자를 배반한 제자들도 꽤 있었다는 증거가 있습니다. 묵자를 배반하고 나중에 돌아온 제자와의 대화를 들어보시지요.

> 제자: 저에게 어찌 죄가 있겠습니까? 저는 남들보다 나중에 배반했습니다.
>
> 묵자: 마치 삼군이 패배했는데, 뒤늦게 도망친 사람이 상을 요구하는 것과 같다.[275]

변명하는 제자를 포용하는 모습을 엿볼 수 있지요. 그래서 진주(陳柱) 같은 중국의 묵자 연구가는 "묵자는 사람을 가르칠 때 절대복종을 강요하지 않았다"라고 주장합니다. 앞에서도 말씀드린 바와 같이 묵자는 자유의지를 가진 인간을 상정하고 있습니다. 하늘의 뜻을 따를지 거부할지를 스스로 결정한다고 했지요. 이런 점을 감안한다면 진주의 주장은 설득력이 있어 보입니다. 아무튼 혈연에 의한 세습을 거부하면서 평등한 사회를 지향했던 묵자의 지도력은 스스로 솔선수범하는 실천력으로 제자들을 감화시킨 결과가 아닌가 생각됩니다. 그래서 제자들이 그를 '묵 선생님(墨子)'이라고 부르지 않고 항상 '스승 묵 선생님(子墨子)'이라고 극존칭을 썼지요.

::

피부까지 스며들어야

—

공자도 그러했지만, 묵자는 고대 문헌에 대해 해박한 지식을 가지고 있었습니다. 여행할 때 수레에 많은 책을 싣고 다녔고, 스스로도 주공 단(周公旦)처럼 아침에 100편의 책 읽는 버릇을 버리지 않았다[276]고 말하고 있지요. 장자도 그가 배움을 좋아하고 박학하다고 말하네요. 그런데 공자와 묵자의 역사관은 매우 다르며, 그 차이가 그들의 세계관에 크게 영향을 주었다고 생각됩니다.

공자의 과거에 대한 인식은 다음과 같은 문구에 잘 나타나 있습니다.

> (옛것을) 설명할 뿐 새로 만들지 않는다. 옛것을 믿고 좋아한다.[277]
>
> 述而不作, 信而好古.

공자가 이렇게 고백한 이후 그의 언행을 금과옥조로 여겼던 유가의 시간에 대한 인식은 과거지향에 머무르는 전통을 가지게 되었습니다. 그래서 공자와 그의 제자들에게서는 사회를 개혁하려는 의지를 찾아보기 어렵지요.

묵자는 옛날 성왕의 업적을 존중했지만, 거기에 안주할 수 없었습니다. 그래서 유가의 술이부작(述而不作)을 논리적으로 꼼꼼하게 비판하지요.

> 옛날 예(羿)는 활을 만들었고, 여(伃)는 갑옷을 만들었으며, 해중(奚仲)은 수레를 만들었고, 교수(巧垂)는 배를 만들었다. 그렇다면 지금의 가죽 장인, 갑옷 장인, 수레 장인은 모두 군자이며, 예, 여, 해중, 교수는 모두 소인이란 말인가? 또한 (지금) 따르는 것은 반드시 누군가 만든 것인데, 그렇다면 모두 소인의 길을 따르는 것인가?[278]

여기에서 예, 여, 해중, 교수는 모두 하(夏)나라의 귀족이자 장인(匠人)들인데, 전설상의 인물입니다. 옛 전통을 따르지 않고 새로운 문명의 이기를 만든 사람들인데, 공자에 따르면 그들은 새로운 것을 창작했으니 모두 군자가 아니라고 반박하고 있네요. 공자와는 달리 하나라의 전통을 존중하는 묵자의 사고를 엿볼 수 있는 부분이기도 합니다. 그리고 옛날 말을 하고 옛날 복장을 한 후에야 어질다는 당시 유자들의 주장에 대해서도 다음과 같이 반박합니다.

> 옛날 상(商)나라 주(紂)왕과 그의 신하 비중(費仲)은 천하의 포악한 사람이고, 기자(箕子)와 미자(微子)는 천하의 성인이다. 이들은 같은 말을 했으나 한쪽은 어질고 한쪽은 어질지 못하다. 주공단(周公旦)은 천하의 성인이고, 관숙(關叔)은 천하의 포악한 사

람이다. 이들은 같은 옷을 입었으나 한 사람은 어질고 한 사람은 어질지 못하다. 그러므로 어짊은 옛날 복장과 옛날 말에 달려 있지 않다.[279]

이런 반박은 과거를 그리워하면서 과거로 돌아가려고 하는 유가의 사고를 단순 논리로 비판하고 있지만, 유가는 과거-현재-미래가 시간적으로 이어지는 역사적 구조에 대한 이해가 부족한 게 아닌가 싶네요. 이러한 이해 부족은 노자(老子)에게서도 보여지는데, 시간과 제도의 불가역성을 인식하지 못한 탓이지요. 유가의 과거에 대한 탐구는 연구를 위한 연구 그 이상도 이하도 아닙니다. 그러나 묵자는 "옛것을 따르면서도 새로운 것을 창작한다(循而且作)"라고 말합니다. 과거에 대한 연구는 현재의 상태를 개선하기 위함이고, 현재의 창작은 미래의 더 나은 사회를 지향한다는 목표의식이 담겨 있다고 볼 수 있지요. 그래서 다음과 같이 말합니다.

> 저는 옛날의 좋은 점을 따르고 오늘날의 좋은 점을 새로 만들어야 한다고 생각합니다. 좋은 일이 점점 많아지기를 바라기 때문입니다.[280]
>
> 吾以爲古之善者 則誅之, 今之善者 則作之, 欲善之益多也.

> 군자는 물을 거울삼지 아니하고 사람을 거울삼는다. 물을 거울삼으면 얼굴 모습을 보고, 사람을 거울삼으면 길흉을 안다.[281]
>
> 君子不鏡於水 而鏡於人. 鏡於水 見面之容, 鏡於人 則知吉與凶.

두 번째 인용구에서 사람은 과거에 살았던 역사적인 인물이지만 과거를 상징하지요. 성인을 거울삼으면 본받아야 하고, 포악한 사람을 거울삼으면 반면교사로 배워야 한다는 의미겠지요. 현재와 미래를 개선하기 위해 과거를 알아야 한다고 읽힙니다. 그러면서도 시간의 흐름에 관계없이, 다시 말하면 과거-현재-미래를 관통하여 초역사적으로 변함이 없는 것이 '겸애'라고 다음과 같이 말하지요.

> 세상의 많은 사람을 사랑하는 것과 세상의 적은 사람을 사랑하는 것은 서로 같다. 두루 사랑한다는 점에서 서로 같다. 옛날 세대를 사랑하는 것과 미래 세대를 사랑하는 것은 지금의 세상 사람을 사랑하는 것과 마찬가지다.[282]
> 愛衆世與愛寡世 相若. 兼愛之有 相若. 愛尙世與愛後世, 一若 今之世人也.

공간적 범위(衆世-寡世)와 시간적 범위(尙世-今世-後世)를 넘어서는 겸애사상을 표현하고 있습니다. 묵자는 〈묵경(墨經)〉에서 제시한 시공에 관한 개념을 현실 세계에서 적용하고 있지요. 초역사적인 기준으로서의 겸애와 역사적이고 현실적인 행동양식으로서의 창작을 통일적으로 인식하고 있다고 생각되네요. 이러한 기준과 행동양식은 결국 가난하고 춥고 배고픈 백성의 생활상을 개선하려는 의지를 반영하고 있다고 볼 수 있지요. 이러한 역사관의 차이가 앞에서 말씀드린 교육내용의 차이를 초래하지 않았을까요?

역사관의 차이가 이처럼 명확함에도 공자와 묵자는 배우고 가르치는 태도의 진지함과 수준별 교육의 실천이라는 면에서는 유사성이 있습니다. 먼저 공자의 태도를 살펴보지요. 공자는 다음과 같이 말합니다.

> 말없이 깨닫고, 배움에 싫증 내지 않으며, 가르침에 게으르지 않는다. 나에게 무엇이 더 있겠느냐?[283]
> 默而識之, 學而不厭, 誨人不倦, 何有於我哉.

역시 공자님다운 말씀입니다. 여기에서 '말없이 깨닫다'라는 말은 탐구해서 스스로 깨우친다는 의미이지요. 요새 말로 자기주도적 학습에 해당합니다. 그러면서 "가르침에서는 분발하지 않으면 가르쳐주지 않는다(不憤不啓)"라고 하면서 제자들의 자발적 노력을 요구합니다. 그렇지 않을 경우 "반복하지 않는다"[284]라고 강조하지요. 엄격한 스승의 전형적인 교육 방식을 보여주네요.

묵자도 앞에서 인용한 바와 같이 선왕의 도리를 암송하여 그 학설을 탐구하고 성인을 말씀을 꿰뚫어 그 의미를 살핀다고 했지요. 그러면서 다음과 같이 말합니다.

> 입에서 나온 것으로 가르침을 다 할 수 없다. 이를 팔다리에 드러나게 하고 피부에 스며들게 하라. 백발이 이마에 떨어져도 이를 버리지 않아야 진정으로 성인이다.[285]
> 出於口者 無以竭馴. 暢之四支, 接之肌膚, 華髮隳顛, 而猶弗舍者, 其唯聖人乎.

가르침을 머리로만 이해하거나 입으로만 암송하지 말고 팔다리와 피부에 이르기까지 온몸으로 배우고 가르치라는 의미로 이해됩니다. 이는 실천을 통해 깨우침을 완성할 수 있다는 묵자의 철학으로 읽히네요. 이러한 태도는 묵자에 대한 제자들의 평가에서도 나타나지요.

> 묵자 선생은 깊어야 할 것은 깊게 하고, 얕아야 할 것은 얕게 하고, 보탤 것은 보태고, 존중할 것은 존중한다. 차례대로 유래를 살피고 원인을 비교하여 좋은 결과가 나올 때까지 반복 실천을 지시하셨다. 그다음에 가르침과 논리체계를 살피고 반복 실천을 요청하셨다.[286]
>
> 子深其深, 淺其淺, 益其益, 尊其尊. 察次山 比因, 至優 指復. 次察聲端 名因, 請復.

공자와 묵자 모두 배우고 가르치는 태도는 진실로 너무도 진지하다고 평가할 수 있습니다. 다만 깨달음에서 공자가 '사유'에 방점을 찍었다면 묵자는 '실천'을 강조한 셈이지요. 유가의 가르침과 배움이 상대적(!)으로 책으로 시작하여 책으로 끝난다면, 묵자의 그것은 생산활동에서 벗어나지 않으면서도 시종일관 실천을 중시했다고 볼 수 있습니다. 생산과정에서 생기는 문제를 해결하면서 경험을 축적하고, 나아가 새로운 것을 발명하면서 과학적 지식을 인문정신과 융화하는 노력도 엿볼 수 있습니다.

또한 공자와 묵자 모두 학생의 능력과 자질에 따라 수준별로 교육했지요. 우선 공자는 잘 알려진 바와 같이 효(孝)가 무엇인지 묻는 제자들에게 다르게 대답합니다. 맹의자(孟懿子)에게는 "어기지 않는다"라고 대답하고, 번지(樊遲)에게는 "살아계실 때는 예로써 섬기고 돌아가시면 예로써 장사지내고 예로써 제사 지낸다"라고 대답하지요. 말썽꾸러기

맹무백(孟武伯)에게는 "부모는 오로지 질병에 대해서만 걱정한다"라고 말합니다. 자유(子游)와 자하(子夏)에게도 각기 다르게 대답하지요.[287] 또한 제자들의 성격에 따라 의도적으로 다르게 답변하는 일화도 있습니다.

자로: 들으면 바로 실행합니까?

공자: 부형(父兄)이 계시는데 어떻게 바로 실행할 수 있겠는가?

염유: 들으면 바로 실행합니까?

공자: 들으면 바로 실행해야 한다.

공서화: 자로가 "들으면 바로 실행합니까?" 묻자 "부형이 계신다"라고 대답하시고, 염유가 "들으면 바로 실행합니까?" 묻자 "들으면 바로 실행해야 한다"라고 하십니다. 의혹이 생겨 감히 묻습니다.

공자: 염유는 물러서기 때문에 나아가게 했고, 자로는 남들과 함께하기 때문에 물러서게 했다.[288]

또한 공자는 "중간 이상의 사람에게는 상급의 말을 할 수 있으나, 중간 이하의 사람에게는 상급의 말을 해줄 수 없다"[289]라고도 말하지요. '중간 이상의 사람'과 '중간 이하의 사람'이 능력에 따른 분류인지 아니면 계급에 따른 분류인지 명확하게 언급하고 있지는 않지만, 전자라고 한다면 그는 철저하게 제자들의 능력과 수준, 성격과 자질에 따라 서로 다르게 교육했다고 말할 수 있습니다. 저는 개인적으로 이것이 계급에 따른 분류라고 생각하고 싶지 않을 뿐입니다. 공자만큼 묵자도 제자들의 능력에 따라 교육내용을 달리합니다.

일부 제자들이 묵자에게 활쏘기를 배우겠다고 청하자 다음과 같이 말합니다.

> 안 된다. 무릇 지혜로운 사람은 자신의 능력에 따라 일에 종사한다. 나라의 무사[國士]는 전쟁을 하면서 백성을 돕는데, 오히려 그 뜻을 다 이룰 수 없다. 지금 그대가 나라의 무사가 아닌데, 어찌 학문을 이루고 활쏘기를 완성할 수 있겠는가?[290]

글공부와 활쏘기는 유가의 교육내용에도 포함되어 있고, 묵가에서도 가르쳤습니다. 유가에서는 군자가 되기 위해 육예(六藝)를 모두 갖추어야 한다고 생각했지만, 묵가는 능력과 자질에 따라 교육내용을 달리하면서 교육에서도 분업과 협업을 시도하고 있다고 생각되는 지점입니다.

또한 일정한 수준에 도달한 제자에게는 책을 대신하여 토론으로 가르침을 대신하기도 했습니다. 묵자의 제자 중에 현당자(弦唐子)와 공상과(公尙過)라는 제자가 있었는데, 공상과에게 그리했나 봅니다. 현당자가 이상하게 생각하여 그 이유를 묻자 묵자는 다음과 같이 대답합니다.

> 지금 공상과는 마음으로 정밀하고 미묘함에 거슬러 올라가 헤아리니, '모든 사물에는 하나의 이치가 적용된다'라는 원리의 요점을 이미 알고 있네. 그래서 책으로 가르치지 않았는데, 자네는 어찌 괴이하게 여기는가?[291]
>
> 今若過之心者, 數逆於精微, 同歸之物, 既已知其要矣. 是以不教以書也, 而子何怪焉?

이렇듯 묵자 역시 수준에 따라 다른 방식으로 교육했지요. 교육의 내용과 방식에서뿐만 아니라 상황에 따라 선택과 집중이라는 교육 방식을 통해 교육의 효율성을 추구했습니다. 당시 묵자와 그의 제자들이 여러 나라를 돌아다니며 자신들의 사상을 전파하기 위해 교육에 힘썼지요. 이때 제자인 위월(魏越)이 각국에서 유세하는 방식을 묻자 다음과 같이 대답합니다.

> 그 나라에 들어가서 반드시 힘쓸 부분을 선택하여 일에 종사해야 한다. 국가가 혼란스러우면 현명한 사람을 존중하고 같아짐을 존중해야 한다고 말해야 한다. 국가가 가난하면 절약과 간소한 장례를 말해야 한다. 국가가 음악을 즐기고 (운명론을) 탐닉하면 음악을 비판하고 운명론을 비판해야 한다. 국가가 음란하고 예의가 없다면 하늘을 존중하고 귀신을 섬기라고 말해야 한다. 국가가 약탈과 침략에 힘쓰면 두루 사랑함을 말하고 공격전쟁을 비난해야 한다. 그래서 힘쓸 부분을 선택하여 일에 종사해야 한다.[292]
>
> 凡入國, 必擇務而從事焉. 國家昏亂, 則語之尚賢, 尚同; 國家貧, 則語之節用, 節葬; 國家憙音湛湎, 則語之非樂,.非命; 國家淫僻無禮, 則語之尊天, 事鬼; 國家務奪侵凌, 即語之兼愛, 非攻, 故曰 擇務而從事焉.

여기에서 유세의 내용은 묵자의 10가지 주장인 〈십론(十論)〉에 해당하지만, 획일적으로 적용하지 말라고 하네요. 각 나라의 구체적인 상황에 따라 교육하고 유세할 내용을 선택하여 집중하라는 의미입니다. 이와 같이 묵자는 노동이 존중받는 사회를 지향하면서도 사회적 분업, 그리고 선택과 집중[擇務而從事]의 교육방식을 강조했지요. 물론 선택과 집중은 분업과 협업이라는 토대 위에서 그 효율성을 발휘할 수 있겠지요. 이런 면에서 그는 논리적이며 합리적인, 그리고 빈틈없이 철저한 실천적 교육자로서의 모습을 보여준다고 말할 수 있습니다.

VII

왜 묵자인가?

- 묵자에 대한 평가
- 2천 년을 뛰어넘다
- 짚신을 신고 천하를 돌아다닌 위대한 실천가
- 누구를 위하여 종을 울리나?

•

묵자에
대한
평가

—

독일의 실존주의 철학자 카를 야스퍼스(Karl Jaspers, 1883~1969)는 기원전 900년부터 기원전 200년의 시기를 '기축 시대' 또는 '축의 시대(Achsenzeit)'라고 불렀습니다. 이 시기에 4대 문명의 중심지에서 직접적인 문화교류 없이 서로 다른 사상과 철학이 최초로 발생했기 때문입니다. 인도에서는 자이나교의 실질적인 창시자 마하비라와 불교의 고타마 싯다르타가 등장했으며, 그리스에서도 소크라테스, 플라톤, 아리스토텔레스가 활동했고, 이스라엘에서는 엘리야, 예레미야, 이사야 같은 예언자들이 나타났습니다. 중국에서는 유가, 병가, 묵가, 도가, 명가 등 온갖 꽃이 함께 피고 많은 사람이 자기의 주장을 맘껏 펼치는 때가 바로 이 시기였지요.

전쟁과 폭력, 굶주림과 두려움의 시대에 동서양을 막론하고 신화적 인식에서 이성에 대한 도전의 첫발을 내디뎠지만, 카렌 암스트롱은 "우리 인간은 한 번도 축의 시대의 통찰을 넘어선 적이 없다"[293]라고 주장합니다. 중국 사상사에서도 지금까지 제자백가의 통찰을 넘어서지 못하고 있다는 생각을 가진 저로서는 그의 과격한 주장에 일면(!) 타당성이 있다고 동의합니다.

축의 시대가 인류 역사에서 최초로 빛나는 통찰력을 제공했다는 사실은 역설적으로 바로 이 시기에 인간에 의한 인간의 억압과 불평등이 시작되었음을 의미합니다. 최초의 인류는 묵자가 말한 바와 같이 생존하기 위해 자연에 대한 힘들고 고된 투쟁으로 점철되었지요. 그러나 축의 시대에 이르면 자연에 대한 투쟁에 더하여 인간과 인간의 대립과 갈등이라는 사회의 새로운 모순이 추가되었지요. 원시사회가 해체되면서 소유와 계급이 발생하고, 타인의 노동생산물을 강탈하는 제도가 정착되는가 하면 대규모 살상을 수반하는 전쟁이 본격화되었다는 사실을 상기할 필요가 있습니다.

이 시기에는 여전히 신화와 역사가 분리되지 않았고, 과학과 종교가 혼재되어 있었지요. 묵자는 바로 이러한 축의 시대에 활동한 인류의 스승입니다. 인류 역사의 유년기에 해당하는 시기의 사상가지요. 그래서 그의 사상을 분석해보면 인식론에 있어서 유물론과 관념론이 혼재해 있고, 논리전개에 있어서도 변증법과 배중률의 논리가 혼합되어 있기도 합니다. 어떤 부분에서는 당시로서 가장 과학적으로 분석하고 유추하지만, 다른 부분에서는 당시의 잘못된 속설을 그대로 신봉하기도 하지요.

그래서인지 묵자의 사상은 노예제와 봉건제에 두 발을 의지하고 있지만, 사회주의적 감성을 가슴에 품고 있으면서도 머리로는 능력 위주의 자유주의를 지향하고 있다는 인상도 주고 있습니다. 그의 방법론에 해당하는 삼표법(三表法)에 의하면 묵자는 어떠한 진리라도 모두 직접 · 간접 경험의 결과를 통해서만 검증될 수 있다고 판단합니다. 이는 유물론적 사고지요. 반면에 「천지(天志)」와 「명귀(明鬼)」에 나타난 종교관을 보면 다신론(多神論)에 입각한 관념론적 입장을 보이기도 합니다. 앞에서 묵자는 유일신론자라고 말씀드렸지만, 보는 시각에 따라 귀신을 인정한다는 점에서 다신론으로도 볼 수 있습니다. 이러한 모순의 혼재에도 묵자의 사상은 수미일관 철저하게 경험론에 기초하고 있으며, 공리주의적 입장을 견지하고 있습니다. 또한 인간에 대한 무한한 애정을 바탕으로 사회적 약자의 삶을 개선하기 위해 끊임없이 실천하려고 노력하지요.

여기에서 우리는 묵자를 객관적으로 평가하기 위해 그가 역사적으로 어떤 평가를 받아왔는지 살펴볼 필요가 있습니다. 역사적 인물에 대한 평가는 평가하는 사람의 입장과 사상적 좌표에 따라 크게 달라질 수 있으며, 평가하는 시점의 시대적 환경과도 밀접하게 관련되어 있습니다. 따라서 다양한 평가가 이루어질 수밖에 없지요. 특히 사상가의 평가는 더욱 그러합니다. 그래서 평가는 대단히 정치적인 행위라고 말할 수 있습니다. 제자백가의 다른 사상가들과 마찬가지로 묵자에 대한 평가는 극과 극을 달립니다. 유가를 창시한 공자에 대한 평가도 마찬가지지요.

공자는 중국 역사상 최초이자 최고의 사상가이며 오랜 기간 성현(聖賢)으로 존경받아왔지요. 그러나 같은 시대의 농사짓는 노인으로부터 "팔다리를 부지런히 놀리지 않고, 오곡도 분간하지 못하는"[294] 서생으로 취급받지요. 『장자』에는 공자와 당시의 유명한 도적인 도척(盜跖)에 관한 가공된 우화가 실려 있습니다. 여기에서 공자는 도척보다 더한 도둑임을 암시합니다. 도척이 공자를 향해 "천하는 어찌 너를 '도구(盜丘)'라 부르지 않고 나를 '도척'이라 부르는가?"[295]라고 절규하지요. 당시에 천민은 직업에 이름을 붙여 부르는 관습이 있었습니다. 도척은 '척(跖)'이라는 이름을 가진 도적이며, 포정(庖丁)은 '정(丁)'이라는 이름을 가진 요리사이며, 장석(匠石)은 '석(石)'이라는 이름을 가진 목수입니다. 그러니 도구(盜丘)는 '구(丘)'라는 이름을 가진 도둑이라는 의미이지요. 공자의 이름이 구(丘)라는 사실을 상기하면 아마 일부 도가는 공자를 도척만큼 큰 도둑으로 생각했나 봅니다. 전국시대에만 한정해보아도 공자는 '성현', '게으른 백면서생', '큰 도둑'이라는 다양한 평가를 받고 있네요.

근대에 들어와서 그에 대한 평가는 더욱 극단적으로 바뀌지요. 5 · 4 운동 당시 많은 지식인은 봉건적 전통을 부정하면서 민주주의와 과학만이 중국을 구할 수 있다고 생각하여 공자를 타도 대상으로 여겼습니다. 문화혁명 시기에도 유교는 반개혁적 · 봉건적 사상으로 규정되어 공자의 무덤이 파헤쳐지고 그의 사당이 불타는 수모를 당하기도 했습니다. 그러나 개혁개방 이후 공자를 존경하고 유교를 숭상하는 존공숭유(尊孔崇儒)의 길을 가기 시작합니다. 공자 사상을 중국 사회주의 체제의 소프트웨어로 활용하여 대내적으로는 다민족의 융합(?)을 도모하고 대외적으로 미국과의 경쟁에서 우위에 서려는 노력(!)의 하나로 보여집니다. 심지어 최근에는 많은 자본가가 이윤을 극대화하기 위해 회사 경영에 공자 사상을 접목하고 적용하기까지 하지요. 전국시대에는 물론이거니와 근대 이후에도 공자에 대한 평가는 이렇게 극단적으로 다르게 나타납니다. 이와 같이 극단적으로 엇갈리는 평가는 앞에서도 말씀드린 바와 같이 평가의 시대적 상황과 평가자의 정치경제적 입장과 사상적 좌표에 의해 결정되지요.

묵자에 대한 평가도 공자처럼 극단적으로 이루어지는 경향이 있습니다. 묵자 사상이 내용적으로 당시 백성으로부터 열렬한 환영을 받아 공자와 쌍벽을 이루었음에도, 아니 그랬기 때문에 더욱더 유가의 공격을 받았지요. 사실 유가와 묵가는 앞에서도 말씀드린 바와 같이 대립적 관계인데, 그들의 이론 투쟁은 묵자가 유가를 비판하면서 시작되었습니다.

묵자는 유가 사상을 충분히 섭렵한 뒤 그들의 이론과 행태를 논리적으로 조목조목 비판하면서 다음과 같이 결론을 내립니다.

> 예와 음악을 번잡하게 꾸며서 사람들을 미혹시키고, 오랜 초상과 거짓 슬픔으로 어버이를 속인다. 운명론을 앞세워 가난함을 편안하게 여기면서 허세를 부리고, 근본을 어겨 일에 종사하지 않으면서 게으르고 오만함에 만족한다. 음식을 탐하고 일을 게을리하여 굶주림과 추위에 빠진다. 얼어 죽고 굶어 죽을 위기에서도 그것을 벗어날 방법이 없다.[296]
>
> 且夫繁飾禮樂以淫人, 久喪偽哀以謾親. 立命緩貧而高浩居, 倍本棄事而安怠傲. 貪於飲食, 惰於作務, 陷於飢寒, 危於凍餒, 無以違之.

이러한 묵자의 비판에 대해 반기를 들고 묵자를 공격한 선봉장은 맹자였습니다. 그는 양주와 묵자의 도(道)가 시들지 않으니 공자의 도가 드러나지 않는다고 불평하면서 다음과 같이 말합니다.

> 양주는 자신만을 위하니 임금이 없는 것이요, 묵자는 두루 사랑하니 이는 어버이가 없는 것이다. 어버이가 없고 임금이 없으면 이는 금수다.[297]
>
> 楊氏爲我, 是無君也. 墨氏兼愛, 是無父也. 無父無君, 是禽獸也.

공자의 도를 드러내기 위해 도가와 묵가를 비판하는 것은 이해할 수 있으나, 앞에서도 말씀드린 바와 같이 나를 위하면 무군(無君)이고, 겸애하면 무부(無父)라는 논리는 좀 그러네요. 맹자의 눈에는 이기주의로 이해되는 양주의 유아주의(唯我主義)가 사회질서를 부정하고, 무차별적 사랑은 부모의 존재와 가정의 윤리를 배반하는 것으로 보였나 봅니다. 거기에다가 양주와 묵자를 몰아내지 않으면 사람들끼리 서로 잡아먹게 된다고 악담을 하지요. 임금이 없고 어버이가 없으면 금수라니요. 논리적 비약인지 논리가 없는 건지 분간하기도 어렵네요. 게다가 양주와 묵자를 물리쳐야 한다고 말할 수 있는 사람은 성인의 무리라고 말하면서 자신을 스스로 성인의 반열에 올려놓는 셀프 추대를 잊지 않네요. 정치적인 너무도 정치적인 맹자입니다.

훗날 맹자를 공자의 후계자로 만드는 데 혁혁한 공을 세운 남송(南宋)의 주희(朱熹, 1130~1200)는 양주와 묵적의 폐해는 신불해(申不害)와 한비자보다 심하며, 불씨(佛氏)의 폐해는 양주와 묵자보다 심하다고 하면서 묵자와 양주에 대한 맹자의 비판을 그대로 계승합니다. 여기에서 신불해와 한비자는 법가의 대표자이며, 불씨는 불교를 비하한 말이지요. 맹자는 단순히 양주와 묵자가 인의(仁義)를 막아버린다고 주장했지만, 주희는 반걸음 더 나아가 양주는 의(義)에 의혹을 일으키고 묵자는 인(仁)에 의혹을 일으킨다고 말할 뿐이지요. 우리나라에서도 조선 중·후기의 유학자나 실학자들이 묵자를 평가하는 데 이 범주에서 크게 벗어나지 않습니다.[298] 맹자의 정치력이 12세기 이후 중국과 조선에서 발휘되는 장면입니다. 그러나 이들의 비판은 묵자에 대한 맹자의 편견과 이해 부족을 그대로 답습하고 있다는 생각이 드네요.

맹자가 묵자의 겸애를 공격했다면, 순자는 「절용(節用)」과 「비악(非樂)」을 집중적으로 공격합니다. 그래서 "묵자가 음악을 부정하는 것은 천하를 어지럽게 만드는 것이며, 물자의 사용을 절약하는 것은 천하를 가난하게 만드는 것"이라고 주장하지요. 두 가지 비판을 하나씩 살펴보지요. 우선 세상의 물자는 본래 풍족하여 절대 부족하지 않다고 생각한 순자는 이렇게 말합니다.

> 세상을 위해 물자가 부족하게 될까 봐 걱정하고 있지만, 부족한 것은 온 천하 전체의 걱정이 아니라 다만 묵자의 과도한 개인적인 걱정이다.[299]
>
> 爲天下憂不足, 非天下之公憂也. 特墨子之私憂過計也.

이런 언급은 그토록 논리적인 순자가 『묵자』를 읽고 이해했는지 의아하게 만들 뿐 아니라 그의 사회과학적 감수성을 의심하게 하는 대목입니다. 무거운 세금을 거두어 백성이 사용할 물자가 부족하여 굶어 죽거나 얼어 죽는 자가 이루 다 셀 수 없는 당시 상황에서 세상의 물자가 풍족해서 걱정할 필요가 없다니요! 비난을 위한 비판이라고 생각됩니다. 21세기에도 전 세계 인구가 먹을 수 있을 만큼의 충분한 식량을 생산하고 있음에도 여전히 수천만 명의 어린아이가 영양실조와 기아 때문에 죽어가고 있다는 사실을 생각하면 인류 전체가 아니더라도 양식 있는 사람이라면 걱정하고 고민해서 해결해야 할 걱정이 아닌가요?

유가에서는 신분적 계급사회에서 백성을 지배하는 데 예악이 필수라고 생각했습니다. 그런데 묵자가 당시의 음악을 비판한 이후 순자는 매우 자존심이 상하고 위기의식을 느꼈나 봅니다. 『순자』의 「악론(樂論)」을 보면 문단마다 묵자를 비난합니다. 이미 앞에서 말씀드린 바와 같이 순자는 음악의 근원을 따라가며 그 효용성을 설명하지요. 음악은 악한 마음을 순화시키고 사악한 기운을 제거한다고 말이지요. 그래서 신분과 빈부의 차이에도 음악을 통해 사람들이 화합하고 절제하여 사회를 안정적으로 유지한다고 말합니다. 심지어 전쟁할 때도 비뚤어진 적의 마음을 바로잡기 때문에 적국을 굴복시킬 수 있다고도 말하네요.

그러하니 음악을 비판한 묵자의 도(道)는 장님이 흑백을 구별하지 못하고, 귀머거리가 맑은 소리와 탁한 소리를 구별하지 못하는 것과 같다고 반박합니다. 그래서 (남쪽의) 초(楚)나라로 가려고 하면서 북쪽에서 초나라를 찾는 바보에 비유하지요.[300] 그러나 묵자 역시 옛날 성왕의 음악을 인정하고 있습니다.[301] 묵자는 음악 자체를 부정한 것이 아니라 당시의 호화스러운 연주가 초래하는 백성의 고통을 반대한 것이지요. 순자가 음란하고 사악하다는 이유로 정나라와 위나라의 음악[鄭衛之音]을 배척했듯이 묵자는 백성의 생활을 어렵게 한다는 이유로 당시 왕공대인의 음악을 비판했을 뿐이지요.

이처럼 절용에서도, 비악에서도 순자의 묵자 비판은 초점이 잘 맞지 않습니다. 그런데도 묵자가 실용에 가로막혀 문화를 알지 못했다[302]고 무시하네요. 묵자의 출신을 경멸하는 마음이 깔려 있는 듯합니다. 여기에서 순자의 문화란 지배층의 문화임은 말할 필요가 없지만 말입니다. 그러면서 맹자와 비슷한 악담을 퍼붓지요.

> 묵가의 가르침이 진실로 행해진다면 천하는 검소함을 숭상하지만 더욱 가난해지고, 싸우려 하지 않는데도 매일 다투게 되며. 힘들여 일하며 괴로움을 겪어도 더욱 업적이 없어지며, 초췌한 얼굴로 걱정하고 슬퍼하며, 음악을 폐지해도 날마다 화합하지 못한다.[303]
>
> 故墨術誠行, 則天下尙儉而彌貧, 非鬪而日爭, 勞苦頓萃而愈無功, 愀然憂戚非樂而日不和

유가의 전통을 이어받은 풍우란(馮友蘭)조차 묵자가 유가의 핵심을 찔러 논리적으로 비판했다고 인정했지만, 맹자와 순자 같은 유가의 묵자 비판은 논리적이라기보다는 감정에 호소하는 억지를 늘어놓고 있다고 생각됩니다.

근대에 들어서서 묵자는 중국의 시대 상황과 맞물려 관심을 받기 시작합니다. 아편전쟁 이후 중국은 서구 열강의 침략을 받아 거의(!) 식민지 같은 상황에 봉착합니다. 동시에 군벌과 결탁한 일본이 군사적 공격을 감행하지요. 이러한 과정에서 발전된 과학기술과 강력한 무기를 갖춘 제국주의를 목격한 중국의 지식인과 민중은 제국주의와 봉건제에 반대하는 반제 · 반봉건 투쟁에 적극적으로 가담하지요. 당시 지식인은 중국이 서구 열강에 비해 과학[賽因斯]과 민주주의[德莫克拉西]가 부족하다고 판단하여 이를 중시하는 분위기를 조성했습니다. 그래서 20세기 초에 중국인은 과학을 '새선생(賽先生)', 민주주의를 '덕선생(德先生)'이라고 불렀지요. 유럽에 대한 피해의식이나 열등감을 극복하는 데 묵자가 필요했다고 생각됩니다. 묵자의 논리성과 과학성, 그리고 민본주의적 성격은 그러한 필요에 부응했지요.

이러한 역사적 조건에서 신문화운동의 사상가들이 묵자에게 주목하기 시작했습니다. 그리하여 중국 자유주의의 선구자인 양계초나 호적은 묵가의 논리학이 세계논리학사에서 중요한 지위와 과학적 가치를 가지고 있다고 확신했습니다. 그들은 〈묵경〉에 나타난 묵가의 논리학은 개념, 판단, 추론이라는 세 가지 사유 방식을 내포하고 있어서 아리스토텔레스나 베이컨의 논리학과 유사하다고 여겼지요. 그뿐만 아니라 과학적 사유 방식을 가진 민중지향적 사상이라고 긍정적으로 평가하고 있습니다. 앞에서도 설명한 바와 같이 묵자는 축성(築城) 기술자이면서 무기 제작 전문가였기 때문에 광학을 포함한 물리학과 기하학을 포함한 수학에 대해 상당한 조예가 있었음을 알 수 있습니다. 이러한 사실은 〈묵경〉에 잘 나타나 있지요.

최근에는 중국의 자연과학자들이 〈묵경〉을 본격적으로 연구하기 시작했습니다. 그들에 의하면 묵자의 과학기술은 그리스의 그것보다 일찍 나왔으며, 그리스와 거의 유사하거나 더 높은 수준의 이론이 제시되었다고 합니다. 예컨대 〈묵경〉에서는 점, 선, 면, 입체를 기하학적으로 정의하고 있는데, 이는 유클리드(Euclid)의 『원론(*Elements*)』에 나오는 내용과 같거나 거의 유사하지요. 『묵자』에서는 점과 직선을 정의하고 그것의 철학적 의미를 부여하는 데 중점을 두었지만, 『원론』에서는 이것들을 이용하여 다른 것들을 작도하는 방법에 중점을 두고 있습니다. 또한 묵자는 아르키메데스보다 200년 앞서 지렛대의 원리를 발견했고, 그의 시공관은 뉴턴이 제기한 절대시간과 절대공간 개념보다 2천 년 빨랐으며, 운동과 정지에 관한 그의 추론은 갈릴레이와 뉴턴의 이론에 상당히 근접해 있었다고 평가됩니다. 과학적 지식에 기초하여 세계 최초의 무기들을 발명하기도 했지요.[304]

이런 과학적 사고는 미신과 운명론을 배격하는 기초가 되었습니다. 특히 신문화운동의 지도자 호적은 묵자의 논리성과 과학성을 강조하면서 유학은 이미 오래전에 생명력을 다했고, 따라서 중국철학의 미래는 유학의 족쇄에서 해방하는 작업에서 시작해야 한다고 주장합니다. 그는 묵자를 중국이 배출한 가장 위대한 인물이며, 위대한 과학자이자 논리학자이며 철학자라고 평가합니다. 『묵자』야말로 진정한 가치를 지닌 유일한 저작이라고 지적하면서 묵자 정신의 추구는 나라와 백성을 구하는 일이라고까지 말하지요.

묵자의 사상을 객관적으로 평가하기 전에 중국 근대사에서 자유주의와 사회주의 계열을 대표하는 양계초와 곽말약의 평가를 살펴보아야 합니다. 왜냐하면 두 사람 모두 20세기 중국의 대표적인 문학가이자 사상가이며 또한 정치가일 뿐 아니라 그들의 묵자 비판은 시사하는 바가 크기 때문입니다. '오늘의 나를 아까워하지 않고, 어제의 나와 싸운다'라는 신념을 평생토록 실천한 양계초는 동서양의 사상에 해박하여 '걸어 다니는 백과사전'으로 불렸습니다. 봉건적 인습을 타파하고 입헌군주제를 주장한 그는 스승 강유위(康有爲)와 더불어 5 · 4운동에 사상적 영향을 주었던 신문화운동의 대표적인 인물이지요.

문학청년으로 시, 소설, 희곡 장르에서 작품 활동을 했던 곽말약은 서구의 작품을 번역하기도 했습니다. 괴테의 『젊은 베르테르의 슬픔』을 번역하여 중국의 젊은이로부터 인기를 끌었다고도 하네요. 그는 일본 망명 중 개인주의적 · 낭만주의적 성향에서 벗어나 사회주의자로 변신하게 됩니다. 그 후 유물사관(唯物史觀)에 입각하여 중국 고대를 연구한 결과, 고대 중국은 '노예제 사회'라는 결론에 도달합니다. 중일전쟁 이후 귀국하여 항일전선에서 문학평론과 선전활동에 적극적으로 참여하지요. 그 업적을 인정받아 혁명 이후에는 모택동(毛澤東) 문학사상의 조타수로서 공산당 내에서 오랜 기간 고위직을 지내기도 합니다.

양계초는 묵자를 예수와 마르크스에 비유하면서 공자, 노자와 더불어 중국의 3대 성인이라고 평가합니다. 그럼에도 묵자의 사회주의적 성격을 자유주의 입장에서 비판하지요. 양계초는 묵자가 말하는 이로움은 개인적 이익이 아니라 사회적 이익이며, 정신적 이익을 배제한 물질적 이익이라고 주장합니다. 따라서 묵자가 개인적 이익을 부정하고 사회적 이익을 중시했으며, 정신적 욕망을 부정하고 물질적 이익만을 추구했으며, 사회 전체의 이익을 위해 개인의 이익을 부정했다고 논리를 확대하지요.[305] 그리하여 묵자의 사상은 물질만을 추구했기에 유물론적이며, 사적 소유를 부정하고 개인이 사회적 이익에 의해 부정되기에 사회주의적이라고 결론짓습니다. 여기에서 '사회주의'라는 용어는 근대 사회주의가 아니라 '원형적 사회주의' 또는 '원시 사회주의'라고 사족을 답니다. 그러면서 혈연과 신분에 의한 계급사회를 근본에서 부정하는 묵자의 이상은 가히 혁명적이라고 평가하지요.

그러나 저는 묵자에 대한 양계초의 이러한 평가에 동의하지 않습니다. 묵자가 '사회 전체의 이익을 위해 개인의 이익을 부정'했다기보다는 '백성의 이익을 위해 왕공대인의 이익을 부정'했다는 표현이 더 정확합니다. 또한 양계초는 묵자가 마르크스보다 더 유물론적이라고 주장하지만, 앞에서도 말씀드린 바와 같이 묵자는 유물론적이면서도 관념론적이며, 사회주의적 감성을 지니면서도 논리적으로는 자유주의를 지향하고 있다고 말할 수 있습니다. 이는 비록 일정한 시대적 한계를 가지고 있지만, 묵자 사상에 나타난 근대성을 의미합니다. 그리고 묵자는 사적 소유를 절대 부정하지 않았습니다.

양계초의 묵자 비판은 묵자에 대한 직접적인 비판이라기보다는 오히려 그가 살았던 당시의 현실사회주의에 대한 비판이라고 생각됩니다. 자유경쟁이 사회발전의 원동력이라고 굳게(!) 믿었던 그는 중국에서 사회주의가 개인의 자유를 희생하여 전제주의와 결합할 가능성을 우려하지 않았나 생각되네요. 그래서인지 등소평(鄧小平)의 개혁개방 이후 묵자 사상이 사회주의 시장경제의 도덕적 기초를 제공한다는 연구도 보입니다. 이처럼 양계초는 묵자의 사회주의적 성격을 강조했는데, 정작 사회주의 계열에서는 오히려 정반대의 평가를 내립니다.

중화인민민주주의공화국 과학원의 초대 원장을 지낸 곽말약은 묵자의 사상이 전제주의 철학을 내포하면서도 미신적 사유 방식을 가지고 유산계급을 옹호한다고 평가하면서 반동의 철학이라고 규정합니다. 그가 이렇게 결론 지은 근거는 하느님과 귀신의 존재를 인정했다는 사실에서 연유합니다. 그리하여 구체적으로 조목조목 묵자 사상을 평가하지요. 묵자 사상은 과학적이지 못할 뿐 아니라 민주적이지도 진보적이지도 않다고 하네요. 나아가 '겸애는 실질적으로 편애'이며, 전쟁을 부정하는 '비공(非攻) 역시 전쟁을 미화'한 주장이라고 말합니다. 그리하여 겸애와 비공의 핵심은 아직 확립되지 않은 사유재산권을 존중하고 비호하는 데 있다고 하네요. 묵자의 의도와 일반적 평가를 모두 뒤엎는 역설의 논리를 중국 사회주의혁명 전야에 『청동시대(青銅時代)』와 『십비판서(十批判書)』라는 두 권의 책에서 전개합니다. 이러한 평가는 그의 비유대로 붉은 얼굴의 관우를 화장하여 검은 얼굴의 장비로 바꾸는 데 불과하다고 생각됩니다.

곽말약은 평생 공자의 도덕론과 대동사회(大同社會)를 마음에 두고, 그것을 마르크스의 유물론적 변증법과 접목하려고 했습니다. 그래서 그런지 묵자에 대한 비판에서 묵시적(!)으로 공자의 뒤를 잇는 맹자와 순자를 활용하고 있으며, 특히 순자의 입장에 동조하면서 그에게 의지하는 바 크다고 생각됩니다. 아마도 곽말약은 양계초와는 달리 혁명 전야에 쁘띠부르주아지(petite bourgeoisie)의 반동성을 크게 우려했던 게 아닌가 싶네요.

그러한 반동성에 대해 경종을 울린다는 의도와 관계없이 저로서는 그의 이론과 논리 전개에도 동의할 수 없습니다. 중국에 "물방울 같은 은혜도 샘물같이 갚으라"라는 속담이 있지만, 곽말약의 비판은 물방울을

트집 잡아 샘물을 부정하는 방식입니다. 20세기 중국을 대표하는 사상가 중의 한 사람이라는 명성에 걸맞지 않은 편향성을 가지고 궤변을 늘어놓는다고 생각됩니다. 21세기 한국에 진보와 보수진영을 불문하고 널리 퍼져있는 확증편향도 문제이지만, 그의 편향성은 더욱 심각하다고 생각합니다.

그런데 불행하게도 곽말약의 평가는 혁명 이후에도 많은 사람에게 영향을 주었습니다. 묵자가 추구한 '평화적인 방법은 가련한 환상'이라거나 '묵자의 사상은 일부 보수적인 소생산자들의 환상과 무력함의 표현일 뿐'[306]이라는 평가가 그러합니다. 배고플 때 먹지 못하고, 추울 때 입지 못하고, 힘들 때 쉬지 못하는 사람들을 보수적(!)이라고 하네요. 나아가 통치자를 설교하는 단어와 행간에서 구걸(?)하는 태도를 보이고 있다[307]고도 합니다. 이러한 비판들은 폭력적 방식으로 모순을 해결해야 한다는 의식적 또는 무의식적 강박관념이 밑바탕에 깔려있는 듯합니다. 세습귀족에게 혈연에 의한 세습을 폐기하고 능력에 따라 인재를 선발하라고 요구하는 것이 구걸인지 협박인지는 사람마다 다르게 판단할 수 있겠지만, 결코 과학적 분석의 결과는 아니지요.

한 사람의 사상가를 평가할 때 여러 각도에서 다양한 평가가 나온다고 말씀드렸지요. 공자는 물론 묵자도 그러하지만 노자와 장자, 한비자에 대한 평가도 예외는 아닙니다. 역설적으로 다양하고 극단적인 평가가 많을수록 그 영향력도 크다고 생각되네요. 그런데 이러한 평가는 시대적 상황에 따라 일정하게 의도된 목적이 있었습니다. 맹자나 순자는 묵자를 타도하여 유가의 이념을 바탕으로 하는 봉건적 질서를 공고하게 구축하려고 했습니다. 양계초는 묵자 비판을 통해 자신이 살았던 시대의 사회주의를 비판함으로써 중국에 자유주의적 질서가 확립되어야 한다고 확신했으며, 곽말약은 중국 혁명 과정에서 쁘띠부르주아지의 반동적 움직임에 쐐기를 박아야 한다고 생각했습니다.

저는 이러한 의도된 목적을 폄하할 생각은 없지만, 그로 인해 객관적인 평가에서 멀어져서는 안 된다고 생각합니다. 하나의 사상을 맹목적으로 추종하거나 미화하는 행위도 적극적으로 경계해야 하지만, 줄기를 과소평가하고 말단을 과대평가하여 전체를 왜곡하는 일도 지극히 삼가야 하기 때문입니다. 2천 년이 넘는 묵직한 시간의 무게를 감안하여 있는 그대로의 묵자를 살펴보아야 합니다.

2천 년을 뛰어넘다

—

묵자는 모든 지식은 경험과 감각에서 출발한다고 주장하는 경험론자입니다. 그리고 지식이 형성되는 과정도 감성적 인식에서 이성적 인식으로 발전한다고 주장하지요. 묵자의 용어를 빌리면 재지(才知), 접지(接知)에서 명지(明知)로 나간다고 하지요.[308] 앎의 재료가 있어야 하고, 그 재료와 만나 감성적 인식이 생긴다고 하네요. 그것을 기초로 사물을 논하여 마음으로 아는 것을 이성적 인식으로 보고 있습니다. 이러한 구조는 앞에서 말씀드린 삼표(三表)의 방법론에서도 그대로 드러난다고 볼 수 있지요. 성왕의 말씀과 행적은 간접경험에 해당하며 백성이 보고 들은 것이 직접경험이라면, 백성의 이익을 고려하는 판단은 합리적 · 이성적 사유의 결과라는 의미와 일맥상통하지요.

경험론자로서의 묵자는 개인의 욕망과 이익 추구를 인정합니다. 그러면서 많은 사람의 이해관계가 상충하여 혼란이 발생한다고 사유하는데, 이는 모든 사람이 자신의 이해관계를 가지고 있으며, 그것을 추구할 권리를 가지고 있음을 의미합니다. 다시 말해 백성을 노예로 취급하던 시절에 살았던 묵자는 하층민을 사회구성원으로 인정했습니다. 그뿐만 아니라 그 구성원들을 자신의 욕구와 욕망을 가지고 그것을 충족시키기 위해 노력하는 개인으로 상정하고 있습니다. 개인이 '욕구와 욕망을 가지고 있다'라는 점에서는 마치 인간을 움직이는 힘을 추상적인 도덕이나 신앙이 아니라 인간의 욕망이나 공포를 포함하는 정념(passion)에서 찾았던 홉스의 인간관과 비슷하지요. 또한 그 개인이 '욕망과 욕구를 충족시키기 위해 노력'한다는 면에서는 맨더빌이나 애덤 스미스가 제시한 이기심을 가진 근대적 인간상과 유사하지요.

이러한 근대적 인간상은 부분적으로 순자(荀子)와 한비자에서도 보이기는 하지만, 그들과 달리 묵자는 개인의 욕구와 욕망을 충족시키기 위해 모든 사람은 열심히(!) 노동해야 한다고 강조하고 있습니다. 인간의 가장 중요한 속성으로서 노동을 강조했다는 사실은 전근대에서는 찾아보기 어려운 획기적인 발상이라고 하지 않을 수 없습니다. 18세기에 들어와서야 애덤 스미스가 '노동가치론'을 처음 제기했고, 이후 헤겔(G. W. F. Hegel, 1770~1831)과 리카르도(D. Ricardo, 1772~1823)를 거쳐 마르크스(K. Marx, 1818~1883)에 의해 일단 완성되지요. 이들의 노동에 대한 이론만큼 체계화하지는 못했지만, 묵자는 노동을 강조함으로써 자신의 사상을 훨씬 풍부하게 만들었습니다. 이는 그의 이론과 사고가 근대적임을 다시 한번 증명해주고 있습니다.

인간의 욕망이 홉스에게는 '자연상태'를, 묵자에게는 '금수(禽獸) 같은 천하의 혼란'을 상정하게 만들었지요. 거기에서 홉스는 죽음의 공포에서 벗어나기 위해 사회계약에 기초한 근대국가의 필요성을 도출했으며, 묵자는 의로움을 조화시키는 상동(尙同)의 국가이론을 제시하기에 이릅니다. 인간관에서부터 논리적 가설과 국가이론의 도출에 이르기까지 논리적 구조가 영국의 근대사상가인 홉스와 매우 유사하다는 점에서 묵자 사상의 근대성을 재평가할 수 있습니다.

양계초가 묵자를 '큰 마르크스(大馬克思)'라고 평가한 이후 묵자를 마르크스와 비교하는 흐름도 있으나, 노동을 강조했다는 점을 제외하면 묵자와 마르크스는 많은 점에서 너무 다르다고 생각됩니다. 이와 같은 비교는 관중(管仲)이 백성의 소비를 장려했다는 이유로 유효수요를 강조한 케인즈(J. M. Keynes)에 비유하는 것과 같습니다. 이러한 비교는 부분적인 유사성을 확대하여 해석할 뿐 전반적 사고체계의 관점에서 볼 때 정합성이 부족하다고 생각됩니다.

또한 동서양을 막론하고 중세에 이르기까지 지배적 이데올로기였던 혈연에 의한 세습을 부정하고 있다는 점에서 묵자는 너무 일찍 근대를 지향했다고 평가할 수 있지요. 많은 사람이 '혁명적'이라고 표현하는 이유가 여기에 있습니다. 전국시대 중기의 맹자는 백성을 사리를 분별하지 못하는 갓난아이로 보았기 때문에 백성이 잘못하면 무거운 형벌로 다스려서는 안 되고 교화시켜야 한다고 온정적인 왕도정치를 주장했습니다. 그러나 맹자에게 백성은 통치의 대상일 뿐 주체가 될 수 없었지요. 일반적으로 유가에서 통치자는 천명을 받은 사람에 국한되었습니다. 천명을 받기 위해 공자의 경우 수기(修己), 즉 인격과 지식을 갖추어야 했고, 맹자의 경우도 "자신의 마음을 다한 다음에 자신의 본성을 알고 그러고 나서 하늘의 명령을 안다"라고 했습니다. 지배하는 사람과 지배받는 사람을 원천적으로 분리하지요. 이러한 분리의 기준으로 '인격수양'이 제시되지만, 현실에서는 '혈연'이라는 자연성에 크게 의존하지요.

사실 이러한 분리의 전통은 공자로부터 시작합니다. 공자에 의하면 군자와 관료는 의에 밝으며 도와 덕을 마음에 두지만, 백성은 이익에 밝고, 땅과 먹을 것을 마음에 두지요.[309] 맹자 역시 지식인 · 관료는 일정한 생업이 없어도 한결같은 마음을 가질 수 있으나, 피지배자인 백성은 일정한 생업이 없으면 한결같은 마음을 가질 수 없다고 주장하지요. 마찬가지로 '마음으로 일하는 사람'은 남을 다스리고, '힘으로 일하는 사람'은 남에게 다스려진다[310]고 주장하지요. 또한 맹자는 인간과 짐승의 차이는 별로 없다고 하면서, 서민은 그것(차이점)을 버리고 군자는 그것을 보존한다[311]고 합니다. 이는 서민은 짐승과 같다고 비하하는 것으로도 읽힐 수 있습니다. 유가에서는 습관적으로 이러한 이분법을 바뀔 수 없는 천하의 원칙으로 상정하지요. 공자와 맹자, 나아가 순자에 이르기까지 혈연에 의한 세습을 극복하지 못하고 암묵적으로 인정하면서 봉건질서를 옹호했다고 비판받는 지점입니다.

맹자의 성선설은 인간 일반이 아니라 훗날 지적받았듯이 지식인 · 관료에게 국한되어 있다고 말하는 편이 더 정확한 지적이 아닌가 싶네요. 이러한 유가적 이분법은 주(周)나라 봉건제를 지향한 종법제도에 기초하여 혈연에 의한 세습을 전제하고 있습니다. 그리하여 맹자가 입만 열면 '백성을 위한다'라고 말하면서 민본을 주장했음에도 논리적으로 백성은 항상 통치의 대상일 뿐이지요. 결과적으로 세습되는 지식인 · 관료 집단의 통치를 정당화하는 결과를 초래합니다.

그러나 묵자는 자신의 이익을 충족시키기 위해 노력하는 자율적이고 주체적인 인간을 상정하고 있을 뿐 아니라 혈연에 의한 특권의 세습을 부정하고 있습니다. 나아가 자신의 이익이 타인의 이익과 충돌하여 갈등이 생길 때 이를 조정할 수 있는 현명한 지도자를 선택하는 정치과정에서 참여하는 역할을 수행하기도 하지요. 그리고 운명론을 비판하면서 인간은 자신의 행위에 대한 책임을 져야 하는 자기 운명의 주인임을 천명하고 있습니다. 또한 자유의지를 가진 개인은 사회적 분업의 체제에 포섭되어 노동하기 때문에 그 정당한 대가를 최소한 보장받아야 한다고 주장합니다. 굶주리는 자는 먹을 수 있고 추위에 떠는 자는 입을 수 있으며 일하는 자는 쉴 수 있어야 한다고 최소한의 사회적 보장을 구체적으로 그리고 분명하게 제시하고 있지요.

세습을 부정하는 묵자의 입장은 이장-향장-국군-천자로 이어지는 정치조직에도 관철되지요. 「상동」에 의하면 그들은 마을과 고을, 나라와 천하의 가장 현명한 사람을 선발하여 백성의 이해관계를 조정하는 일을 담당하게 합니다. 그리고 옛날 성왕들처럼 천자가 상동의 원리에 따라 각 기관의 우두머리를 임명한다고 합니다. 이는 중앙집권적 체제에서는 지극히 상식적인 방식이지요. 묵자가 각 기관의 우두머리를 선발하는 실행파일을 제시하지는 못했지만, 앞에서 추론한 바에 따르면 마을 사람들이 이장을 선출하고, 이장이 모여 향장을 선출하고, 향장이 모여 국군을 선출합니다. 그리고 천자는 세상에서 가장 현명하다고 판단되는 사람에게 자리를 물려줍니다. 이러한 합리적 추론이 정당하다면 그들의 임명과정에서 혈연에 의한 세습은 끼어들 틈이 없지요.

이미 앞에서 말씀드렸듯이 묵자는 모든 나라는 크기에 관계없이 모두 하느님의 마을이며, 모든 사람은 나이와 귀천에 관계없이 모두 하느님의 신하라고 천명했습니다. 이는 인간사회에서 호혜적 평등의 원칙이 구현되기를 바라는 희망의 메시지입니다. 이러한 희망을 이루기 위해 친친(親親)의 논리를 공격하며, 세습을 부정하고, 능력을 기준으로 지위와 녹봉제도를 보장해야 한다고 주장했지요.

이러한 주장이 실현된다면 전근대적 혹은 봉건적인 구조의 근간이 철저하게 부정되고 붕괴하는 결과를 가져올 수밖에 없습니다. 따라서 그가 제시하는 정책과 실행파일이 비록 서구적 기준의 근대적 민주주의에 미치지는 못하더라도 민본주의의 특징을 갖추고 있다고 평가할 수 있습니다. 그런 의미에서 묵자의 민본주의는 맹자의 그것보다 구체성과 진정성을 담보하고 있지요. 묵자의 정책강령이 비록 세상에서 빛을 보지는 못했지만, 특권 지배계층의 사치스러운 생활을 폭로하면서 그들의 특권을 부정하고, 피지배계급의 삶의 질을 향상하기 위해 제시되었다는 사실을 부정할 수는 없습니다.

혈연에 의한 세습의 철폐만큼 중요한 사항은 아니지만, 묵자는 근대를 상징하는 계약의 중요성을 강조하기도 합니다. 전쟁이 빈번했던 당시에는 전투가 벌어졌을 때 전쟁지휘자가 백성의 재물을 강제로 징발했습니다. 이럴 때도 백성이 헌납한 곡식과 옷감, 금전, 그리고 우마 같은 가축에 대해 모두 공정한 가격으로 평가하여 계약서를 써주고[312] 전쟁이 끝난 후에는 반드시 갚아야 한다고 말하지요. 전시라는 상황에서도 백성의 이익을 보호하기 위해 계약 준수를 강조합니다. 신분제 사회에서 귀하고 높은 분과 천하고 낮은 놈이 계약을 맺을 경우 지키면 좋지만 안 지켜도 그만인 상황에서 말입니다. 이를 보면 묵자는 계약을 중시한다는 면에서도 근대적이며 빈틈없는 실천가라는 사실을 알 수 있습니다.

지금까지 살펴본 바와 같이 인간관, 국가관, 사회관에 나타난 묵자 사상은 근대적 성격으로 일관되어 있습니다. 그럼에도 현재의 관점에서 볼 때 묵자의 근대성은 일정한 한계를 보여주기도 합니다. 우선 「상동」이나 「겸애」에서 나타나는 바와 같이 수직적 사회질서를 완전히 부정하지 않았습니다. 아니 좀 더 정확히 말하면 부정하지 못했습니다. 그의 사고에는 여전히 전근대성의 잔재가 남아 있지요. 그리고 「명귀」에서도 그러한 잔재가 엿보입니다. 묵자에게 귀신은 하느님을 대신하여 인간의 행위를 판단하여 상과 벌을 주는 존재이며, 나아가 인간사회의 질서를 유지하는 인격신입니다. 묵자의 논리체계에서 하느님과 인간을 연결하는 귀신의 존재는 백성에게 쉽게 다가가기 위해 만들어진 개념이라는 생각도 드네요.

그러나 귀신의 존재 여부를 증명하는 방식이 삼표법(三表法)에 의거하여 귀신을 보고 들은 백성이 있다는 점과 역사서를 인용하여 성왕들이 귀신의 존재를 믿었다는 점을 예로 들어 설명하는데, 논리의 전개방식이 『묵자』의 다른 부분과 달리 매우 유치하고, 내용에서도 신화와 역사의 혼돈으로 인한 일반화의 오류를 범하고 있다고 생각됩니다. 묵자의 귀신은 중국의 고대 신앙에 나오는 귀신을 계승하고 발전시켰다고 평가할 수 있으나, 여전히 토속신앙의 요소를 여전히 극복하지 못하고 있다고 판단됩니다.

묵자가 하층민의 이익을 중요시하고 그들을 위해 불철주야 노력했음에도 하느님과 귀신의 존재를 인정했다는 이유로 근대 중국의 좌편향 학자들로부터 유물론이 아닌 우파적 관념론이라는 비판을 받고 있습니다. 묵자에게는 유물론과 관념론이 혼재해 있기도 하고 전근대적 잔재가 남아 있어서 일정한 한계를 노출하고 있지만, 그 한계를 극도로 과대포장하여 비판을 위한 비판을 하고 있다고 생각됩니다. 2천 년이라는 긴 역사의 무게를 전혀 이해하지 못하는 침소봉대의 오류를 범하고 있다고 봐야겠지요. 또한 동시에 묵자의 엄밀한 과학적 사고에도 생물학적 인식에서 명백한 시대적 한계가 내재되어 있습니다. 그는 당시의 속설을 그대로 믿고 다음과 같이 말하지요.

개구리가 메추라기로 변한다.[313]

若黿為鶉.

새는 덥고 가뭄이 우려되면 높이 날고, 물고기는 덥고 가뭄이 우려되면 아래로 내려가는데, 이는 비록 우왕과 탕왕이 바꾸려 해도 결코 바꿀 수 없다.[314]

今鳥聞熱旱之憂則高, 魚聞熱旱之憂則下, 當此雖禹湯為之謀, 必不能易矣.

이러한 한계를 '근대성의 부족'이라고 부를 수 있지만, 그렇다고 묵자 사상의 근대적 성격을 과소평가해야 할 이유는 되지 못한다고 생각합니다. 과학적 방법론의 패러다임을 바꾼 뉴턴(I. Newton, 1642~1727)이 연금술에 깊이 탐닉했다는 이유로 그의 업적과 근대적 방법론이 폄훼되어서는 안 되는 이유와 같다고 할 수 있지요. 일본의 대표적인 묵자 연구자인 와다나베 다카시(渡辺卓)가 지적한 바와 같이 묵가는 고대에 너무 일찍 근대를 지향했으며, 그 때문에 절멸했고, 역시 그 때문에 오늘날 우리에게 다시 상기되고 있습니다.

짚신을 신고 천하를 돌아다닌 위대한 실천가

—

앞에서도 말씀드린 바와 같이 묵자는 말과 주장은 삼표법에 근거하여 논리적이어야 하고, 행위는 세상 사람들에게 이로움을 주어야 하며, 말과 행위는 서로 어긋남이 없어야 한다고 주장했습니다. 그리고 그 자신은 물론 후계자들이 우(禹)임금을 성왕 중의 성왕으로 떠받들며 최고의 모범으로 삼았다는 사실은 잘 알려져 있습니다. 그럼에도 묵자는 다음과 같이 말하지요.

> 우임금의 행위(!)를 후대하는 일은 세상에 보탬이 되지만, 우임금을 후대하는 일은 세상에 보탬이 되지 않는다.[315]
>
> 厚禹之加於天下, 而厚禹不加於天下.

묵자는 개인을 우상숭배하지 않았으며, 백성을 위한 우임금의 희생정신과 실천정신을 높이 평가하고, 그 결과로 나타나는 그의 업적을 칭송했을 뿐입니다. 마찬가지로 앞에서도 인용한 바와 같이 "도둑의 행위(!)를 미워하는 일은 세상에 보탬이 되지만, 도둑을 미워하는 일은 세상에 보탬이 되지 않는다"라고 말하지요. 이와 같이 묵자는 우임금에서 도둑에 이르기까지 사람을 평가함에 행동을 가장 중요하게 여겼습니다. 공자도 언행일치를 군자의 덕목으로 생각했지만, 묵자는 말과 행동에서 공자보다 훨씬 엄격했지요.

그래서인지 묵자는 당시 유자(儒者)의 언행과 그들의 이중성을 강하게 비판하지요. 당시 유가를 신봉하는 선비들은 스스로 종(鍾)에 비유하면서 "군자는 치면 울리고, 치지 않으면 울리지 않는다"[316]라고 주장했답니다. 주군이 물으면 대답하지만, 묻지 않으면 말하지 않는다는 의미이지요. 이에 대해 묵자는 자신의 안위를 위해서가 아니라 나라와 백성에게 어려움이 생기면 "두드리지 않아도 반드시 울려야 한다"라고 반박합니다. 유가의 울림은 소극적이며 궁극적으로 자신의 안위를 위한 처신인 반면, 묵가의 울림은 적극적이며 궁극적으로 피지배층인 백성을 위한 실천이지요. 어지러운 천하를 바로잡고자 한 묵자의 처방전은 겸애의 실천 강령으로 파악되는데, 앞에서 살펴본 바와 같이 모두 철저하게 하층민의 이익을 대변한다고 평가할 수 있지요.

묵자 사상의 가장 큰 특징은 행위와 업적을 강조하는 이론과 실천의 통일에 있다고 생각됩니다. 물론 이론과 실천의 기준은 피지배계급인 백성의 이익에 있음은 앞에서도 여러 번 말씀드렸습니다. 그는 세상 사람들이 이로움을 얻을 수 있도록 자신의 생사조차 돌보지 않고 동분서주했으며, 백성과 어울려 일하고 생활하는 접화군생(接化群生)을 철저하게 실천했지요. 원래 접화군생의 '군(群)'은 뭇 생명을 말하지만, 뭇 사람이라는 의미로도 사용하지요. 이는 모든 백성과 수평적으로 공감하는 소통과 참여를 보장하는 공동체를 지향한다는 의미로 해석될 수 있습니다.

묵자의 실천은 언행일치(言行一致)와 지행합일(知行合一)에서 시작한다고 말할 수 있지요. 그중에서도 언행일치를 더 기본적인 덕목으로 보고 있습니다. 그래서 말과 행동이 부절(符節)처럼 꼭 들어맞아야 한다고 강조하기도 하고, 또 그렇게 가정하고 논리를 전개하기도 합니다. 현대사회에서 유창한 언변은 개인에게 큰 경쟁력이지요. 공자는 이를 '교언영색(巧言令色)'이라고 무시했지만, 묵자는 현명한 사람이 갖춰야 할 자질의 하나로 꼽습니다. 그러나 행동으로 뒷받침되지 않는 언변은 아무런 의미가 없다고 생각했습니다. 그래서 언행일치를 다음과 같이 재차 강조합니다.

> 말에만 힘쓰면서 행실이 늦으면 비록 말을 잘하더라도 반드시 듣지 않는다.[317]
> 務言而緩行, 雖辯必不聽.

> 말을 많이 하는 데 힘쓰지 말고 지혜롭게 되는 데 힘쓰라.[318]
> 言無務為多 而務為智.

> 행동으로 옮길 수 있는 말은 항상 해야 하며, 행동으로 옮길 수 없는 말은 반복되어서는 안 된다. 행동으로 옮길 수 없는 말을 항상 하는 행위는 입을 더럽힌다.[319]
> 言足以遷行者, 常之. 不足以遷行者, 勿常. 不足以遷行而常之, 是蕩口也.

나아가 지행합일에 관련해서는 머리와 입, 가슴의 일치를 요구하며 온몸으로 행동해야 완성될 수 있다는 점을 강조하지요. 입에서 나오는 말, 마음속에 간직한 뜻, 그리고 온몸에서 우러나오는 실천 이 세 가지가 부합해야만 설득력을 가질 수 있다고 판단했겠지요. 그래서 묵자는 실천을 말할 때 종종 신체의 부분을 같이 이야기합니다.

> 손과 발, 입과 코, 귀가 의로움에 종사하면 반드시 성인이 된다.[320]
> 手足口鼻耳, 從事於義. 必爲聖人.

이런 식으로 말이지요. 앞에서도 인용한 바와 같이 가르침은 입으로만 하지 말고 팔다리에 드러나고 피부에 스며들게 하라고 말했지요. 그러면서 지속 가능한 선행을 위해 온몸으로 실천해야 한다고 그 중요성을 다음과 같이 강조합니다.

> 마음에서 우러나지 않은 선행은 머무를 수 없고, 몸에 체화되지 않은 행실은 바로 설 수 없다. 명성은 쉽게 이루어지지 않고, 영예는 기교로써 이룰 수 없으니, 군자는 몸으로 행실을 실천한다.[321]
> 善無主於心者 不留, 行莫辯於身者 不立. 名不可簡而成也, 譽不可巧而立也, 君子以身戴行者也.

여기에서 선행은 의로움을 행동으로 옮기는 실천이지요. 생각해보면 남을 이롭게 하는 의로움을 행동으로 옮기면서 언행일치나 지행합일의 실천은 결코 쉬운 일이 아니며, 실천하는 사람의 개인적인 희생이 따를 수밖에 없습니다. 왜냐하면 때로는 손해를 감수해야 하며, 때로는 내키지 않는 일도 해야 하기 때문입니다.[322] 묵자는 이를 명확하게 인식하고 있었음에도 비난을 두려워하는 제자인 고석자(高石子)에게 다음과 같이 말하지요.

> 고석자: 위(衛)나라 임금이 선생님 때문에 녹봉을 후하게 주고 저를 경대부에 임명했습니다. 제가 세 번 조회에 나가 진언을 드렸으나 그 말이 시행되지 않아 돌아왔습니다. 위나라 임금이 저를 미쳤다고 생 각하지 않겠습니까?
>
> 묵자: 의로움을 행하는 일은 비난을 피하고 칭찬을 받기 위함이 아니다. 돌아온 것이 진실로 도리에 맞는다면 미쳤다는 소리를 듣는 일이 무슨 걱정인가?[323]

또한 실천하는 도중에 어려움이 있더라도 좌절하지 말라고 제자들에게 가르칩니다.

> 의로움을 행하다가 잘되지 않더라도 반드시 그 도를 물리치지 마라. 비유하자면 목수가 나무를 깎다가 잘되지 않는다고 먹줄을 물리치지 않는 것과 같다.[324]
>
> 為義而不能, 必無排其道. 譬若匠人之斲而不能, 無排其繩.

근면함과 실천 방법이 너무 지나치다고 평가받지만, 세상 사람들이 모두 외면하더라도 묵자는 홀로 자신의 신념을 쉬지 않고 끊임없이 실천하는 일화가 많이 있습니다. 사람들을 만나 유세하느라 고생하는 묵자를 보고 주위 사람들이 걱정되어 충고하지만, 그는 자기 뜻을 굽히지 않지요.

친구: 지금 세상 사람들이 의로움을 행하지 않는데, 자네 홀로 스스로 고생하면서 의로움을 행하니 (이제) 그만두느니만 못하네.

묵자: 지금 여기에 열 명의 자식을 가진 사람이 있다고 하자. 한 사람이 밭을 갈고 아홉 사람이 놀고 있다면 밭을 가는 사람은 더욱 (일을) 재촉할 수밖에 없네. 왜냐하면 먹을 사람은 많은데 밭을 갈 사람은 적기 때문이네. 지금 세상 사람들이 의로움을 행하지 않는다면 자네가 마땅히 나에게 (의로운 행위를) 권장해야지 어찌 나를 그만두라고 하는가?[325]

또한 묵자가 자신의 제자 승작(勝綽)을 추천하여 관직에 진출시킨 적이 있었습니다. 그런데 그가 비공(非攻)의 가르침을 위반하자, 그의 상관인 항자우(項子牛)에게 그를 물러나게 하라고 요청하면서 그 이유를 이렇게 말합니다.

의로움을 말하면서 행동하지 않는 것은 알면서 범죄를 저지르는 일이다.[326]

言義而弗行, 是犯明也.

자신이 추천한 제자여서 눈감고 넘어갈 만도 한데, 앎과 실천이 일치하지 않는다는 이유로 해임하라고 요구하네요. 도가 지나칠 정도로 철저한 원칙주의자임을 알 수 있습니다. 그뿐만 아니라 묵자는 여러 나라를 돌아다니며 각국의 유력 인사들에게 공격전쟁을 만류했지요. 초나라 왕, 제나라 왕, 노양(魯陽)의 문군(文君)을 만나 전쟁의 부당성을 설명하고 전쟁을 만류하는 일은 반전 · 평화주의자로서 당연한 귀결이지만, 당시 천민으로서 묵자에게는 목숨을 걸지 않고는 실천할 수 없는 행동이었지요.

이러한 그의 행동은 실천에 의해 검증된 논리와 언행에 대한 자신감이 뒷받침되어 있다고 생각됩니다. 어찌 보면 오만하고 독선적이라고 느껴질 정도로 그는 자신감을 가지고 다음과 같이 말하기도 합니다.

> 내 말은 실행하기에 충분한데, 내 말을 버리고 다른 생각을 하는 것은 마치 수확물을 버리고 이삭을 줍는 것과 같다. 말로써 내 말을 비난하는 것은 마치 달걀로 바위를 치는 일과 같으니, 천하의 모든 달걀을 다 던지더라도 그 바위는 여전하고 훼손할 수 없다.[327]
>
> 吾言足用矣, 舍言革思者, 是猶舍穫而攈粟也 以其言 非吾言者, 是猶以卵投石也. 盡天下之卵, 其石猶是也, 不可毁也.

그의 실천과정은 가혹하리만큼 철저하게 이루어졌고, 그러한 행동양식은 후에 그를 따르는 묵가 집단의 규율에 그대로 반영되었지요. 『회남자』에 의하면 앉은 자리가 따뜻할 겨를도 없이 그는 분주하게 각국을 돌아다녔고, 묵자를 따르는 180명은 모두 불에 뛰어들고 칼날을 밟으며 죽는다 해도 발길을 돌리지 않았다고 전해집니다. 묵자와 사상적으로 대척점에 서 있던 제자백가도 묵자의 근면성과 검소함, 그리고 실천적 태도에 대해서는 인정하지 않을 수 없었나 봅니다. 묵자 사상은 백성을 속이는 사악한 이론(邪說誣民)이라고 주장했던 맹자는 묵자를 첫 번째 타도 대상으로 삼았지요. 묵자의 이론은 짐승을 내몰아 사람을 잡아먹게 하고, 사람들이 서로 잡아먹는 결과를 초래할 것이라고 저주합니다. 그러면서도 다음과 같이 평가합니다.

> 묵자는 겸애를 주장하면서 머리끝에서 발꿈치까지 털이 다 닳아 없어질 때까지 천하에 이로운 일이라면 행했다.[328]
> 墨子兼愛 摩頂放踵利天下 爲之.

맹자의 이러한 평가는 비아냥거리는 말로 이해되기도 하지만, 글자 그대로 읽어도 무방하다고 생각되네요.

장자는 묵자의 생각은 옳지만 행동이 너무 지나치며, 비록 묵자 혼자서 실행할 수 있다 하더라도 세상 사람들이 실천할 수 없기 때문에 세상 사람들로부터 괴리되었다고 비판합니다. 그리고 한편으로는 그를 원망하면서도 다른 한편으로는 그에게 찬사를 보냅니다. 장자의 육성을 들어보시지요.

> 후세의 묵가에게 갖옷과 칡베 옷을 입게 하고, 나막신과 짚신을 신고서 밤낮으로 쉬지 않게 했으며, 스스로 고생이 최고라고 생각하게 했다.[329]
> 使後世之墨者, 多以裘褐爲衣, 以跂蹻爲服 日夜不休 以自苦爲極.

> 묵자는 진정으로 천하를 사랑했다. 도를 추구하면서 얻지 못하면 몸이 아무리 여위어도 그치지 않았으니 과연 훌륭한 선비였다.[330]
> 墨子眞天下之好也. 將求之不得也 雖枯槀不舍也, 才士也夫.

불교 경전에서 묘사된 바와 같이 묵자는 소리에 놀라지 않는 사자와 같이, 그물에 걸리지 않은 바람과 같이, 흙탕물에 더럽혀지지 않는 연꽃과 같이 저 넓은 광야를 무소의 뿔처럼 혼자서 갔습니다.[331] 온갖 비난에도 흔들리지 않으면서 말이지요. 그래서 근대에 와서도 양계초는 한편으로는 묵자의 이론을 비판하면서도, 다른 한편으로는 그의 학설뿐 아니라 인격까지 연구해야 한다고 주장하면서 그의 실천정신에 대해 다음과 같이 극찬합니다.

> 묵자는 진실로 천고의 위대한 실천가다. 중국에서는 비교할 사람이 없으며, 전 세계에서도 이런 인물을 찾기 어렵다.[332]
> 墨子眞算千古的大實行家. 不惟在中國無人能比, 求諸全世界也是少見.

누구를 위하여 종을 울리나?

—

모든 사회이론이나 사회사상, 그리고 거기에 기초한 정책은 그것이 의도하건 의도하지 않건 특정한 집단이나 계급의 이해관계를 반영하고 있습니다. 물론 그 이론이나 사상들이 지배계급에 의해 자신들의 정당성을 확보하기 위해 왜곡되는 경우도 종종 있지만 말이지요. 그뿐만 아니라 의도하지 않거나 의도와는 반대 방향으로 이해관계에 영향을 미치는 경우도 종종 나타나지요. 인류 역사를 되돌아보면 생산적 노동을 담당했던 계급은 항상 피지배계급이었지만, 그들의 사회적 지위는 시간의 흐름에 따라 점차 향상되어왔습니다. 노예보다는 농노의 사회적 지위가 안정되었고, 노동자의 사회적 지위는 봉건사회 피지배계급의 그것과 비교할 수 없을 정도로 높아졌습니다. 봉건사회 내에서도 농노의 지위는 꾸준히 상승했으며, 자본주의에서도 시간이 흘러갈수록 노동자의 권리는 확대되어나가지요.

이러한 현상은 피지배계급의 끊임없는 저항과 투쟁의 결과이지만, 그 결과를 우리는 역사 발전의 한 축이라고 평가할 수 있지요. 주어진 시대 상황에서 사회가 주는 직접적인 혜택을 거의 받지 못하는 사람들에게 더 많은 혜택을 주는 방향으로 제도가 변화하는데,[333] 이것이야말로 정의 구현이자 역사 발전이라고 생각됩니다. 그들이 선(善)해서도 아니며, 도덕적으로 우월해서도 아닙니다. 그들은 다만 주어진 역사적 현실에서 제도적으로 소외되고 피해를 본 사회적 약자이기 때문입니다.

그러면 묵자 사상은 누구의 이익을 대변했을까요? 그의 사상을 어떻게 이해하느냐에 따라 어떤 사람은 노예주 계급의 입장에 섰다고 말하고, 다른 사람은 농민과 수공업자의 이익을 대변한다고 주장합니다. 그의 실천적 개혁과 관련해서도 어떤 사람은 그를 '혁명적'이라 말하고, 다른 사람은 '타협적'이라고 말하며, 또 다른 사람은 '보수적'이며 '반동적'이라고 주장하기도 합니다. 그의 이념적 지표에 대해서도 어떤 사람은 '민주주의'라고 말하고, 다른 사람은 '이상적 사회주의자'라고 평가합니다. 앞에서 이미 말씀드린 바와 같이 묵자는 인류의 유년기인 '축의 시대'에 살았던 인물이기에 그의 사상에는 복합적인 성격이 내재되어 있습니다. 실천적 개혁과 이념적 지표에 대해서는 앞에서 이미 간략하게 정리했기에 묵자 이론의 계급적 성격에 대해 차근차근 설명해야 할 차례입니다.

묵자는 다른 제자백가에 비해 먹고사는 문제를 대단히 중요하게 생각했고, 경제 문제를 말할 때는 두 가지 원칙을 지켜야 한다고 주장하고 있습니다. 하나는 생산과 관련된 문제로서 근본에 충실하고 근본을 강화해야 한다는 원칙[强本]이지요. 재화와 서비스의 생산이 근본에 해당합니다. 묵자에게 정치의 근본은 현명한 사람을 존중하고 등용하는 일이지만, 경제의 근본은 사회적 분업을 지칭하고 있지요. 즉 왕공대인은 재판을 통해 옥사를 다스리고, 선비와 군자들은 안으로는 관청을 다스리고 밖으로는 이익을 거두어들여 창고를 채워야 한다고 말하지요. 이들은 지금 식으로 말하면 정치와 재판 그리고 행정 같은 서비스를 생산하는 셈입니다. 그리고 농부는 밭을 갈아 농사짓고 나무 심어 식량을 생산하고, 아녀자는 길쌈하고 베를 짜서 베나 명주 같은 옷을 만들어야 한다고 하지요. 이들은 인간의 생명 유지에 필요한 재화를 생산하는 직접생산자이지요. 현대에는 훨씬 더 다양한 재화와 서비스가 생산되고 있지만, 이러한 분업체계는 지금도 유지되고 있습니다.

당연한 말이지만, 묵자는 나라가 안정되기 위해서는 모든 사람이 자신이 맡은 직무를 충실하게 수행해야 한다고 강조합니다. 그러기 위해서는 왕공대인과 경대부, 농민과 아녀자를 포함한 모든 사회계층의 사람들(!)이 직분과 직위에 관계없이 누구나 아침 일찍 나와서 저녁 늦게까지 일해야 한다고 강조하지요. 이를 '강(强)의 정신'이라고 극찬한 학자도 있지만, 결국 근본을 강화해야 한다는 의미는 누구나 많은 시간 노동해야 함을 뜻하지요. 그런데 공격전쟁이나 '후한 장례와 오랜 초상', 그리고 음악에 대한 탐닉은 그러한 노동시간을 박탈하기 때문에 사회적 분업체계를 교란한다고 생각했습니다. 거기에다가 백성은 힘들여 일하지만 쉬지 못한다고 인식하고 있었습니다. 종합해보면 백성은 쉬지도 못하고 열심히 일하지만, 사대부 이상의 지배층은 그렇지 못하다고 지적하고 있는 셈이지요. 바로 그들이 근본을 지키지 못하는 사회적 혼란의 주범이라는 결론이 도출됩니다.

또 다른 하나의 원칙은 소비와 관련된 문제의식인데, 쓰임을 절약해야 한다는 것입니다. 인간은 노동과정을 거쳐 인간에게 유용한 생산물을 만들어내지요. 다시 말해 모든 재화나 서비스, 나아가 사회적 제도는 각기 나름대로 쓸모나 쓰임새를 가지고 있습니다. 경제학에서는 이를 '사용가치'라고 말하지요. 그런데 묵자는 그 쓸모가 누구를 위한 쓰임새인지를 구분하고 있습니다. 호화로운 궁궐은 왕공대인에게는 쓸모가 있지만, 백성에게는 아무 쓸모가 없다고 생각했습니다. 겸병전쟁은 군주 한 사람에게는 정말로 쓸모가 있겠지만, 백성에게는 공포와 기아의 원인을 제공하겠지요. 후한 장례와 오랜 초상도 왕후장상과 경대부에게는 쓰임새가 있지만, 백성에게는 생활고의 원천이 되는 제도일 수밖에 없겠지요. 이렇게 생각한 묵자는 '백성을 위한 쓸모'를 기준으로 이론을 전개합니다.

그래서 재화의 생산은 백성이 쓰기에 충분할 정도로 공급되어야 하지만, 백성이 사용하기에 충분하면 생산을 그만두어야 한다[334]고 주장합니다. 그러나 묵자가 살았던 시대에는 생산력 수준이 매우 낮았을 뿐 아니라 위에서는 쾌락에 싫증 내지 않을 정도로 사치했기에 백성이 사용하기에 충분한 재화의 생산은 어려웠습니다. 그래서 두 가지 대안을 제시합니다. 하나는 지배층의 사치를 줄이면 백성이 필요한 재화를 두 배로 늘릴 수 있다고 하네요. 과시를 위한 낭비와 희귀한 재화를 수집하는 취미가 여기에 속하지요. 다른 하나는 쓸모없는 비용을 줄이는 일입니다. 백성에게 유용하면 비용을 들이고 백성에게 유용하지 않으면 비용을 추가하지 말아야 한다고 말합니다. 옷에 수를 놓거나 진귀한 음식과 향료를 장만하고, 배와 수레를 장식하는 일이 여기에 속하지요. 그래서 다음과 같이 결론을 내립니다.

> 쓸모없는 낭비를 제거하는 것이 성왕의 길이며, 천하의 큰 이익이다.[335]
>
> 去無用之費, 聖王之道, 天下之大利也.

결국 묵자의 쓸모는 백성의 입장에서 그들의 이익에 기준이 맞춰져 있다고 보여집니다. 모든 재화는 백성의 쓰임새만 충족하면 거기에서 그쳐야 한다고 말하지요. 그래야만 백성이 굶주리지 않고 추위에서 해방될 수 있다고 생각했습니다. 결국 근본을 강화해야 하고 쓰임을 절약해야 한다는 두 가지 원칙은 모두 지배층을 향한 질타입니다.

이러한 원칙은 그동안 수 차례 말씀드렸던 삼표법에도 그대로 관철됩니다. 다시 한번 정리하여 말씀드리면 삼표는 옳고 그름의 기준인 성왕들의 업적을 근본[本]으로 삼고, 백성이 보고 듣는 실정[原]에 기반을 두고 그들의 눈높이에서 여론을 수렴해야 하며, 나라와 백성의 이익에 부합[用]해야 한다는 기준입니다. 이 세 가지 기준 중에서 가장 중요한 것은 역시 '나라와 백성의 이익에 부합하는 여부'이지요. 하층민인 백성의 이익은 곧 나라의 이익이며, 그들의 이익에 부합하지 않으면 그 어떤 제도와 정책도 그 의미가 사라진다는 묵자의 철저한 계급적 성격을 보여줍니다. 묵자는 양계초의 주장처럼 개인의 이익과 전체의 이익을 대비시킨 것이 아니라 백성의 이익을 왕공대인의 이익과 대비하면서 전체의 이익과 동일시한 셈이지요. 앞에서 살펴본 상동(尙同)의 국가 구성 이론과 겸애의 통치원리도 결국 백성의 안위와 이익을 위해 성립한다고 볼 수 있습니다. 묵자의 방법론과 경제사상이 노예주나 봉건귀족에 해당하는 왕후장상의 이해를 대변한다는 견해는 오만과 편견의 결과라고 말할 수 있습니다.

묵자는 노동의 중요성을 언급하면서 자연적 분업을 넘어 사회적 분업과 작업장 내 분업을 강조했습니다. 이는 그가 분업이 노동의 사회적 생산력을 증대시킨다는 사실을 인지했음을 의미하지요. 물론 고대사회에서는 정신적 행위는 노동이 아니며 육체노동만을 노동으로 생각하며 천하게 여겼지요. 그러나 묵자는 노동을 정신노동과 육체노동의 통일체로서 인식했으며, 사회적 분업을 재화를 생산하는 노동과 서비스를 생산하는 노동으로 간주했습니다. 서비스 노동을 하는 귀(貴)와 생산적 노동을 하는 천(賤)을 구별하고 있지만, 이는 유가에서 말하는 귀천과는 차이가 있습니다. 유가에서는 혈연에 의해 세습되는 귀천이지만, 묵자의 귀천은 능력에 따라 결정된다고 말할 수 있지요. 따라서 묵자의 귀천은 사회적 역할에 따라 정해지지만, 유가에서처럼 세습되지 않을 뿐 아니라 그로 인해 차별받지 않습니다. 귀천의 구별이 근대성의 부족을 의미할지언정 결코 몰락하는 노예주의 이익을 옹호한다고 말할 수 없습니다. 그러한 주장은 도식적이며 기계적이라는 비판을 피할 수 없지요.

묵자는 여러 곳에서 능력을 강조하는데, 그 능력을 결정하는 기준은 백성을 이롭게 하는 노동의 결과[功][336]입니다. 능력에 따라 관직을 주고, 노력에 따라 상을 내리고, 공적에 따라 녹봉을 주는 효율적인 시스템을 주장했습니다. 물론 능력과 노력과 업적은 백성을 이롭게 하는 공적인 이익[公義]에 부합해야 함은 말할 필요도 없습니다. 그렇다고 묵자는 생산적 노동을 낮게 평가하거나 천시하지 않았으며, 오히려 서비스 노동이 생산적인 노동을 지원해야 한다고 생각했습니다. 공인 출신의 묵자가 배와 수레를 만들고 집을 짓고 성을 쌓는 일이 얼마나 중요한지 여기저기에서 언급하지만, 생산적 노동만을 중시하는 농가(農家)와 달리 묵자는 서비스와 재화의 생산이라는 사회적 분업을 통해 확대재생산을 추구해야 한다는 발전모델을 제시했지요. 서비스 노동에 해당하는 정치와 재판의 역할은 백성의 생산적 노동의 시간을 확보해주어야 하며, 노동력의 기반인 인구증대에 도움이 되어야 한다고 말입니다.

또한 법가처럼 상업을 무시하거나 상인을 천하게 여기지도 않았습니다. 그렇다고 상업의 중요성을 적극적으로 옹호하지도 않습니다. 다만 상인의 처신이 선비의 그것보다 신중하며, 온갖 어려움에도 노력하는 상인의 통찰력이 가만히 앉아서 입으로만 떠드는 선비의 그것보다 뛰어나다고 지적하지요.[337] 그래서 농부, 공인, 상인이라 할지라도 능력이 있으면 등용하라고 주장합니다. 이런 면에서 묵자는 적극적으로는 당시의 농민과 수공업자, 그리고 소극적으로는 상인의 이익을 대변하고 있다는 표현은 정당합니다.

여기에 반드시 한 가지 짚고 넘어가야 할 문제가 있습니다. 바로 묵자가 농민, 수공업자, 상인 같은 소생산자의 이익을 대변했고, 따라서 유산계급의 이익을 옹호했다는 비판입니다. '소생산자(小生産者)'라는 생소하고 어려운 용어가 나왔습니다. 생산수단의 일부를 소유하거나 보유하면서 남을 고용하지 않고 가족노동에 의존하여 농업과 수공업을 영위하는 아주 작은 규모의 생산자가 바로 소생산자입니다. 타인을 항상적으로 고용하면 부농 또는 대농 혹은 대경영이라고 하지요. 소생산자는 생산수단을 소유하거나 보유하기 때문에 유산계급이기는 하지만, 전 사회적으로 보면 다수가 분산된 소량의 생산수단을 소유하지요. 이러한 소생산자는 어느 시대에나 존재합니다.

유럽의 노예제 사회에서는 귀족이 소유한 대규모 노예노동에 의존하여 농업과 수공업을 경영했는데, 이를 '라티푼디움(Latifundium)'과 '에어가스테리온(Ergasterion)'이라고 불렀습니다. 그러나 대부분 노예와 자유민은 소생산을 광범위하게 영위했지요. 봉건사회에서는 대경영이 거의 존재하지 않은 상태에서 소농과 가내수공업이 결합한 소경영이 일반적이고 보편적인 생산의 존재 형태였지요. 자본주의에 들어와서도 남을 고용하지 않고 가족노동에 의존하여 농업과 공업에 종사하는 자영업자들을 소생산자라고 합니다.

그런데 소생산자 계급은 구성원들이 흩어져있고, 또한 역사적인 전통의 영향을 받고 있기 때문에 어느 시대에서나 커다란 변혁의 주도적인 계급으로 자리 잡을 수 없었습니다. 봉건사회 말기에 이들은 양극화되어 일부 소생산자들이 쁘띠부르주아지로 발전하고, 다수는 임금노동자로 전락하지요. 이 개념은 마르크스와 엥겔스에 의해 처음 도입되었고, 자본주의로 이행하는 과정을 설명하기 위한 개념입니다. 따라서 생산수단의 사유와 직접노동에 참가한다는 공통점이 있기는 하지만, 노예제나 초기 봉건제의 소생산자와 자본주의 이행기의 소생산자는 인격적 예속관계라는 측면에서 엄청난 차이를 보여주고 있습니다.

묵자가 살았던 당시의 소생산자는 대부분 관청에 직접적으로 예속되었거나 관리로부터 엄격한 통제를 받는 사람들이었습니다. 그리하여 축적과 자립 가능성을 전혀 갖지 못하여 배고파도 먹을 수 없고, 추워도 입을 수 없는 존재였지요. 이들은 마르크스와 엥겔스가 분석의 대상으로 삼았던 유럽 봉건사회 말기의 소생산자와 구별되지 않으면 안 됩니다. 이를 명백하게 구별하지 않으면 묵자가 유산계급의 옹호자로 변신하게 되지요.

결론적으로 말하면 묵자가 대변했던 농민, 수공업자, 상인은 소생산자의 형태를 띠었지만, 그들이 부르주아지가 되기 위해서는 2천 년 이상을 기다리지 않으면 안 되는 그런 존재였지요. 따라서 묵자의 농민, 수공업자, 상인은 '소생산자'로 분류하지 않고, 단순하게 피지배계층인 '백성'으로 범주화하는 것이 더 정확하다고 생각됩니다. 계급이론의 기계적 · 도식적 적용이 정반대의 결론을 도출하는 오류를 저지르고 있다고 보아야 합니다. 묵자가 살아서 돌아온다면 땅을 치며 억울해하지 않을까요?

겸애의 실천 강령인 비공(非攻), 절용(節用), 절장(節葬), 비악(非樂), 비명(非命)에 대한 주장도 그 기준은 모두 백성에게 이로운가 해로운가에 달려 있었지요. 공격전쟁을 반대하고, 사치와 낭비를 없애고, 호화 장례와 오랜 초상을 간소하게 하고, 음악을 비난하며, 운명론을 배격하는 이유가 당시의 사회제도가 재생산구조를 파괴하여 굶주리고 헐벗은 백성의 생존을 위협했기 때문입니다. 묵자는 현실 속에서 신음하는 백성에게 '최대 다수의 최대 행복'이 아니라 '최대 다수의 기본적 욕구를 충족' 시키려고 노력했습니다. 위계질서 또는 수직적 사회구조를 자연법칙으로 인정한 순자와 한비자는 국가가 개인을 제어하는 데 초점을 두었다면, 수직적 질서를 의로움이 구현되는 수단으로 생각한 묵자는 국가를 통해 개인의 이익을 중재하고 조정하여 이 땅에 하느님의 공의(公義)를 실현하려고 했지요.

공의가 실현된 하느님의 나라에서는 가난하고 천하고 약하고 어리석은 사람들이 해방되고, 노인과 과부, 고아 같은 사회적 약자들이 살아가는 데 필요한 최소한의 지원을 최대한 보장받아야 한다고 생각했지요. 이들은 모두 훗날 예수가 말한 '지극히 보잘것없는 자'들이며, '고난받는 자'들이었습니다.

그러면 다른 제자백가 사상가들은 과연 누구의 이익을 대변했을까요? 이에 대해서는 공자와 묵자의 평가에서 보았듯이 평가자에 따라 매우 다르게 나타납니다. 그 평가에 따라 누구의 이익을 대변했는지 달라지겠지요. 논란이 많지만, 대략적으로 평가하면 다음과 같이 말할 수 있습니다. 공자와 맹자, 순자와 노자, 상앙과 한비자 등 당시의 사상가들은 정도의 차이는 있으나 모두 백성의 안정을 말하지요. 그러나 그들이 말하는 백성의 안정은 혈연에 의한 신분적 차별을 유지하면서 지배계급이 온정적 시혜를 베푸는 한에서만 가능했습니다. 결국 그들은 군주와 귀족 관료, 또는 노예 소유주와 신흥지주 등 지배계급의 이해관계를 옹호했으나, 오로지 묵자만이 하층민을 수단화하지 않고 그들의 이해를 대변했습니다. 큰 나라보다는 작은 나라, 부자보다는 빈자, 귀족보다는 천인, 다수보다는 소수, 영악한 사람보다는 어리석은 사람을 대변했으며, 노동력이 없는 사회적 약자인 노인, 과부, 고아에 대한 배려도 잊지 않았습니다.

근대 유럽의 사회계약론이 시민의 이해를 대변했고, 마르크스가 노동자계급의 이익을 옹호했다면, 묵자는 자신의 사회이론과 사상에 농업과 수공업 그리고 상업에 종사한 당시의 피지배계급인 '백성 일반'의 이해를 철저하게 반영했다고 평가할 수 있습니다. 그런 의미에서 진실로 그는 평생 물살을 거스르며 헤엄치는 대어(大魚) 같은, 그리고 바람을 거스르며 날아가는 대붕(大鵬) 같은 삶을 살았습니다.

미주

1 『呂氏春秋』, 「有度」

2 『呂氏春秋』, 「當染」

3 『孟子』, 「滕文公」 下

4 『韓非子』, 「顯學」

5 『孟子』, 「盡心」 上

6 司馬遷, 『史記』, 「孟子荀卿列傳」

7 『韓非子』, 「外儲說」 右上

8 司馬遷, 『史記』, 「孟子荀卿列傳」

9 『墨子』, 「貴義」

10 『墨子』, 「貴義」

11 『墨子』, 「貴義」

12 『墨子』, 「貴義」

13 『墨子』, 「耕柱」, 「魯問」

14 『墨子』, 「魯問」

15 陳爲人, 윤무학 옮김, 『묵자가 필요한 시간』, 흐름출판, 2018.

16 『孟子』, 「公孫丑」 上

17 『荀子』, 「性惡」

18 『墨子』, 「所染」

19 B. Mandeville, The Fable of the Bees, 최윤재 옮김, 『꿀벌의 우화』, 문예출판사, 2014.

20 『老子』, 19장

21 王充, 『論衡』, 「本性」, 이주행 옮김, 소나무, 1996.

22 『孟子』, 「告子」 上

23 王充, 『論衡』, 「率性」, 이주행 옮김, 소나무, 1996.

24 董仲舒, 『春秋繁露』, 「實性」

25 『論語』, 「憲問」

26 『論語』, 「顔淵」

27 중국 북경대 철학과 연구실, 박원재 옮김, 『중국철학사 1』, 자작아카데미, 1997.

28 『孟子』, 「梁惠王」 上

29 『荀子』, 「性惡」

30 『荀子』, 「性惡」

31 『荀子』, 「王制」

32 『荀子』, 「王制」

33 義者, 宜也. 『禮記』; 義者, 謂各處其宜也. 『管子』

34 『墨子』, 「非樂」 上

35 劉澤華, 장현근 옮김, 『중국정치사상사 1』, 글항아리, 2019.

36 『墨子』, 「非命」 下

37 Marx, Capital, Vol. 1, Ch. 7.

38 『墨子』, 「天志」 下

39 陳正炎, 林其錟, 이성규 옮김, 『중국의 유토피아 사상』, 지식산업사, 2011.

40 『孟子』, 「滕文公」 上

41 『墨子』, 「上賢」 下

42 『墨子』, 「尙賢」 上

43 『墨子』, 「非樂」 上

44 『墨子』, 「天志」 下

45 『墨子』, 「公孟」

46 『墨子』, 「節用」 中

47 『墨子』, 「雜守」

48 『墨子』, 「非樂」 上

49 Michael Sandel, The Tyranny of Merit, 함규진 옮김, 『공정하다는 착각』, 와이즈베리, 2020.

50 Daniel Markovits, The Meritocracy Trap, Penguin, 2019.

51 『墨子』, 「尙賢」 下

52 『墨子』, 「非樂」 上

53 『墨子』, 「尙賢」 上

54 『墨子』, 「耕柱」

55 『墨子』, 「節葬」 下

56 『墨子』, 「小取」

57 『墨子』, 「尙同」 上

58 『墨子』, 「經」 上

59 P. Singer, A Darwinian Left, 최정규 옮김, 『다윈주의 좌파』 Ch. 3, 이음, 2011.

60 『墨子』, 「所染」

61 『孟子』, 「盡心」 上

62 『墨子』, 「法儀」

63 『墨子』, 「尙同」 中

64 T. Hobbes, Leviathan, 최공웅 · 최진원 옮김, 『리바이어던』 13장, 동서문화사, 2016.

65 『墨子』, 「尙同」 上

66 『墨子』, 「尙同」 中

67 『墨子』, 「尙同」 下

68 『墨子』, 「經」 上

69 T. Hobbes, Leviathan, 최공웅 · 최진원 옮김, 『리바이어던』 17장, 동서문화사, 2016.

70 K. Marx & F. Engels, 이진우 옮김, 『공산당선언』, 책세상, 2018.

71 유시민, 『국가란 무엇인가』, 돌베개, 2019.

72 『呂氏春秋』, 「上德」

73 『孟子』, 「萬章」 上

74 『孟子』, 「離婁」 上

75 Reinhold Niebuhr, 이한우 옮김, 『도덕적 인간과 비도덕적 사회』, 문예출판사, 2017.

76 John Stuart Mill, 서병훈 옮김, 『존 스튜어트 밀 선집』, 책세상, 2020.

77 『墨子』, 「尙同」 中

78 『墨子』, 「尙同」 上

79 丁若鏞,『原牧』

80 『墨子』,「尙同」上

81 郭沫若,『十批判書』,「孔墨的批判」, 조성을 옮김,『중국고대사상사』, 까치, 1991.

82 『墨子』,「親士」

83 『墨子』,「尙同」下

84 『墨子』,「尙同」上

85 『墨子』,「尙同」下

86 『墨子』,「尙同」中

87 『墨子』,「尙同」下

88 『墨子』,「尙同」上

89 J. Locke, Two Treasties of Government, 이극찬 옮김,『시민정부론』, 연세대학교 출판부, 2014.

90 『墨子』,「尙同」下

91 『墨子』,「尙同」下

92 『墨子』,「尙賢」中

93 『墨子』,「尙賢」下

94 『墨子』,「脩身」

95 『論語』,「里仁」

96 『論語』,「里仁」

97 『論語』,「衛靈公」

98 『墨子』,「尙賢」中

99 『墨子』,「尙賢」上

100 『墨子』,「尙賢」上

101 『墨子』,「尙賢」上

102 『墨子』,「尙賢」上

103 『墨子』,「經」上

104 『墨子』,「經說」下

105 『墨子』,「兼愛」上

106 『墨子』,「兼愛」中

107 『墨子』,「兼愛」下

108 『墨子』,「兼愛」上

109 『墨子』,「兼愛」中

110 『墨子』,「兼愛」中

111 『墨子』,「兼愛」下

112 『墨子』,「兼愛」下

113 『墨子』,「兼愛」中

114 『論語』,「陽貨」

115 『論語』,「憲問」

116 『墨子』,「兼愛」下

117 『墨子』,「大取」

118 『墨子』,「大取」

119 『墨子』,「經」上

120 『墨子』,「經」上

121 『墨子』,「經」上,「經說」上

122 『墨子』,「兼愛」下

123 『墨子』,「兼愛」中

124 『墨子』,「大取」

125 『墨子』,「大取」

126 Karen Armstrong, The Great Transformation, 정영목 옮김,『축의 시대』, 교양인, 2010.

127 『墨子』,「兼愛」下

128 『墨子』,「兼愛」下

129 『墨子』,「經說」下

130 『墨子』,「經」下

131 『墨子』,「兼愛」下

132 『禮記』,「禮運」

133 『韓非子』,「顯學」

134 https://pressian.com/

135 梁启超, 『墨子學案』. 上海書店, 1992.

136 馮友蘭, 박성규 옮김, 『중국철학사』 상, 까치, 1999.

137 『論語』,「八佾」

138 『論語』,「雍也」

139 『論語』,「述而」

140 『論語』,「先進」

141 『論語』,「雍也」

142 『論語』,「八佾」

143 임건순, 『제자백가 인간을 말하다』, 서해문집, 2019.

144 『墨子』,「法儀」

145 『墨子』,「法儀」

146 『墨子』,「法儀」

147 『墨子』,「天志」中

148 『墨子』,「天志」上

149 『墨子』,「天志」下

150 『墨子』,「天志」上

151 『論語』,「述而」

152 『論語』,「先進」

153 『墨子』,「耕柱」

154 梁启超, 『墨子學案』, 上海書店, 1992.

155 陳爲人, 윤무학 옮김, 『묵자가 필요한 시간』, 흐름출판, 2018.

156 Graham, A. C., Later Mohist Logic, Ethics and Science, 1978.

157 『墨子』,「明鬼」下

158 『墨子』,「天志」上

159 『墨子』,「天下」中

160 『墨子』,「貴義」

161 『墨子』,「非命」中

162 『墨子』,「非命」上

163 『論語』,「雍也」,「泰伯」,「憲問」,「顔淵」 참조.

164 『墨子』,「非攻」中

165 『孟子』,「離婁」上

166 『孟子』,「梁惠王」上

167 『墨子』,「公輸」

168 『墨子』,「魯問」

169 『墨子』,「非攻」上

170 『莊子』,「盜跖」

171 『墨子』,「耕柱」

172 『墨子』,「非攻」中

173 『墨子』,「非攻」下

174 『墨子』,「非攻」下

175 『墨子』,「非攻」中

176 『墨子』,「非攻」中

177 『墨子』,「非攻」下

178 『墨子』,「非攻」下

179 郭沫若, 『十批判書』,「孔墨的批判」, 조성을 옮김, 『중국고대사상사』, 까치, 1991.

180 『孟子』,「離婁」上

181 『墨子』,「七患」

182 『墨子』,「七患」

183 『墨子』,「辭過」

184 『墨子』,「辭過」

185 『墨子』,「辭過」

186 『墨子』,「辭過」

187 『墨子』,「節用」上

188 T. Veblen, The Theory of the Leisure Class, 김성균 옮김, 『유한계급론』, 우물이 있는 집, 2015 참조.

189 『墨子』,「節用」中

190 郭末若, 『十批判書』,「孔墨的批判」, 조성을 옮김, 『중국고대사상사』, 까치, 1991.

191 기세춘, 『우리는 왜 묵자인가』, 초당, 1995.

192 『淮南子』,「要略」

193 『禮記』,「周喪」

194 『禮記』,「禮運」

195 『墨子』,「非儒」下

196 『論語』,「陽貨」

197 渡辺卓, 『墨子』上

198 『荀子』,「禮論」

199 『墨子』,「節葬」下

200 『墨子』,「節葬」下

201 『墨子』,「節用」上

202 『韓非子』,「外儲說」右下

203 『墨子』,「辭過」

204 『墨子』,「節葬」下

205 『墨子』,「節葬」下

206 『墨子』,「節葬」下

207 『墨子』,「公孟」

208 『荀子』,「禮論」

209 『墨子』,「脩身」

210 『墨子』,「節葬」下

211 『荀子』,「樂論」

212 『論語』,「述而」

213 『論語』,「衛靈公」

214 『荀子』,「樂論」

215 『論語』,「八佾」

216 『呂氏春秋』,「貴因」

217 J. J. Rousseau, 김중현 옮김, 『학문과 예술에 대하여』, 한길사, 2007.

218 『墨子』,「非樂」上

219 『墨子』,「非樂」上

220 『韓非子』,「內儲說」上

221 『墨子』,「非樂」上

222 『墨子』,「非樂」上

223 『荀子』,「富國」,「樂論」

224 『莊子』,「天下」

225 『墨子』,「非樂」上

226 『墨子』,「非儒」下

227 J. J. Rousseau, 김중현 옮김, 『학문과 예술에 대하여』, 한길사, 2007.

228 Reinhold Niebuhr, 이한우 옮김, 『도덕적 인간과 비도덕적 사회』, 문예출판사, 2017.

229 『墨子』,「公孟」

230 『墨子』, 「非命」 上

231 『墨子』, 「非命」 下

232 『墨子』, 「非命」 下

233 『墨子』, 「非命」 中

234 『墨子』, 「非命」 下

235 『墨子』, 「非命」 上

236 『墨子』, 「非儒」 下

237 철학사전편찬위원회, 『철학사전』, 중원문화, 2009.

238 劉澤華, 장현근 옮김, 『중국정치사상사 1』, 글항아리, 2019.

239 『淮南子』, 「要略訓」

240 『老子』, 80장

241 『莊子』, 「逍遙遊」

242 『老子』 19장

243 『老子』 65장

244 『韓非子』, 「顯學」

245 『淮南子』, 「主術訓」

246 『墨子』, 「兼愛」 下

247 『墨子』, 「經」 下

248 『墨子』, 「經說」 下

249 『墨子』, 「貴義」

250 『墨子』, 「尙同」 上, 中

251 『墨子』, 「魯問」

252 『論語』, 「述而」

253 『論語』, 「子路」

254 『禮記』, 「王制」

255 『莊子』, 「天地」

256 『墨子』, 「魯問」

257 『墨子』, 「辭過」

258 『論語』, 「衛靈公」

259 『墨子』, 「魯問」

260 『論語』, 「述而」

261 『禮記』, 「曲禮」 上

262 『論語』, 「子路」

263 『論語』, 「陽貨」

264 『孟子』, 「盡心」 上

265 『墨子』, 「公孟」

266 『墨子』, 「公孟」

267 『墨子』, 「公孟」

268 『呂氏春秋』, 「尊師」

269 『呂氏春秋』, 「當染」

270 『荀子』, 「致仕」

271 『墨子』, 「法儀」

272 陳爲人, 윤무학 옮김, 『묵자가 필요한 시간』, 흐름출판, 2018.

273 『墨子』, 「備梯」

274 『淮南子』, 「泰族訓」

275 『墨子』, 「耕柱」

276 『墨子』, 「貴義」

277 『論語』, 「述而」

278 『墨子』, 「非儒」 下

279 『墨子』, 「公孟」

280 『墨子』, 「耕柱」

281 『墨子』, 「非攻」 中

282 『墨子』, 「大取」

283 『論語』,「述而」

284 『論語』,「述而」

285 『墨子』,「脩身」

286 『墨子』,「大取」

287 『論語』,「爲政」

288 『論語』,「先進」

289 『論語』,「雍也」

290 『墨子』,「公孟」

291 『墨子』,「貴義」

292 『墨子』,「魯問」

293 Karen Armstrong, The Great Transformation, 정영목 옮김, 『축의 시대』, 교양인, 2010.

294 『論語』,「微子」

295 『莊子』,「盜跖」

296 『墨子』,「非儒」

297 『孟子』,「滕文公」下

298 윤무학, 『묵자Ⅱ』, 도서출판 길, 2015.

299 『荀子』,「富國」

300 『荀子』,「樂論」

301 『墨子』,「三辯」

302 『荀子』,「解蔽」

303 『荀子』,「富國」

304 陳爲人, 윤무학 옮김, 『묵자가 필요한 시간』, 흐름출판, 2018.

305 梁啓超, 『子墨子學說』, 臺灣中華書局.

306 북경대 철학과 연구실, 박원재 옮김, 『중국철학사 1』, 자작아카데미, 1997.

307 陳正炎.林其錟, 이성규 옮김, 『중국의 유토피아 사상』, 지식산업사, 2011.

308 『墨子』,「經」上,「經說」上

309 『論語』,「里人」

310 『孟子』,「滕文公」上

311 『孟子』,「離婁」下

312 『墨子』,「雜守」

313 『墨子』,「經說」上

314 『墨子』,「公孟」

315 『墨子』,「大取」

316 『墨子』,「非儒」下,「公盟」

317 『墨子』,「脩身」

318 『墨子』,「脩身」

319 『墨子』,「貴義」

320 『墨子』,「貴義」

321 『墨子』,「脩身」

322 『墨子』,「經」上,「經說」上

323 『墨子』,「耕柱」

324 『墨子』,「貴義」

325 『墨子』,「貴義」

326 『墨子』,「魯問」

327 『墨子』,「貴義」

328 『孟子』,「盡心」上

329 『莊子』,「天下」

330 『莊子』,「天下」

331 석지현 옮김, 『숫타니파타』, 민족사, 2016.

332 梁啓超, 『墨子學案』, 上海書店, 1992.

333 John Stuart Mill, 서병훈 옮김, 『존

스튜어트 밀 선집』, 책세상, 2020.

334 『墨子』, 「節用」 中

335 『墨子』, 「節用」 上

336 『墨子』, 「經」 上

337 『墨子』, 「貴義」